緣起日本

蔣介石 的 青年時代 （一）

Japanese Influence: The Young Chiang Kai-Shek

- Section I -

黃自進　蘇聖雄／主編

導言

蔣介石在日本學習的一段歲月

黃自進
中央研究院近代史研究所研究員

一、前言

　　蔣介石一生的事跡，與中國近代史密不可分，也是近代中日關係史上最重要的一頁。1908（光緒 34、明治 41）年蔣介石負笈東瀛學習軍事，此一舉動不僅展現出蔣介石對近代軍事文明的仰慕，也間接的表徵出當時的時代風尚，認為以傳統的中國文化，已不足以抗衡西方文化，中國惟有以日本為師，借重日本吸取西方文化的經驗以謀國家改造，才可避免亡國亡種之虞，已成為當時憂國志士的共同體認。這份自覺，觸動了中國知識分子的東瀛留學熱，也啟動了蔣介石遠赴日本留學的決心。

　　既然國家政策已轉成以日本為師，這也使得中國近代化過程中，日本的影響日趨增大。此一時代背景，落實到蔣介石的生涯，使得蔣介石的一生事業皆與日本息息相關。東瀛留學之旅，是奠定他近代知識文明的基礎。在日本的所見所聞所思，皆成為他日後建軍治國計畫中的重要參照藍圖。職是之故，如欲徹底理解蔣介石，必須以徹底掌握他的日本經驗為前提。有鑑於此，

本史料的編撰遂以原始檔案紀錄為經，蔣介石的回憶為緯，追溯蔣介石的留日學習歷程以及他在日本的生活對他人格成長的具體影響。此外，並冀望透過眾多第一手史料的徵引和研究，能重建當時的歷史情景。

二、國人赴日本學習軍事之沿革

　　蔣介石首度負笈日本，是 1906（光緒 32、明治 39）年。時年十九歲，肄業於浙江省奉化縣城的龍津中學堂。在他日後的演講稿中，對這段留學經歷有以下的描述：

> 因為當時痛憤鄉里土豪劣紳的橫行，目擊我們國家遭受帝國主義者的壓迫，尤其是那時看到日本以一個弱小的國家，能夠奮發圖強，戰敗帝俄，予我精神上以最大的刺激。所以我在龍津中學肄業不到半年，就請求家母准許我到日本學軍事，來盡到我國民一份子的義務，來促成我們國家的雪恥自強。[1]

這段留學經歷，不及一年，4 月赴日，年底就回國。只因他志在學習軍事，當得知中國學生要入日本軍隊受訓，必須由清廷陸軍部保送，否則概不收容後，就毅然回國。[2] 他對軍事的執著，也可從他返國後，即於翌年

1　蔣中正，〈對從軍學生訓話〉（1944 年 1 月 10 日），收入秦孝儀編，《總統蔣公思想言論總集》（臺北：中國國民黨中央委員會黨史委員會，1984），卷 20，頁 315。

2　蔣中正，〈對從軍學生訓話〉（1944 年 1 月 10 日），收入秦孝儀編，《總統蔣公思想言論總集》，卷 20，頁 315。

春天應試清廷新創設於直隸保定的「通國陸軍速成學堂」一事得到旁證。換言之，他的首度東瀛留學之旅，只是他投身學習軍事的一個小插曲，事前沒有充分掌握資訊，事後也未曾猶疑不定。不過，從有限的史料可以得知，赴日期間，他曾在東京的清華學校學習日語。此外，值得特書之處，是與他年長十歲的革命同志陳其美開始定交，[3] 奠定了他往後承繼陳其美衣缽的人脈基礎。

明治維新後日本社會所呈現的澎湃生氣，顯然對他有很大啟發，這不僅可從他往後的演講詞中得到例證，[4] 同時更可為了解他為何再度到日本學習軍事提供註腳。

1908 年蔣介石再度赴日。這次他是以「通國陸軍速成學堂」在籍學生身分，被清廷甄選為留日陸軍學生，派遣到東京振武學校接受陸軍軍官的預備教育。蔣介石的再度赴日，是屬官派，因而有其個人的意願成

3　秦孝儀總編纂，《總統蔣公大事長編初稿》（臺北：中國國民黨中央委員會黨史委員會，1978），卷 1，頁 14-15。

4　事隔 61 年後，蔣介石還非常感懷的提起他對日本的最初印象：「記得我十九歲初來東渡日本的時候，就看到一位中國同學漫不經意的吐痰在船頭的甲板上，其時被一位中國水手看到，就走過來告訴他：一般日本人是不隨地吐痰的，要吐痰就吐在手帕上或者衛生紙上，然後摺起來，放回口袋，帶回去洗滌或者扔掉。這一件事，雖已相隔六十多年，但其所予我的印象，卻甚為深刻，所以至今不忘，而且默察我們國民落後的生活習慣，直至今日，還未能開始改革！此實由於一般社會學校及家庭教育，未能善盡其管訓督教子弟之責，以致未能從小養成良好的習慣！這看來事小，而影響國民生活程度者實大，由此給外人印象，認為中國是一個不曾開化的民族，仍然是一個落後的國家，其恥辱尤甚！」。蔣中正，〈革命歷史的啟示和革命責任的貫徹〉（1969 年 3 月 29 日），收入秦孝儀編，《先總統蔣公思想言論總集》，卷 29，頁 390。

分，也有國家政策的官費奧援。先是 1905（光緒 31、
明治 38）年清廷廢除科舉制度，轉而以留日學生為從
新培養國家政軍幹部的捷徑。蔣介石的公派留學，就是
此種舉國以日本為師下的一連串措施中培養出來的一位
才俊。

　東瀛留學，是蔣介石加入革命陣營的關鍵，而留學
生的生活，是他近代文明知識的奠基，尤其是在日本所
培養的軍事素養，使他在往後的戎馬生涯中，嶄露頭
角，進而一躍成為國家領導人的原由之所在。為了更能
彰顯留日期間蔣介石個人思想的成長與時代的互動關
係，本章節特以介紹他個人的學習經歷為經，再輔以國
人學習軍事之沿革的時勢流程為緯，希望在勾畫蔣介石
的留日學習面貌之際，也能浮現出大時代的史實。

　中國學生留學日本學習軍事，始於 1898（光緒 24、
明治 31）年 5 月。先有浙江巡撫派遣之譚興沛、徐方
謙、段蘭芳、蕭星垣等四名。[5] 翌年 1 月，湖廣總督張之
洞又續派以鐵良、吳祿貞等為首的二十名武備學生，[6]
隨後兩江總督劉坤一派遣了十四名。[7] 四川總督岑春
煊、直隸總督袁世凱繼而跟進。[8] 自此，各省也都順應

<hr />

5　〈在杭州領事事務代理速水一孔発外務大臣西德二郎宛の報告書
　　（1898 年 5 月 25 日）〉，《在本邦清国留学生関係雑纂：陸軍學
　　生の部，第一卷》，外務省外交史料館藏，機密受第 188 號，原件。

6　〈在上海總領事代理小田切萬壽之助発外務次官都筑馨六宛の報
　　告書〉（1899 年 1 月 8 日），《在本邦清国留学生関係雑纂》，
　　受第 495 號，原件。

7　〈在上海總領事代理小田切萬壽之助発外務次官都筑馨六宛の報
　　告書〉（1899 年 1 月 12 日），《在本邦清国留学生関係雑纂》，
　　受第七四三號，原件。

8　實藤惠秀，《中国留学生史談》（東京：第一書房，1981），頁 36。

時勢，陸續派遣武備學生赴日。[9]

　　各省督撫派遣學生學習軍事，自然和清廷的軍事改革運動有關，同時也是全國欲推行新政培養人材的一環。早在 1898 年 4 月張之洞發表「勸學篇」，謂「出洋一年，勝於讀西書十年，入外國學堂一年，勝於中國學堂三年。留學之國，西洋不如東洋，以路近費省，文字易曉，西書多已刪繁存要。中、日情勢風俗相似，不難仿行」等論述，[10] 鼓動了朝野對留學日本的重視。同年 5 月，日本駐華公使矢野文雄函告總署，稱願提供經費接納中國留學生。[11] 日本政府願培養中國留學生之訊息，藉由矢野的函告，正式傳達給清廷政府以後，對當時講求變法圖強，尤其熱衷於培養人材的中國而言，自然有甚大的鼓勵作用。

　　同年 7 月，清廷諭示「張之洞所著勸學篇……持論平正通達，于學術人心，大有裨益，著將所備副本四十部，由軍機處頒發各省督撫學政各一部，俾得廣為刊布，實力勸導，以重名教而杜厄言」。[12] 將原屬個人的建言，轉化成朝廷的指定教材，成為各地方行政教育部會培養新思維的理論基礎。對張之洞的留學日本呼籲，朝廷的讚賞，自然也藉由此一諭示的傳達，表露無遺。

9　黃福慶，《清末留日學生》（臺北：中央研究院近代史研究所，1983），頁 34。

10　王樹枏編，《張文襄公全集：勸學篇‧輶軒語》（臺北：文海出版社，1980），頁 14531~14533；郭廷以，《近代中國史綱》（臺北：曉園出版社，1994），上冊，頁 419。

11　〈矢野文雄発外務大臣西德二郎宛の報告書〉（1898 年 5 月 14 日），《在本邦清国留學生関係雑纂》，機密第 41 號，原件。

12　王樹枏編，《張文襄公全集：勸學篇‧輶軒語》，頁 14431。

　　朝廷對留學日本議論的關切，也同時表現在對矢野公使提議的積極回應上。同年，清廷派黃遵憲為新任駐日公使，[13] 在所呈遞的國書中就特別提到「矢野文雄到華以來，凡遇兩國交涉之事，無不準情酌理，歸於公平，以徵鄰好。曩復貽書總理各國事務衙門，備述貴國政府關念中國需才孔急，願中國派學生前赴貴國學堂肄習各種學問，尤佩大皇帝休戚相關之誼，曷勝感謝。朕已諭令總理各國事務大臣與貴國駐京使臣商定章程，認真選派，以副大皇帝盛意。」[14]

　　清廷的留日學生派遣政策，就在對內，以張之洞的「勸學篇」為藍圖，積極培養共識。對外，則以矢野的提議，作為與日本政府交涉依據，而得以順利推展。不過，僅瞭解留日學生派遣政策之大致流程，並不足以理解兩國願意合作的關鍵之所在。

　　張之洞的立論，之所以能說服清廷，在於他所倡導的留學政策中，不僅有可緊急補充人材的「興利」建言，也有可鞏固國本的「防弊」考量。國家要進行改革，要推展新政，當然需要人材。本國的現行教育體系，無法培養既定所需的人材之時，仰仗他國代為訓練，自然不失為一個較符合現狀的代行方案。但是，官僚的任用，除學識才幹是主要的考核標準以外，對政權的忠誠，更是一個不可忽視的甄選要件。如何能有效吸

---

13 1898（光緒 24、明治 31）年 8 月 11 日，清廷命湖南鹽法道黃遵憲以三品京堂候補，充出使日本大臣。但因戊戌政變黃未赴任，同年 9 月 19 日，以御史李盛鐸代理出使日本大臣。

14 〈致日本國書稿〉（1898 年 9 月 7 日），李振華，《清光緒朝中日交涉史料》，下冊（臺北：文海出版社，1984），頁 994。

收他國的現代化生活經驗，而又不會影響對本國政府的
效忠，當然是清廷政府在制定留學生政策時，最重要的
衡量因素。

　　張之洞在列舉留學日本的優點之時，特別強調中日
情勢風俗相似。[15] 此一情勢風俗，依當時期的清議主張
來看，可意涵兩方面層次。一是指廣泛的文化層面，另
一是指典章制度。相同的文字系統、雷同的儒家文化價
值，自然有助於經驗文化的傳承。同樣的皇權政治，[16]
則是能讓清廷政府放心將學生送到日本受教育的原由。
特別是日本的立憲政治，迴異於英國等歐洲國家的議會
政治。按日本憲政精神，天皇集軍政、外交大權於一
身，議會只是為了襄助天皇制定法律而設的合議機構，
內閣只是制行法律的行政事務機構。[17] 在這種皇權體制
下，西方憲政的精髓，所謂權力制衡的原理，當然不是
重點，要求鞏固皇權才是日本的憲政精神。[18] 既然「日

15　王樹枏編，《張文襄公全集：勸學篇‧輶軒語》，頁 14533。

16　例如，駐日公使楊樞就曾以這個觀念，發抒其對日本的觀感，
　　稱：「中國與日本地屬同洲，政體民情最為相若。議變法之大
　　綱，似宜仿傚日本。概法美等國，皆以共和民主為政體，中國斷
　　不能仿傚；而日本立國之基，實遵守夫中國先聖之道，因見列強
　　逼處，非變法無以自存，於是壹意立憲，以尊君權而固民志。考
　　其立憲政體，雖取法於英德等國，然以中國先聖之道，仍遵守而
　　弗墜，是以國體不搖，有利無弊。概日本所變者治法而非常經，
　　與聖訓正相符合，即中國輿論亦以日本之變法參酌得宜，最可仿
　　傚。」〈出使日本大臣楊樞請仿傚日本設法政速成科學摺〉（1905
　　年1月9日）。李振華，《清光緒朝中日交涉史料》，下冊，頁
　　1316。

17　北岡伸一，《日本政治史：外交と權力》（東京：放送出版協會，
　　1990），頁 56-57。

18　George M. Beckmann, *The Making of the Meiji Constitution: The Oligarchs
　　and the Constitutional Development of Japan, 1868-1891* (Kansas: University
　　of Kansas Publications, 1957), pp. 84-90。

本立國之基，實遵守夫中國先聖之道」，[19] 對同樣將先聖之道視為立國之道，主張「中學為體，西學為用」的中國官僚系統而言，[20] 自然沒有意識型態的衝突矛盾，引進日本式的君臣關係，一直被遊說為鞏固皇權的不二法門，派遣青年學子遊日之舉，似乎有百利而無一害。

　　既然中國在選擇現代化的模仿指標，有其自己重重的考量，而另一當事國的日本，又是基於何種考量願意挺力配合的呢？按日本駐華公使矢野文雄在 1898 年 5 月 14 日致外務大臣西德二郎的報告，指稱「如果將在日本受感化的中國新人材散布於古老帝國，是為日後樹立日本勢力於東亞大陸的最佳策略；其習武備者，日後不僅將仿傚日本兵制，軍用器材等亦必仰賴日本，清國之軍事，將成為日本化。又因培養理科學生之結果，因其職務上之關係，定將與日本發生密切關係，此係擴張日本工商業於中國的階梯。至於專攻法政等學生，定以日本為楷模，為中國改革的準則。果真如此，不僅中國官民信賴日本之情，將較往昔增加二十倍，且無可限量地擴張勢力於大陸」。[21] 換言之，矢野之所以願意主動呼應張之洞的留學論，是因為他認為藉由留日學生之培養，可加強雙方聯繫，創造商機，樹立親日勢力，仰賴日本領導等有利日本國家利益發展的因素。由此一角度

---

19 〈出使日本大臣楊樞請仿傚日本設法政速成科學摺〉（1905 年 1 月 9 日），李振華，《清光緒朝中日交涉史料》，下冊，頁 1316。

20 黃福慶，《清末留日學生》，頁 2-4。

21 〈矢野文雄発外務大臣西德二郎宛の報告書〉（1898 年 5 月 14 日），《在本邦清国留学生関係雑纂》，機密第 41 號，原件。

來看，接納中國留學生，對日本的長遠利益來說，似乎
也是有百利而無一害。

在矢野公使致總署，表達願提供經費給中國留學生
之公函後，其本人旋即又再至總署，面稱願負擔二百個
名額。對於他的熱情，清廷政府是銘感於衷，不過長年
對日本的不信任，使得清廷一度也曾懷疑他的動機。可
是，矢野的一連串主動出擊，事實上是他的個人構想，
目的無非是要掌握先機。按他給外務大臣西德二郎的報
告，認為中日兩國歷經戰爭，馬關條約中所約定的中國
方面賠款總算在日前付清，日本政府也依約從威海衛撤
軍。再則，日本加入列國的分割中國運動，劃福建沿海
為日本勢力範圍，不得租讓給他國之要求，也已在上個
月得到清廷政府的認可。在日本對中國的基本所需，已
得充分滿足之際，兩國實需要一些新的合作誘因，否則
不容易跳脫往日戰爭的陰霾。提供兩百個獎學金名額，
雖所需不貲，但效果甚大。此舉除可立即改善清廷的對
日觀感外，他日親日勢力的培養也是指日可待。[22]

對於中國欲派學生赴日，日本政府是樂觀其成。不
過，對提供經費之建議，卻持保留意見。同年的六月三
日，外務大臣西德二郎針對矢野公使的報告，給予以下
的回訊：

　　此事，本大臣頗感意外。在帝國政府，為教育清國

---

22 〈矢野文雄發外務大臣西德二郎宛の報告書〉（1898 年 5 月 14
　　日），《在本邦清国留学生関係雜纂》，機密第 41 號，原件。

學生，須支出六百萬圓巨額費用，第一不僅其費用
無從所出，而且其事本身，又必須加以考慮。關於
右記意見，雖謂甚善，但實際裨益能否達其目的，
甚難判斷。誠然，從清國富豪縉紳中甄選其受過相
當家庭教育者，在帝國學校中施以專門教育，或可
望有所裨益；倘若充其選者，皆乏報效之志，且又
是貧家子弟，陸續前來，須由帝國政府供給其學費
求學，是否可得良好結果，甚可懷疑……今必由我
支出經費始能教育其留學生，是否有此必要，亦屬
一疑問。然以書面作右記之表示，在本大臣而言，
頗感遺憾，然既已表示，已難取消，茲後若清政府
對於右記所作表示決定派遣留學生，宜限定最少人
數，以觀對方回答，希勿由我先為挑動，任其自然
可也。[23]

　　日本政府的盤算，清廷政府當然不得而知，矢野的
善意，讓清廷政府留下深刻印象，但是否可輕易儘信，
也讓清廷裹足不前。針對 5 月 8 日矢野公使的表態，13
日總署的回函只是避重就輕表示「現本衙門甫開東文
館，規模粗立，一切尚待講求，統俟酌妥辦法，再行函
告，相應先行函謝」。[24] 不過，相對於總署的猶疑，朝
廷的清議，則是傾向接納，例如山東監察御史楊深秀，

23　〈西大臣發在清矢野公使宛の指令〉（1898 年 6 月 3 日），《在
　　本邦清国留学生関係雑纂》。
24　〈矢野文雄發外務大臣西德二郎宛の報告書〉（1898 年 5 月 14
　　日），《在本邦清国留学生関係雑纂》，機密第 41 號，原件。

在同年的 6 月 1 日奏請「議遊學日本章程片」，主張
「飭下總署速議遊學日本章程，准受其供給經費，其
遊學之士，請選舉貢生監之聰敏有才，年未三十，已
通中學者，在京師聽人報名，由譯署給照，在外聽學政
給照」。[25]

　　總署的猶豫，不是來自於對日本教育環境的排斥，
而是對於日本駐華公使所提的優厚條件，覺得匪夷所
思。但是在清議的慫恿之下，總署也覺得有再議的必
要。同年的 8 月 9 日，當日本臨時代理公使林權助，為
了商討新派駐日公使黃遵憲的赴任事宜，到總署公幹
時，李鴻章就把握機會向他探詢矢野公使提案的動機。
林權助先是不願深談，表示這是公使之決定，屬下不敢
妄議。當李鴻章瞭解林權助不願以矢野公使原本提案為
雙方談判的基礎時，反而認為是雙方把握立場尋求合作
底線的好時機。換言之，中國自始就懷疑矢野提案的動
機，再則中國也不願平白接受日本政府的好處，此外，
中國也不以二百個留學生名額為滿足。

　　在澄清矢野的提案，並非是雙方談判的唯一基調
時，雙方卻意外的達成以下共識。第一，留學生之生活
費用，一年估計每人要三百日圓，全額由中國政府負
擔。第二，日本政府有酌行修改教育章程之義務，以便
留學生入學。第三，留學生在日本的學雜費用，由日本
政府全權負責。[26]

25　〈山東道監察御史楊深秀請議遊學日本章程片〉（1898 年 6 月 6
　　日），李振華，《清光緒朝中日交涉史料》，頁 987。
26　〈臨時代理公使林權助發外務大臣大隈重信宛の報告書〉（1898

　　此次會談，決定了雙方合作的方針。中國方面在解
除對日本不信任的顧忌後，開始逐步派遣留學生赴日。
日本方面也在所費不貲的條件下，欣然接納留學生。在
雙方各取所需，達成合作諒解之時，值得特書之處，是
日本對英國的態度。當代理公使林權助與李鴻章的初步
協議，經過日本政府認可，已成日本政府的既定國策，
而準備大量接受中國的武備學生赴日學習軍事之際，日
本外務大臣青木周藏於 1899（光緒 25、明治 32）年 2
月 17 日通報駐英公使加藤高明。通報中詳述日本針對
武備學生留日之事與中國交涉的經過，其中並曾多次向
英國駐中國公使報備並取得諒解。此外，青木本人也在
年前趁英國外相來日公幹之際，親自向他解說。為此，
希望加藤公使在瞭解整個事件的來龍去脈之後，也能隨
時與英國政府保持良好的互動關係。[27]

　　中國學生赴日學習軍事，所以需得到英國政府諒
解，此一史實顯示了在日本的對外關係上，處處以英國
馬首是瞻的基本態度。此一事例，如再與 1902（光緒
28、明治 35）年的英日同盟作一聯想的話，英日同盟
體制的建構，事實上早在三年前的中日軍事教育合作計
畫中，就已呈露端倪。

　　至於兩國軍事教育合作計畫的成效，更是成績斐
然。自 1898 年清廷開始派遣留學生赴日學習軍事時起，

年 8 月 20 日），《在本邦清国留学生関係雑纂》，機密第 87 號，
　　原件。

27 〈青木外務大臣發加藤特命全權公使宛の指令〉（1899 年 2 月 17
　　日），《在本邦清国留学生関係雑纂》，原件。

到 1911（宣統 3、明治 44）年 11 月，因辛亥革命爆發，兩國中止軍事教育合作計畫時止，清廷大約派遣了千名左右的學生赴日學習軍事，[28] 其中正式完成「陸軍士官學校」（即陸軍軍官學校）學業者有 553 名。[29]

這 553 名日本陸軍士官學校畢業生，因先後入學時期的不一，共分 8 期入學。[30] 其中，人數最少者為 1902 年畢業的第 2 期 25 名，最多者為 1908 年畢業的第 6 期 143 名。畢業人數如此懸殊，一則反映了中國自義和團事變後加緊軍事現代化的腳步，加速派遣留學生赴日學習軍事熱潮，另一則卻是受制於日俄戰爭，軍官學前教育中途皆有擱置之故。根據日本軍官訓練的流程，進入士官學校就讀之前，得先有在部隊實習的經歷。可是1904（光緒 30、明治 38）年至 1905 年之間的日俄戰爭，使得所有中國留日軍事學生在完成軍官學前教育

---

28 黃福慶，《清末留日學生》，頁 131。
29 日本陸軍士官學校中國留學生歷屆畢業人數：

期數	畢業時間	畢業人數
第 1 期	1901 年 11 月	40
第 2 期	1902 年 11 月	25
第 3 期	1903 年 11 月	95
第 4 期	1908 年 5 月	83
第 5 期	1908 年 11 月	58
第 6 期	1908 年 11 月	143
第 7 期	1910 年 5 月	55
第 8 期	1911 年 5 月	54

《日本陸軍士官學校中華民國留學生名簿》，日本防衛廳防衛研究所圖書館藏，原件。

30 清廷派遣留日軍事學生到日本陸軍士官學校就讀者，共有 9 期。第 9 期是 1910 年 12 月入學，預定 1912 年 5 月畢業。後因辛亥革命爆發，兩國中止軍事教育合作計畫，第 9 期 37 名士官學校學生也因此被迫休學，而於 1911 年 11 月被集體遣送回國。

之後，還是無法循序進入部隊實習。這也造成戰後大批留學生在同一時期完成部隊實習後，也皆在同一時期擠入士官學校。是以，1908 年一年中，就有 3 期中國留學生分批畢業，總人數高達 284 人。根據小林共明的研究，這一年中國留學生在日本士官學校就讀人數比例可高達全校的百分之 37。[31] 陸軍士官學校為培養日本陸軍軍官的搖籃，是國家最重要的軍事教育機構之一。本為國家的名器，國家的資源，如今卻撥出如此高比例與鄰國分享，一方面反映清廷在軍事教育交流上對日本的全面依賴，另一方面也彰顯出日本對兩國軍事教育合作計畫的高度熱忱。[32]

黃福慶在《清末留日學生》的專書中，以民國握軍權的軍人，十之七八為留日陸軍士官學校的畢業生，各地所設立的軍事學堂教習，幾盡為海外留學生，其中尤以留日學生佔絕大多數之事例，[33] 為兩國軍事教育合作計畫的成效提供了最真實的註腳。

翻開一部留日陸軍士官學生名簿，無疑的就等於是翻開一部中國近代軍事人名辭典。這其中，有發軔於北洋新軍的革命先烈的吳祿貞（第 1 期）、民初活躍政壇的張紹曾（第 1 期）、有辛亥革命期間北伐軍總指揮的

---

31 小林共明，〈陸軍士官學校と中國人留學生：日露戰爭期を中心として〉，《ひとりから》（1985 年 11 月），頁 66。

32 鑒於中國留學生大量湧入日本士官學校，影響到日本本國軍官的訓練教學，在日本陸軍大臣寺內正毅的要求下，兩國政府同意自1908（光緒 34、明治 41）年起，每年以接納中國留學生 50 名為限度。小林共明，〈陸軍士官學校と中國人留學生：日露戰爭期を中心として〉，《ひとりから》（1985 年 11 月），頁 66。

33 黃福慶，《清末留日學生》，頁 314。

藍天蔚（第 2 期）；有崛起於辛亥革命的李烈鈞（第 6 期）、閻錫山（第 6 期）；有主導護國軍的蔡鍔（第 3 期）、唐繼堯（第 6 期）、李根源（第 5 期）。有叱吒風雲於軍系混戰時期的孫傳芳（第 6 期）、徐樹錚（第 7 期）；有孫中山信徒的許崇智（第 3 期）；有追隨蔣介石北伐後的政、軍大員張羣（第 10 期）、何應欽（第 11 期）。[34] 更有享譽國際的軍事理論家第 3 期的蔣方震（百里）、國民政府駐日大使第 4 期的蔣作賓等人，其餘不及備述。

　　既然民國時期的軍政領袖，皆系出同門，這些共同的學習經驗、類似的生活記憶，當然也會形成一個特殊的人際網絡。在留日軍事學生中，蔣介石是第 10 期，前人努力的成果，他有幸分享；前人的失敗事跡，他可視為殷鑑。他的崛起，自然和留日軍事學生獨領風騷，成為革命勢力的主導力量有密不可分的關係。

三、振武學校的教育

　　進入振武學校，是蔣介石在日本接受軍官教育的第一步。當時他是用蔣志清的學名赴日留學。振武學校創設於 1903（光緒 29、明治 36）年，是日本政府專門為培養清廷留日士官學生而設置的預備學校。[35] 雖然學校

---

34 第 10 期、第 11 期皆是民國成立後才進入士官學校就讀者，其中張羣是 1914 年 2 月入學，1915 年 5 月畢業。何應欽、谷正倫是 1914 年 12 月入學，1916 年 5 月畢業。《日本陸軍士官學校中華民國留學生名簿》。

35 《振武學校一覽：明治三十八年十二月末調》，日本防衛廳防衛研究所圖書館藏，原件，頁 1。

的宗旨，定位於培養中國的留日軍事學生，但課程的設定，卻能與日本正式的軍官教育過程相銜接，因此也可視為是日本軍事教育機構的一環。特別是該校的授課老師，在普通學科課程方面，皆由有教師任用資格者擔任，術科課程方面，則是由士官學校的教官兼任。學校採委員會制經營，設委員長 1 人，委員 4 人，皆是陸軍現役軍人。其中，委員長為陸軍少將福島安正。其次另設學生監 1 名，為陸軍上校木村宣明。[36] 此等人事安排，無疑佐證該校與日本陸軍關係之密切。

按日本的教育體制，小學是六年，中學是五年，高等學校是三年，大學也是三年。在這小學至大學的十七年教育訓練過程中，似可分成兩個階段。一是基礎學術訓練，另一是高級行政官僚的培養，小學至中學無疑是代表前者，後者是指高等學校至大學。根據 1886（光緒 12、明治 19）年日本政府所公布的教育法，大學正式被歸納為國家行政機構之一，[37] 大學的意義則定位在替國家培養行政官僚，大學創設的目的則是為了滿足國家行政上的需要。[38] 大學既然是為了培養行政官僚而設，私人興設自然是不被允許。因此，當蔣介石於 1908 年進入振武學校深造之時，全日本只有三所大學，分設於東京、京都、仙台三地。[39]

---

36 《振武學校一覽：明治三十八年十二月末調》，日本防衛廳防衛研究所圖書館藏，原件，頁 17。

37 Henry Dewitt Smith II, *Japan's First Student Radicals* (Cambridge, Mass: Harvard University Press, 1972), p. 6.

38 *Japan's First Student Radicals*, pp. 33-34.

39 也就是今日東京大學、京都大學、東北大學的前身。*Japan's First*

　　從小學至大學的教育過程中，雖然都有考試的制度，但高等學校所招收的名額還少於大學招收名額。換言之，高等學校的畢業生沒有考大學落榜的疑慮。因而高等學校只可視為是大學的預科教育，不具獨立的教育法人性格，畢業同學視升學為唯一出路。[40] 高等學校與大學的六年教育，之所以被視為一體，原因也在於教育的內容與過程皆與官僚的培訓有因果的互動關係。

　　日本的軍官培訓，當然是另一套設計。在進入「士官學校」接受正式的軍官教育之前，有志軍旅的青年學子有兩個可選擇的途徑。一是在唸完中學第一年上學期之後，投考地方的軍事幼校。[41] 在明治時期，全日本設有六處軍事幼校。[42] 在此等幼校研讀三年課程後，轉入東京的中央軍事幼校，再研讀二年後，可望完成軍官的學前教育。爾後，轉入部隊實習半年，成績合格後，就可進入士官學校。士官學校的基礎課程是一年半，完成學業後，將以見習軍官身分再派回原來的部隊，經半年見習後，才可任命為少尉軍官，所謂的軍官培訓過程，自此得以告一段落。

　　除了從幼年軍校進階到「士官學校」的途徑以外，另一可選擇的方案是等到中學畢業以後，或者是完成中學的第四年教育過程以同等學歷身分投考「士官學

Student Radicals, p. 6.

40　_Japan's First Student Radicals_, pp. 8-9.

41　遠藤芳信，《近代日本軍隊教育史研究》（東京：青木書店，1994），頁 465-466。

42　六處軍事幼校分設於東京、仙台、名古屋、大阪、廣島及熊本。

校」。當此等甄試通過後，就可以士官候選人的身分，
分發至部隊實習。實習一年，成績合格後就可進入「士
官學校」就讀。[43] 至於往後的學業以及授階的過程，皆
與出身軍事幼校者相同。雙方的不同，只是在於部隊實
習時間的長短不一。出身軍事幼校者，只需半年實習就
可進入「士官學校」，而普通中學出身者，則需有加倍
的實習時間，前後要一年。

　　以上是日本軍官教育的培養模式。該制度實施於
1887（光緒 13、明治 20）年，是日本軍方參照德國的
練軍模式後加以仿效。[44] 此一稱為「士官候選人制度」
之特色，在於講究理論與實踐的配合。尤其是兩階段的
部隊實習要求，更可彰顯對軍官人格形成過程的重視。
第一階段的訓練，旨在軍官候選人於接受正規的軍官訓
練之前，能先掌握做士兵的角色。第二階段則要求軍官
於完成學科訓練之後，在擔負實際責任之前，仍有半年
見習期間，以資揣摩模仿。

　　振武學校之創設，無非也是為了讓中國留學生能在
同一基準下享有同樣的軍官訓練過程。不過，教育制度
的銜接，原本就非易事，何況還要跨越國度。因此，追
溯振武學校的創設歷史，不僅有助於理解蔣介石的教育
背景，也可理解中國軍官的培養過程。

　　誠如第一節所述，中國學生留學日本學習軍事，始

---

43 小林共明，〈陸軍士官学校と中国人留学生：日露戦争期を中心
　　として〉，《ひとりから》，頁 65。
44 山崎正男編，《陸軍士官学校》（東京：秋元書房，1990），頁
　　34-35。

於 1898 年浙江巡撫派遣之譚興沛、徐方謙等四名武備學生。當時這四名學生是被送到東京的成城學校。成城學校原名文武講習所，[45] 雖然是一所私立中學，但自1885（光緒 11、明治 18）年創校起，就與日本陸軍關係匪淺。鑑於該校重視軍事訓練已有定評，在該校畢業的學生因而得享有免試為「士官候選人」之資格。[46] 這也是清廷初派武備學生赴日學習時，當時的陸軍參謀總長川上操六利用自己身兼成城學校校長之便，以陸軍省委託該校代訓方式，展開雙方軍事教育合作計畫的肇端。[47]

　　成城學校雖然以注重軍事訓練著名，但在日本整個軍官教育的訓練流程來說，該校仍被定位為入選軍官候選人之前的中學基礎教育機關。換言之，在該校完成學業的中國留學生，仍應有一年的入伍實習訓練，之後才可進入陸軍士官學校就讀。[48]

　　成城學校既然被指定為中國武備學生培養基礎教育的中學，授課的方式，除了加強日本語文的教育以外，平常的課程則與日本普通中學課程無異。修業期限以16 個月為基準，[49] 但因早年的武備留學生，是各省督

45 實藤惠秀，《中国留学生史談》，頁 193。

46 サンケイ新聞社，《蔣介石祕錄：2 革命の夜明け》（東京：サンケイ新聞社，1975），頁 57。

47 〈川上參謀總長発西外務大臣宛の連絡書〉（1898 年 5 月 25 日），《在本邦清國留學生關係雜纂：陸軍學生の部，第一卷》，參樞第 63 號第 2，原件。

48 中村義，〈陸軍關係留學生と日本〉，《しにか》（1992 年 11 月），頁 22。

49 黃福慶，《清末留日學生》，頁 37。

撫直接派遣，並沒有統一的入學時間。再則，1902年
之前，私費留學生只要得到公使館的推薦，也可以入
成城學校，加入「士官候選人」制度的培訓行列。[50] 由
於入學日期不一的因素，也使得成城學校的修業期限有
很大的彈性。例如 1902 年畢業的七名武備學生，分屬
四批不同的入學時間，其中在學期間最長者為二年十個
月，依次為一年七個月、十一個月及八個月。[51]

　　入學時間的不一，當然會影響教學，自然也會妨礙
學生的正常學習。再則，委託成城學校代訓，畢竟有其
格局的限制。特別是軍官教育的訓練，尤重紀律考核，
講究對國家的忠誠，軍官的培訓工作，應有完整的體
系。換言之，提升學生品質，加強思想教育是振武學校
之所以要立校的原因，也是當時清廷陸軍部丞參良弼與
日本參謀本部福島安正等人研商後的共識。[52]

　　振武學校位於東京，現位於新宿區的東京女子醫科
大學，就是當年振武學校的校址。此一校區，本為日本
陸軍經理學校所有，原來只有一棟房屋，待振武學校在
此設校後，才陸續擴建，其中北洋大臣袁世凱曾捐贈兩
萬日元，是學校擴建的主要經費來源。[53]

　　學校經費，主要是靠學生所繳納的學費。學校創

---

50 サンケイ新聞社，《蔣介石祕錄：2革命の夜明け》，頁 57。

51 〈明治 35 年 7 月卒業清國陸軍學生七名教授學術科程表〉，《明
　 治 35 年 7 月至 36 年 6 月清國陸軍學生教授學術科程表》，日本
　 防衛廳防衛研究所圖書館藏，原件。

52 サンケイ新聞社，《蔣介石祕錄：2革命の夜明け》，頁 57-58。

53 〈振武學校經理上ノ件〉，收入《清國學生關係書》，日本東洋
　 文庫藏，原件。

辦初期，學費每人每月為 25 元，一年為 300 元。但是到 1908 年後，學費開始調漲為每人每月 28 元，一年為 336 元。此外，日本外務省每年固定補貼 5,040 元。此一金額是供支付學校職員薪水。換言之，學生所繳納的學費，主要是支付學生的生活雜支，至於學校中的教職員薪資，則由日本政府負擔。其中，軍職人員的薪資由日本陸軍的固定人事費中支出；文職人員的薪資則由日本外務省輔助。此等經費籌措，也可佐證雙方政府對振武學校設置的高度重視。[54]

振武學校於 1903 年創校之初，對學業年限沒有齊一的規定，不過有一保留性條款，要求學生至少有 15 個月的學習經歷。換言之，振武學校雖然無法有統一的入學規定，但藉由最低修業年限的要求，因而對學生基本學識的培養也能有一個完整的體系。這對學生品質的提昇當然助益甚大。只是此一制度在試行兩年後，還是覺得有所欠缺。於是 1905 年 10 月，再將最低修業年限提高為十八個月。次年的 2 月，再改為二年，旋又在 11 月改為三年。[55]

振武學校修業年限的一再提高，當然代表學校對學生要求的愈趨嚴厲。這些一連串的改革，可視為對既往教育方針的具體檢討，也可視為兩國政府當局對軍事教育的重視。特別是 1906 年日本陸軍負責主管清廷軍事留學生業務的福島安正少將，派遣了振武學校的舍監

---

54 〈振武學校經理上ノ件〉，收入《清國學生關係書》，日本東洋文庫藏，原件。

55 黃福慶，《清末留日學生》，頁 37。

野村岩藏及主任教官木下邦昌到中國視察清廷的教育設施。在歷經兩個多月訪問陸軍小學堂、保定速成武備小學堂、天津的北洋大學堂、北京的京師大學堂等清廷最具代表性的學術機構以後，認為要徹底改進振武學校的教學品質是此次視察的結論。

　　首先是清廷正努力設法引進現代化的教學設施，日本的優勢已不可能長久保持。其次，派遣到歐美的中國留學生，今後也將陸續回到中國，檢討留學成效，是勢在必行。日本為此，不得不未雨綢繆。再則，歷屆畢業生的證言，也證實，受限於語文及普通基礎常識的不足，使得他們無法理解老師的講課內容。[56] 是以，當1908 年蔣介石入學時，修業年限已改為三年，而學生也是統一由「通國陸軍速成學堂」派出。也就是說，蔣介石的這一屆不僅修業年限是最高標準以外，也是學校創校以來第一批由清廷直接派遣並統一入學的。

　　誠如前言所述，根據日本軍官的訓練流程，振武學校還是定位在培養中等學生素質的軍官學前教育。振武學校的修業年限一再延長，無非還是為了提昇學生素質。振武學校的教學宗旨，也可從以下的上課總時數的安排，得到旁證。[57]

---

56 〈清國教育視察報告〉，收入《清國陸軍學生監理委員宛報告書〈一〉》，日本東洋文庫藏，原件。

57 參照《振武學校沿革誌：三十九年九月調》，日本東京東洋文庫藏，原件。

課程別	科別	修課時數（小時）	合計（小時）	總計（小時）
軍事課程	學科	265	880	
	術科	615		
普通學課程	日本語文	1,934	3,458	4,365
	史地	246		
	數學（包括算術、代數幾何、三角解析幾何）	912		
	理化	300		
	博物（包括動物、植物、人體生理、礦物）	104		
	圖畫	189		

在 4,365 個小時的上課總數中，軍事課程只佔 880 個小時，約佔總比率的 20.2%。從此一比率的安排，也可理解該校對基礎學科的重視。此外，以留日軍事學生第十屆蔣介石在振武學校的學習課程與第三屆蔣方震（百里）在成城學校的學習課程相比較，[58] 不僅有助於理解振武學校創校後所欲凸顯的教學宗旨，更可對當時兩國政府對軍事教育的認知態度有更深一層的理解。

誠如前言所述，成城學校對學生的修業年限，沒有齊一的規定，以下所列舉的課程時數，是根據原定規劃 16 個月為基準的教育課程。鑑於同期在校學生，最長者曾在校 34 個月，最短者只有 8 個月，因而所列舉的教育課程，不能等同視為每一位應屆畢業生皆曾完成課程。[59]

---

58 〈明治 35 年 7 月卒業清國陸軍學生七名教授學術科課程表〉，《明治 35 年 7 月至 36 年 6 月清國陸軍學生教授學術科課程表》，日本防衛廳防衛研究所圖書館藏，原件。

59 《明治 35 年 7 月至 36 年 6 月清國陸軍學生教授學術科課程表》，日本防衛廳防衛研究所圖書館藏，原件。

課程別	科別	修課時數（小時）	合計（小時）	總計（小時）
軍事課程	學科	160	438	1,776
	術科	278		
普通學課程	日本語文	522	1,338	
	史地	58		
	數學（包括算術、代數、幾何、三角法）	506		
	理化	123		
	博物（生理衛生）	32		
	圖畫	97		

　　第三屆留日軍事學生是 1899 年 10 月開始入學，第十屆是 1908 年 3 月入學。兩屆相距 8 年 5 個月。如果再更細膩的劃分，蔣介石所接受的課程是 1906 年年底改訂的，因此比較這 7 年來的課程演變，可得以下結論。

　　一、普通學課程比重增加，軍事課程減少。在第三屆課程安排中，普通學課程與軍事課程之比是 67% 比 33%。但是到第十屆時，其比例則成為 75% 比 25%。換言之，振武學校的教育是更注重學生的基本學識培養。

　　二、日語課程的大幅增加。日語教學之原比例是 29.4%，不過到第十屆時則提升為 39.7%。如果以時數來計算，新的教學制度中，日語教學時數是原來的 3.3 倍。也就是說，振武學校的教育，以充實語文訓練為第一首務。

　　三、更加重人文學科的培養。在原制度教學中，史地課程的比例只有 3.3%，但是到新的教育制度時，比

例則提升為 5.6%。此一變化，如參照總時數，更可彰顯。原時數是 58 小時，新的時數卻已增幅到 246 小時。

將上述所列的三項特色為經，再以新制度將修業年限從 16 個月提升為 36 個月，授課時數從 1,776 小時擴增為 4,365 小時等教育體系的變動為緯，從以下線索可對振武學校的教學宗旨有更進一步的理解。

一、注重理科培訓。在授課時數的安排中，數學、理化、博物等課程的授課時數是 1,316 小時，為授課總數的 30.1%，僅次於日語教學的 39.7%，但高於軍事課程的 20.2%。此一課程的安排，當然是著眼於軍事訓練的需要。現代化武器，無異是科技文明的總匯。現代的戰爭，無非是立足於對科技文明的掌握。振武學校以加強理科訓練為主旨，自然有助於學生對科技文明世界的認識。

二、強調功能教學。日語課程的大幅擴增已如前述，1,734 小時日語課程的安排，在當時以中國人教學為主體的教育機構而言，是個異數。如此的密集語文訓練，當然可保證學生的語文程度，這與用翻譯教學為慣例，不講究語文訓練的普通留日教育機構，自然不可同日而語。語文程度的提升，不僅有助於學科學習，也可增進與日本社會的互動關係，對融入日本社會，以及對日本社會的理解，自然裨益甚大。此外，設有圖畫一科，授課時數是 189 小時。此一教學劃分為兩個層次，一個層次是臨摹，要求學生能隨時用鉛筆對周遭事物有素描的能力。另一層次是應用圖畫的訓練，鍛鍊學生能運用幾何原理以及投影定律繪工程圖。特舉以上兩項課

程，無非在說明振武學校的務實本色，特別是和當時講究速成的留日教育相較，更可展現振武學校對教學品質的講究以及課程安排的周延。

　　三、基礎訓練重於軍事學科訓練。振武學校首重日語教學，次而講求理科培養，軍事課程是佔第三位之事實已如前述。不過總時數 880 小時的課程中，學科與術科之比是 265 小時對 615 小時，換算比例則為 3：7。軍事學科是第二年才開始設置，一周才 3 小時。到第三年最後一學期時，也不過改增添為 4 小時一周。課程時數之低，也可反映出軍事學科教學並非主力。術科是第一年就設置，每周固定為 5 小時，因而對士兵的各種操法，執槍訓練、射擊訓練、單兵教練皆有一定的課程安排。這方面的訓練，應可視為充分。

　　從以上所陳述的各項事例，似可對振武學校的立學精神有更一清晰的掌握。該校的設計，是為了要與日本軍官教育有一完整的銜接，因而對學生語文以及基本學識都有高標準的要求。學校的定位設立於中學程度的培養，因此課程設計中，軍事教學顯然不是重點。從此一角度，也可一窺振武學校在培訓軍官過程中，堅守教育功能分工，只求紮根不求急功近利。

　　根據蔣介石的年譜，得知他在赴日學習軍事之前，曾有二年入新式中學的經驗。也就是說，他除了在傳統的經史哲學教育環境以外，也曾有機會接觸數學等現代科技文明的基礎學科。[60] 不過以 1903 年的浙江省奉化

---

60 秦孝儀總編纂，《總統蔣公大事長編初稿》，頁 10。

縣城的教育環境來說，所謂新式教學，象徵意義重於實質教育，很難冀望這二年的新式教育對他有多大幫助，特別是蔣介石爾後又重新回舊式私塾，[61] 此一轉學過程，無疑的也在旁證他對新式學堂的失望。

912 小時的數學課程，300 小時的理化課程，104小時的博物課程等振武學校的學習經歷，應是蔣介石接受現代科技文明洗禮的契機。特別是振武學校的教學是講求循序漸進，數學課程是從算術開始，先求學生對數的概要、百分率大要以及平方、立方有一基本理解後，進而是代數，在熟悉因子分解、倍數、約數、一次方程式、二次方程式後才開始講授幾何。幾何則是先介紹平面幾何，後講解析幾何，待幾何論有一基礎後，再開授三角課程，力求學生對平面三角法及各式三角函數都能實際作答。[62]

理化課程則分物理及化學兩科。物理以力學、熱學、光學、電學及磁場學的講解為主，並輔以實驗。化學課則以實驗驗證方式授課，讓學生手腦並用，自己去理解何謂元素，何謂化合物以及物質不滅定律、無機化學各論、有機化學大要等基礎知識。[63]

博物學課程是對生物與礦物學的綜合探討。其中包括人類的身體構造、生理衛生以及動物學、植物學、礦

---

61 秦孝儀總編纂，《總統蔣公大事長編初稿》，頁 10-11。

62 參照《明治 35 年 7 月至 36 年 6 月清國陸軍學生教授學術科程表》，日本防衛廳防衛研究所圖書館藏，原件。

63 《明治 35 年 7 月至 36 年 6 月清國陸軍學生教授學術科程表》，日本防衛廳防衛研究所圖書館藏，原件。

物學的基本常識。[64]

　　誠如前面一再陳述，振武學校的宗旨，是在培養留學生應具備如同日本普通中學生的一般程度。因此，以上所列舉的課目內容，皆是日本中等學校的課程。不過，對蔣介石來說，這些都是新的學習領域，是他近代文明知識的奠基，也是他往後的成長過程中，能繼續吸收新知識的重要媒介。

　　在綜合介紹蔣介石在振武學校所接受的理科教育以後，接著再對人文科教育所可能對他的啟發作進一步的陳述，尤其是地理與歷史的教學。地理課程分為外國地理及地文學兩部份。所用的教材是當時日本中學適用的課本，為矢津昌永編的《新撰外國地理》、《新撰中地文學》，外國地理以國家為單位分為六個地區介紹，順序為亞洲、大洋洲、歐洲、非洲、北美以及南美。在中國方面，則劃分為內地、滿洲、蒙古、新疆、西藏、青海等七個地理區，分別加以論述，全書 258 頁，介紹中國就用了 30 頁，可謂是介紹列國中詳盡之最。介紹的範圍，涵蓋了面積、地勢、氣候、產物，商業、礦產、住民、風俗、宗教、政治、兵制等議題。

　　個性溫和、吃苦耐勞、崇尚節儉，善於營利是作者對中國民族的總評。物產豐富、礦產無限是作者對中國物質資源的解析。女子纏足，男子嗜吸鴉片是作者認為現今中國民族的危機所在。中國工藝，曾傲視全球，但

---

64 《明治 35 年 7 月至 36 年 6 月清國陸軍學生教授學術科程表》，（日本防衛廳防衛研究所圖書館藏，原件。

不追求改進。中國曾築長城、開運河，但這種氣魄只在歷史可求，現在的中國，乏善可陳。

> 萬里長城從嘉裕關至山海關，跨山越谷綿延約七百里。城牆高二十五尺，寬十五尺，每四百公尺設一堡壘，以防北方民族入侵，是秦代所建築。筆者今夏登此城牆，對其浩大工程感到驚嘆不已。

這些對中國的批評，想必對蔣介石都是錐心之痛。尤其是教材中，還有一幅中國女子的畫像。畫下面另附上三幅小圖，一幅是纏足後的小腳外觀，一幅是去除纏腳布以後的小腳形狀，最後一幅是纏足小腳的骨骼變形圖。這種圖像，任何人看了都會毛骨悚然，蔣介石看了想必也不會例外。

> 女子纏足、男子辮髮是中國的兩大奇俗。纏足之風已沿襲數百年，一般纏足的女子都是自幼將腳纏緊，使其無法生長，以小為美。因此腳骨像圖那樣彎曲，有人甚至不堪步行。

本書的最後一章，是「世界的貿易與交通」。作者認為在二十世紀，貿易與交通是未來文明發展的主軸。因而認為國內鐵路的鋪設里程以及海外航運的開拓，船舶噸數的掌握是衡量國力基準。書中對交通的開拓與貿易額增長之間的互動關係，有詳盡的數字考證。這些觀點，代表日本學者對現代文明走向的觀測，也代表日本

學者對日本現代化的一些體驗。對急於想理解日本現代化奧秘的蔣介石而言，這些論述，自然也會帶給他一些啟發。

地文學以講授自然地理為主旨，是專門介紹地球所處的自然狀態。這是一門綜合學科，企圖運用地質學的概念，介紹地球的組織成分，其中涵蓋山嶽、原野、谿谷、泉、河、湖泊等的形成，以及產生火山、地震等土地變動的原因。或者運用天文學的概念，探討地球在宇宙世界中與其他行星的關係，其中包括自轉與公轉的關係，也就是一晝夜和一年的產生。又包括四季的循環以及因季節的不同而有不同晝夜長短的原因。此外，還包括對日蝕、月蝕等天文現象的解釋以及經、緯度、標準時等地理名詞製定的基準。或以物理學的概念，解釋自然界所存有的光、熱、磁氣、壓力等物理現象。或以氣象學的概念介紹氣溫、氣壓、氣候及天氣等自然現象的發生。或又以礦物學的知識論述地脈、岩脈、礦物和岩石之間的組合關係。以及借用生物學的知識介紹動植物的分佈。

地文學是一門科際整合，是在振武學校第三學年才開的課程。鑑於蔣介石在第一、第二學年度對相關學科皆有涉獵，對此一授課的內容，想必不會陌生。這些知識，可為現代軍事學奠基，對他往後戎馬生涯的發展，自然大有裨益。

振武學校的歷史課程分為東洋史及西洋史兩部分，所用的教材是當時日本中學通用的教材。前者為桑原隲藏編的《中等東洋史》，後者為吉國騰吉編的《西洋

史》，同時在西洋史課程方面，還使用了箕作元八、峰岸米造合著的《新編西洋史綱附圖》作為輔助教材。[65]

　　東洋史是以中國的斷代史為中心，[66]西洋史則從上古時代的埃及文明為起點，再循波斯、希臘、羅馬等一再更迭的各王朝、帝國的發展為要點。[67]兩者處理題材不一，論述對象不同，本不應相提並論，不過在細讀這兩本教材時，可發現兩位作者在探討歷史演變時，有眾多雷同的價值取向。例如，第一、兩者皆以盛衰興亡為觀測焦點，東洋史是以中國朝代的起落為話題，西洋史則以區域文明的興衰為對象。

　　第二、兩者皆以文化發展史的角度論述歷史。東洋史在中國斷代史中首重周、唐、清三朝。重周朝是因中國的典章制度大多起源於周。重唐朝是因中國與周遭的國際關係大多奠基於唐，尤其是與日、韓的多邊關係。重清是因清朝為現行政治制度的代表，對今日的生活仍在持續發揮影響力。西洋史則以對人類文明影響的深淺為篇幅大小的敘述準則。文中對一般史實僅止於敘述，但對雅典的議會政治、斯巴達的軍事教育、羅馬帝國的壯大與基督教興盛、神聖羅馬帝國的誕生與教皇權力的高漲、文藝復興與航海事業的發達、宗教改革運動與新教的發展、英國憲政革命與君主憲政體制的奠基、法國

65　《明治35年7月至36年6月清國陸軍學生教授學術科程表》，（日本防衛廳防衛研究所圖書館藏，原件）。

66　參照桑原隲藏，《桑原隲藏全集：第四卷中等東洋史》（東京：岩波書店，1968）。

67　參照吉國藤吉著、和田鼎校，《西洋史》（東京：內田老鶴圃，1903）。

大革命、拿破崙的崛起與歐洲民族國家的形成、十九世
紀工業文明的發展等有關對人類發展有具體影響的歷史
史實時，皆加重語氣及篇幅探討。

　　第三、兩者皆以「進化史觀」評斷歷史。在兩位作
者的筆下，歷史的發展是有其自然定律，無是非也無對
錯，「優勝劣敗、適者生存」是一切歷史演進的法則。
是以在兩位作者的筆下，即使談到十九世紀西方勢力的
東來，亞洲的淪亡、中國的挫敗、日本的危機時，也能
不慍不火，視為事理之常。

　　兩位作者的論述，反映著日本教育界對歷史的認
知，這與中國傳統史家以大是大非為春秋之筆的撰史精
神，迥然不同。歷史的認知，是一種價值取向的呈現，
而日本史學家的價值取向無異的反映著當代的時代精
神。對蔣介石而言，體認中日兩國對歷史認知的不同，
進而體會兩國時代精神的差異，咸信也藉由振武學校的
歷史課程成為他成長經驗的一部分。特別是日本史學界
面對西方帝國主義的挑戰時，仍能不慍不火，仍以「優
勝劣敗、適者生存」的語調論述東亞的現狀以及日本的
危機，這份內斂，這種天助自助的國際政治史觀，想必
也會讓他留下深刻印象。

　　振武學校是集體住校，平日上課 7 小時，星期三、
星期六上課 6 小時，星期天免上課。免上課的星期天
以及星期三下課以後可以外出，其餘時日一律不准出
外。[68] 生活起居用具，都由學校統一供給，與日本軍隊

---

68 《振武學校一覽：明治三十八年十二月末調》，日本防衛廳防衛

同一規格。[69] 每年有短暫的寒暑假，寒假為 12 月 28 日至翌年的 1 月 4 日，暑假是 8 月中下旬。此外，日本的國定假日以及萬壽節（中國皇帝的生日）、舊曆年的元旦等有關兩國的重要節慶，也會遵照兩國習俗放假。[70]

授課方式採學期制，每四個月為一期。成績計算方式分四層面，一為平日成績，二為每月成績，三為學期成績，四為畢業成績。平日成績是指授課老師根據平日學生在課堂的表現所給予的成績。每月成績是指平日成績與每月月考成績平均計算。學期成績是指前三個月的平均分數與期末考成績的平均計算。[71] 特別值得一提的是學期成績結算時，所學的各個科目都一一計算外，並另列操行一科，操行科也成為算總成績平均分數的一科。[72] 換言之，操行成績也列入總成績計算。至於畢業成績，是各學期平均分數與畢業考分數相加後再平均。

蔣介石是在 1910（宣統 2、明治 43）年 11 月畢業。三年振武學校的總成績是 68 分，[73] 所修畢的科目為日文的閱讀、會話、作文 3 科以外，還有算術、代

研究所圖書館藏，原件，頁 7。

69 《振武學校一覽：明治三十八年十二月末調》，日本防衛廳防衛研究所圖書館藏，原件，頁 7。

70 《振武學校一覽：明治三十八年十二月末調》，日本防衛廳防衛研究所圖書館藏，原件，頁 9。

71 《振武學校一覽：明治三十八年十二月末調》，日本防衛廳防衛研究所圖書館藏，原件，頁 10-13。

72 參照《振武學校學期試驗成蹟表》，日本防衛廳防衛研究所圖書館藏，原件。

73 〈大清欽差出使大臣汪大燮致日本外務大臣伯爵小村壽太郎函〉（宣統 2 年 10 月初 9），《在本邦清國留學生關係雜纂：陸軍學生之部，第四卷》，受第 85308 號，原件。

數、幾何、地理、歷史、物理、化學、生理、圖學、畫
學、典令、體操等 12 科。[74] 此 15 科學術科目再加上操
行一科的計算後為總成績。在同期 62 名的畢業生中，
名列 55。[75] 此外，在學期間曾於畢業前夕入院一次。
病因不詳，但有一份出院紀錄。[76]

四、野戰砲兵第 19 聯隊的實習

蔣介石於 1910 年 12 月 5 日以振武學校的應屆生身
分被分發至野戰砲兵第 19 聯隊，展開為期一年的實習
生活。專研砲兵是他在振武學校畢業前夕，所申報的第
一志願，學習騎兵是第二志願。[77] 所幸天如人願，同期
共有十六名分發至野戰砲兵第 19 聯隊，其中包括一生
和他形影不離，生死與共的好友張群。[78] 野戰砲兵第 19
聯隊隸屬於第十三師團，駐在地是日本東北地區新潟縣
的高田市。當時，與蔣介石同期的 62 名振武學校畢業
生，皆同時分發至第十三師團，其中除 16 名學習砲兵
外，27 名學習步兵，16 名學習騎兵，3 名學習工兵。[79]

---

74 參照《振武學校學期試驗成蹟表》，日本防衛廳防衛研究所圖書
　館藏，原件。

75 《振武學校學期試驗成蹟表》，日本防衛廳防衛研究所圖書館藏，
　原件。

76 〈明治四十三年振武學校學生請假及入退院轉地療養書類綴〉，
　日本東洋文庫藏，原件。

77 〈明治四十三年振武學校學生請假及入退院轉地療養書類綴〉，
　日本東洋文庫藏，原件。

78 〈陸軍大臣子爵寺內正毅發外務大臣伯爵小村壽太郎宛の回答〉
　（1910 年 11 月 28 日），《在本邦清國留學生關係雜纂：陸軍學
　生の部，第四卷》，受第 26704 號，原件。

79 〈陸軍大臣子爵寺內正毅發外務大臣伯爵小村壽太郎宛の回答〉
　（1910 年 11 月 28 日），《在本邦清國留學生關係雜纂：陸軍學

而當時日本全國陸軍總編制是十九個師團，總兵力 24 萬 4 千 804 人，及 3 萬 9 千 364 匹馬。[80]

　　根據 1890（光緒 16、明治 23）年日本陸軍的師團編制規定，一個師團內包括騎兵大隊、砲兵聯隊、工兵大隊、輜重兵大隊以及 2 個步兵旅團（4 個步兵聯隊）。[81] 其中一個砲兵聯隊內含 2 個野砲大隊以及 1 個山砲大隊，而一個大隊又包含 3 個中隊。在 2 大隊 6 中隊的編制中，卡賓式步槍、三八式野砲、三八式十二釐榴彈砲、十五釐榴彈砲、十釐加農砲、[82] 722 名官兵，及 311 匹馬是標準配備。[83]

　　野戰砲兵第 19 聯隊是一個新番號。創立於日俄戰爭關鍵時刻的 1905 年 4 月。成軍不及三個月，就在同年的 7 月，奉命出征庫頁島，8 月在順利攻佔庫頁島後凱旋而歸。[84] 同月也正是日俄政府代表在美國談判媾和之時，翌月兩國政府代表就簽訂和約，宣告戰爭結束。誠如以上陳述，19 聯隊因成立時間過晚，因而未曾在日俄戰爭期間締造輝煌之戰果。不過部隊之創設，原本就是為了應付北邊之戰事，是屬於極凍地區的作戰編

生の部，第四卷》，受第 26704 號，原件。

80 外山操、森松俊夫編，《帝國陸軍編制總覽：第一卷近代日本軍事組織・人事資料總覽》（東京：芙蓉書房出版，1993），頁 46-47。

81 外山操、森松俊夫編，《帝國陸軍編制總覽：第一卷近代日本軍事組織・人事資料總覽》，頁 28。

82 外山操、森松俊夫編，《帝國陸軍編制總覽：第一卷近代日本軍事組織・人事資料總覽》，頁 47。

83 外山操、森松俊夫編，《帝國陸軍編制總覽：第一卷近代日本軍事組織・人事資料總覽》，頁 28。

84 外山操、森松俊夫編，《帝國陸軍編制總覽：第一卷近代日本軍事組織・人事資料總覽》，頁 237。

制。這也是日俄戰後仍佈防於日本東北地區日本海內測的新潟縣，與蘇俄遙遙相對，位屬於日本國內最酷寒地區之一的原由。

　　蔣介石的入伍身分是二等兵。不過，這只是從官階的角度上來說。如果從日本的軍官訓練過程來說，蔣介石是以「士官候選人」身分入伍。根據訓練流程，蔣介石在入伍 6 個月後可升為一等兵，再 2 個月後可升為伍長，又再 4 個月後可升為軍曹。在升為軍曹之同時，所謂一年的軍旅生涯，也因而得以結束。[85] 蔣介石將可按往例，轉升到「士官學校」。換言之，一年的訓練流程，讓他有機會揣摩不同的角色。特別是此一實習階段，成為進入「士官學校」的必備條件，使得實習有其雙重意義。一在熟悉基層士兵的生活及學習模式的前提下，提升軍官統御領導的教學品質。二在熟練基層士兵的基本戰技背景下，加強軍官的領導素質。

　　在此一制度下進入部隊實習者，雖然是以軍中的最基層，所謂二等兵開始服役，不過在生活起居上，可享有與軍官類似的待遇。首先，「士官候選人」身分可藉由服飾上的特別徽章表徵。第二，可享有專用的住宿設備。「士官候選人」不需與士兵共寢，有「士官候選人」共用的寢室。第三，可與軍官共餐。「士官候選人」用餐時，可到軍官用餐的專屬區，享受與軍官同等的待遇。[86]

---

85 原剛、安岡昭男編，《日本陸海軍事典》（東京：新人物往來社，1997），頁 253-254。

86 河辺正三，《日本陸軍精神教育史考》（東京：原書房，1980），

　　根據當時的「高田新聞」記載，蔣介石入伍時，身高 169.4 公分，體重 59.2 公斤。[87]他隸屬於第 19 聯隊中的第 2 大隊第 5 中隊。聯隊長為飛松寬吾上校，大隊長為稻枝豐成少校，中隊長為新納巖上尉，負責指導留學生者為同中隊的小山田三郎中尉。[88]

　　再按第 19 聯隊史的記載，蔣介石和同期的 15 名同學於入伍後的 6 個月，於 1911 年 6 月 1 日晉升砲兵一等兵。[89]2 個月後又和同期同學於 8 月 1 日晉升砲兵伍長。[90]按「士官候選人」的訓練流程，蔣介石等人應在實習結束前夕，也就是 12 月 1 日晉升砲兵軍曹。不過，他們這批應屆生表現特別耀眼，張羣在內的 15 名同學破例於 10 月 1 日晉升砲兵軍曹。[91]蔣介石本應可依序按例在 12 月 1 日晉升軍曹，不過這些原定訓練流程皆因同年 10 月 10 日辛亥革命的爆發而被中途打斷。

　　根據日本防衛廳防衛研究所戰史室所保存的「陸軍教育史稿」，野戰砲兵一年的教育課程可分四期，其中還細分為學科及術科。12 月至 3 月下旬為一期，3 月下旬至 7 月下旬為一期，10 月下旬止為另一期，11 月

87 サンケイ新聞社，《蔣介石祕錄：2 革命の夜明け》，頁 205。

88 〈野砲兵第十九聯隊將校同相當官准士官職員表：明治 43 年 12 月 1 日調〉，《野戰砲兵第十九聯隊歷史》，日本防衛廳防衛研究所圖書館藏，原件。

89 《野戰砲兵第十九聯隊歷史》，日本防衛廳防衛研究所圖書館藏，原件。

90 《野戰砲兵第十九聯隊歷史》，日本防衛廳防衛研究所圖書館藏，原件。

91 《野戰砲兵第十九聯隊歷史》，日本防衛廳防衛研究所圖書館藏，原件。

下旬結業。換言之，四期並不是月數的均分，第一期、第二期是四個月，第三期為三個月，第四期為一個月。前四個月的術科訓練課程為單兵基礎訓練、體操、砲兵操、砲擊瞄準訓練、槍械分解訓練、射擊。以中隊為單位（80人左右）的部隊操練、野外演習。學課訓練課程為朗讀天皇敕諭，認識兵種及戰鬥功能，學習聯隊編制，熟記長官姓名，分辨武官階級及服飾，認識各式勳章及其涵義，學習軍隊內務、陸軍軍儀、陸軍刑法及懲罰要令、兵器及乘馬器具、馱載器具、被套名稱以及使用被套的方法、馬的各部位器官名稱及飼養方法、彈藥的種類、火砲的種類、裝彈藥以及發砲的方法、野外求生的基本知識等。

第二學期的術科訓練課程為第一學期課程的複習，此外還開始加添以大隊（類似營教練約200多人）為單位的部隊操練、騎馬訓練、馱馬訓練、游泳訓練以及水上的馱馬訓練。在學科方面，除複習上學期課程以外，開始講授鞍馬具的名稱及安裝方法、馬的基本常識、常用工具的名稱及構造、焊工的基本概念、紅十字條約的大意、急救的方法、聯隊的歷史。

第三期的術科課程除了一再複習以往的學習課程外，開始列入以整個聯隊（730人左右）為單位的部隊操練，以及加強射擊訓練。至於術科方面，則只是複習以往的課程，沒有新課程的添加。

第四期只有一個月，主要是參加年度的秋季野外

演習。[92]

　　在機械運輸還沒有普遍發展的時代，野砲部隊的運輸是靠軍馬，這也是野戰砲兵訓練課程中，照料軍馬及駕馭軍馬皆是重要學習課程的原由。蔣介石的軍營生活，因而也從學習照料軍馬開始。

　　誠如前言所述，振武學校是一所專門為中國留學生學習軍事而設置的教育機構，振武學校與日本軍官培訓教育之相銜接，主要是靠振武學校的畢業生進入軍隊實習時起，雙方的培訓過程才可接軌。是以，對蔣介石而言，軍隊實習生活有雙重意義。首先是融入日本社會。振武學校畢竟是一個以中國留學生為社群的團隊，日常起居與日本社會少有接觸。軍營生活，在周遭舉目所及皆是日本人的情況下，反而是蔣融入日本生活的契機，也是他藉由生活體驗去探索中日兩國文化異同的開始。

　　其次是接受嚴格的軍事訓練。誠如前面所述，振武學校的宗旨是在培養中國留學生的基礎知識，軍事教育並不是振武學校的重點。職是之故，蔣介石的真正軍事磨練，是奠基於這一年的實習經歷。

　　這一年軍營生活，對蔣介石的啟發之大，也可從蔣成為領導中樞後的多次演講中得到旁證。例如於 1944（民國 33、昭和 19）年 1 月 10 日在軍事委員會對軍政部教導第一團官兵演講時，敘述了他這一年的生活：

---

92 〈野戰砲兵一ケ年間教育順次表〉，《明治元年～44 年陸軍教育史：附錄草案》，日本防衛廳防衛研究所圖書館藏，原件。

當時我們入伍以後，是在聯隊裡面當一個二等兵，日本新兵的入伍，大概都是在冬季，而我們入伍的地點，是在高田，高田是在相近北海道的一個新潟縣所管轄的村鎮，這一帶地方，天氣嚴寒，每年冬天總下著很厚很大的雪——這樣的大雪，在我國塞北，亦是很少看到的，——但無論他天氣如何寒冷，無論他雪下得怎樣大，我們每天早晨五點鐘以前就得起床，起床之後，就得自己拿著面盆，到井旁提冷水來洗臉。因為在砲兵聯隊裡學砲兵，都要你自己來養馬，因此，我們洗了臉之後，官長就帶領我們進到馬廄去擦馬，擦馬的工作，要從馬蹄馬腿擦到馬背，經過馬背擦到馬頭馬尾，這馬的每一個關節，每一部肌肉，都要用禾草來盡力的擦摩，這樣大概經過一小時，將馬渾身擦熱了，馬的血脈流通了，而我們本身亦因為用勁擦馬，努力工作，雖在這樣冷天，不僅不覺得寒凍，而且身上和手足都是發熱，有時候還要流汗。這是我平生最大的學業。到如今仍覺以苦為樂、不懼艱險的精神，自認為完全得力於此。等到馬擦完了之後，再將他牽到廄外雪地裏馬槽去飲水和餵料，等到馬餵好了，我們自己纔能回營房裏去吃早飯，到了傍晚，再要同樣的到馬廄去擦馬一次，然後纔吃晚飯。說到這裡，我再要將他日本軍營的飯餐是怎樣情形告訴你們。各位從前在學校在家庭吃飯的時候，飯菜或許也有不夠的時候，但吃飯總是沒有限制的，能吃多少，就是多少。而他們日本軍隊裡面，每人每餐

規定只許吃一中碗的米飯，每星期要吃幾餐麥飯，
飯的上面，有時是三片鹹蘿蔔，有時是一塊鹹魚，
只有星期日纔能吃到一點豆腐青菜和肉片，無論你
吃得飽，吃不飽，每人的飯菜，就只有限定的這一
點。……我在入伍最初半月之內，這點飯實在是吃
不飽，肚子裡常常覺得饑餓，白天毫無辦法，只有
到了晚上纔能到軍營裏的酒保——俱樂部——買餅
乾來充饑。但是餅乾也有定量限制，不能任意購買
的，每次最多是兩三片，而且去遲了還買不到，餅
乾的質料又非常粗糙，在平時我們在家庭與學堂裡
是不要吃的，但在饑餓之餘，吃起來就覺得津津有
味了。這種生活過到兩週以後，就漸漸成了習慣，
到了第三星期，雖不到酒保去購食餅乾，也就不覺
饑餓了。[93]

在介紹完他對這一年軍旅生活的回顧以後，他以日
本聯隊的生活經驗，可得三項結論作為收尾。第一，需
認為服從國家命令是軍人的天職。第二，軍人在赴戰場
時，是否能不惜犧牲不怕危險，端視是否有中心信仰，
是否曾接受完備的政治訓練而定。第三，軍隊也應扮演
職業學校的功能。軍隊就是一個群體生活，需要各樣技
能的人材共同參與。是以，軍隊也可要求每一成員必須
熟練某一技能。一則可提升軍隊的生活品質，二則也可

---

93 蔣中正，〈對從軍學生訓話〉，頁 316-317。

學得一技之長，以備離開軍營後，可自謀生路。[94]

　　從此一演講，可窺知日本的軍隊生活經驗，已成為蔣介石日後建軍的參照藍圖。此外，1946（民國 35、昭和 21）年 6 月 3 日，他在對青年遠征軍退伍士兵廣播詞中，以日本一年的士兵生活所鍛鍊出的堅忍意志，是他革命事業的奠基作為話題，對他在日本的軍旅經驗，做出以下的評價：

> 紀律的拘束，和生活的單調，乾燥無味，使我當時感覺得太不合理了。但是我今天回憶起來，我平生活之能夠簡單，工作之能夠有恆，四十年如一日，確是由於這一年士兵生活的訓練所奠立的基礎。我以為我一生革命的意志和精神，能有今日這樣的堅忍，不怕一切，亦完全是受這一年士兵生活的影響。如果我沒有這一年當兵的經歷，不受過那樣士兵的生活，我相信我或許不會有今天這樣的革命事業。[95]

　　再則，1942（民國 31、昭和 17）年 8 月 22 日在蘭州所舉辦的興隆山軍事會報時，在面對駐防西北部隊的軍事幹部對他抱怨補給困難之時，他特舉在日本軍隊中所觀察的生活體驗為例，要求各級主管力行「勤勞儉約」。他說：

---

94 蔣中正，〈對從軍學生訓話〉，頁 318-319。

95 蔣中正，〈對全國青年遠征軍退伍士兵廣播詞〉（1946 年 6 月 3 日），收入秦孝儀編，《總統蔣公思想言論總集》，卷 32，頁 154。

我從前在敵國——日本的時候，看到他們一般部隊在平時，真是一錢當作二錢用，一時當作二時用，一套服裝，要穿到三四年，團長連長如果看到士兵的衣服有一點破綻，立刻就要他們補好；房屋有一點滲漏，立刻就要修理，可見他們治軍，真是和治家一樣，何等用心，何等省儉！……士兵星期日出外的服裝，一定要到當天吃過早飯纔許換上，傍晚歸隊之後，連長就來催大家立即脫下收存，惟恐穿著吃晚飯汙壞了，這是何等節約，何等惜物！從前我們家庭裡面，也是這樣，外出的衣服，母親決不許我們在家裡輕易的穿著，可見無論治軍治家，第一要注重節儉。大家如果能養成這種美德，那不僅在軍隊裏面可以作一個好的軍官，就是將來回到家庭，也可以作一個好的家長！……其次，現在一個士兵每天發二十六兩麵粉，大家還說吃不飽，這個話我想實在說不過去。現在無論那一個軍隊的食糧，都沒有達到這個份量，所以問題不在糧食夠不夠，而在我們團長連長經理得法不得法！從前我在敵國日本聯隊實習的時候，每天所吃的不但沒有二十四兩米，恐怕連二十兩米都不足，像今天中午聚餐所用的飯碗，規定每人每餐只許吃一碗，此外不過一碗湯，一片鹹蘿蔔或鹹魚而已。當時我們一般留學生，原先在振武學校讀書的時候，吃飯並無規定，普通人總要吃三四碗，到了聯隊裡，突然要減少食量，大家豈不是要餓肚嗎？事實上在初入伍的時候，大家也都感覺吃得不夠，但到了一個月

之後，習慣成自然，就都不感覺不足了。而且他們一般士兵，體格非常強健，衛生上並沒有發生什麼缺陷。這個限制食量的辦法，從前我們雲南講武堂也曾試行過，據他們調查的結果，在食量沒有限制之前，學生患病的很多；等到食量限制經過三個月之後，患病的人數反而沒有了。由此可知我們中國人患病，多半是由於飲食沒有節制，吃得太飽的緣故。外國人吃飯，都是說要吃夠，沒有聽說要吃飽。[96]

以上談話，再次佐證日本的軍營生活經驗，一直是蔣介石在中國治軍時重大參考，而且此種影響也不侷限於治軍方面，在他的治國理念中也是處處可見痕跡。例如於 1934（民國 23、昭和 9）年 2 月 19 日，蔣介石在南昌行營擴大總理紀念週，在面對江西省的黨政軍及學商界代表演講「新生活運動之要義」中，首先強調國民的生活態度，是國家民族是否能夠中興再起的關鍵，這也是他倡導新生活運動的出發點。其次，他將新生活運動的意義定位為「整齊、清潔、簡單、樸素」，並認為這種生活方式才是現代文明的具體呈現，是符合國民生活「軍事化」的現代人的生活模式。[97] 這其中，他特舉日本人的日常生活態度，呼籲國人認真效法：

---

96 蔣中正，〈興隆山軍事會報訓詞〉（1942 年 8 月 22 日），收入秦孝儀編，《總統蔣公思想言論集》，卷 19，頁 184-185。

97 蔣中正，〈新生活運動之要義〉（1934 年 2 月 19 日），收入秦孝儀編，《總統蔣公思想言論集》，卷 12，頁 78。

我過去在日本學陸軍，受過他們的學校教育，也受過他們軍隊教育，他們雖口裡沒有提出「禮義廉恥」來講，但是無論吃飯穿衣住房子，走路以及一切行動，其精神所有形無形之中都合乎禮義廉恥！他們以這樣的教育幾十年教下來，然後才造成今日這樣富強的國家。我們現在要建立新的國家，要報仇雪恥，不要講什麼強大的武力，就只看在衣食住行上能不能做到日本人那個樣子。旁的不必多講，我只舉一兩件極小的事情來說：日本人全國上下無論什麼人早晚一定洗冷水臉，全國已為一種普遍的習慣，如果有人不如此，旁的人一定目為野蠻，不愛國。我們曉得：常常洗冷水臉，可以使人精神奮發，頭腦清醒，又可以使人皮膚強健，不受風寒，還有最要緊的，不致耽誤時間。別看這個習慣，事情雖小，益處卻極大，所以日本人全國如此；試問我們中國，無論是軍隊裡學校裡家庭裡，有幾個人能終年用冷水洗臉？普通那一個不是非熱水不洗臉！往往因為沒有熱水而不洗臉，或因為等熱水而耽誤幾個鐘頭。由這一點就可以曉得我們的民族不行！我們和日本人不必在槍林彈雨之下來衝鋒陷陣，就只對日常生活比一比，就可以曉得高低強弱！所以我們要復興民族，報仇雪恥，不必講什麼槍砲，就先講洗冷水臉，如果這一件最小的事也不能勝過日本人，其他的講什麼！……日本人除洗冷水臉之外還有一個習慣，就是普通一般人每天都吃冷飯，普通比較富裕的人家，早晚燒兩次飯。窮

的人家，就只早晨燒一次，日中出去工作，就帶一包冷飯，這些生活習慣，是什麼？這就是最基本的軍事訓練，與軍事行動，他們從小在家庭裡就養成這刻苦耐勞的習慣，就是一切生活，早已軍事化了，所以他們的兵能夠強。不然，打仗的時候，你要等水燒熱以後來洗臉，又要等飯燒熱再吃，敵人已經對你包圍，還了得麼？講到這裡，我可以告訴大家，我現在所提倡的新生活運動是什麼？簡單的講，就是使全國國民的生活能夠徹底軍事化！能夠養成勇敢迅速，刻苦耐勞，尤其共同一致的習性和本能，能隨時為國犧牲！不是說水沒有燒熱，飯沒有煮熟我們就不能去打仗的國民！是養成這種臨時可以與敵人拼命為國犧牲的國民，就要使全國國民的生活軍事化。[98]

此外，利用日本課餘閒暇之際，培養出對陽明學的興趣，是他留學日本學習軍事生涯中的另一奇遇，1950（民國 39，昭和 25）年，他在國民政府轉進臺灣，在求黨與政府的組織改造之際，特別要求國民黨的黨員學習「陽明精神」。為此，他以自己學習陽明學說的經過為開場白。

　　當我早年留學日本的時候，不論在火車上電車上或

---

98 蔣中正，〈新生活運動之要義〉（1934 年 2 月 19 日），收入秦孝儀編，《總統蔣公思想言論集》，卷 12，頁 77-78。

在輪渡上，凡是在旅行的時候，總看到許多日本
人都在閱讀王陽明「傳習錄」，且有很多人讀了之
後，就閉目靜坐，似乎是在聚精會神，思索這個哲
學的精義；特別是在陸海軍官，對於陽明哲學，更
是手不釋卷的在那裏拳拳服膺。後來到書坊去買
書，發現關於王陽明哲學一類的書籍很多，有些還
是我們國內所見不到的；我於是將陽明哲學有關的
各種書籍，盡我所有的財力都買了來，不斷的閱讀
研究，到了後來對於這個哲學真是有手之舞之足之
蹈之一種心領神馳的仰慕，乃知日本以蕞爾小國，
竟能強大至此實得力於陽明「致良知」「即知即
行」哲學的結果。[99]

認為日本近代化的成功，在於日本有重實踐的傳
統，而此一傳統是來自於「武士道」，也是承襲王陽明
的「知行合一」學說。對此，他作了以下說明。

甲午以前，日本還是一個積弱不堪的國家……亦是
一個半殖民地的國家，根本沒有獨立自主的權力，
和我國在清末民初的國際地位一樣。但他們自從甲
午以後，二十年間，經過三次對外的戰爭，每一
次都獲得勝利，一躍而為世界上頭等強國，誰都不
敢輕他，侮慢他。為什麼日本能夠發展這樣快呢？

---

99 蔣中正，〈總理「知難行易」學說與陽明「知行合一」哲學之綜
合研究〉（1950 年 7 月 30 日），收入秦孝儀編，《總統蔣公思
想言論集》，卷 23，頁 339-340。

這就是因為日本一般國民不但信奉他大和魂武士道的精神，並且能夠實踐我國王陽明「知行合一」的學說。凡是他們自己認為必須追求的道德、知識和文化，第一步苦心孤詣以求其了解，第二步篤實踐履以促其實現，這就是王陽明所謂「即知即行」。毫不因循遲疑，敷衍懈怠。所以他在明治維新之後，亦能接受西方的物質文明，迎頭趕上與列強並駕齊驅。[100]

綜合以上蔣介石對他留日生活的種種回顧，這段生活經驗對他至少有四點重要的影響。第一，培養出堅忍不拔的人生觀。蔣介石自認他之所以能安於簡單的生活以及對工作持之有恆，實得力於在日本嚴格、枯燥的軍隊生活，鍛鍊出他不畏艱難勇於面對挑戰的個性。第二，體會到全民軍事化的重要性。他於 1930 年代在中國所推展的新生活運動，就是企求中國國民生活的軍事化，認為唯有國民軍事化，才能在最短的時間，加強中國的動員力量，加速中國的現代化。這份體認，誠如他自己所述，來自於他在留學期間，對日本人的日常生活觀察所得。第三，主張運用科學知識重新驗定傳統生活習慣。從他主張吃夠不一定意味著吃飽，多食容易導致疾病以及在日本聯隊受訓過程中吃不飽的經驗，到理解節制是養生過程等他一向最津津樂道的範例，無一不是

---

100 蔣中正，〈實踐與組織〉（1950 年 6 月 11 日），收入秦孝儀編，《總統蔣公思想言論集》，卷 23，頁 273。

反映他的日本經驗。這些經驗自然也意涵著日本運用現代化的科學觀念推動社會習俗改革運動後的成效。第四，強調實踐，奉行「知行合一」學說。這些理論雖然是陽明學說的真諦，但卻是他藉由對日本「武士道」的觀測，而得到的新啟發。

蔣介石的回憶，讓原本刻板無趣的原始檔案、史料頓時也充滿了生趣。尤其是雙方的對話，拉近了我們與歷史的距離。原始檔案為經，人物回憶為緯的互動關係，不僅勾畫出大時代的容貌，尤其年輕時期蔣介石的成長面貌，進而也得以呈現。

蔣介石在日本並沒有順利完成完整的軍事教育，回國投身辛亥革命是主要原因。辛亥革命爆發所導致的時局變化，使兩國的軍事教育合作計畫全面中止，振武學校也因而解散。不過，值得一提的是，當革命情勢還未趨明朗之前，當時在日本就讀的各級軍校學生，私自潛逃回國的也只有 26 名。其中包括士官學校學生、陸軍經理學校學生、陸軍砲兵學校學生以及砲兵 19 聯隊的實習生。蔣介石、張羣、陳星樞三名，是被陸軍大臣石本新六於 1911 年 11 月 8 日，特別向外務大臣內田康哉列名告發並處以勒令除隊的砲兵 19 聯隊實習生。[101] 換言之，同期 62 名的實習生中，只有 3 名是革命爆發後立即返國。這些史實，等於替蔣介石獻身革命的熱忱，提供最佳的註腳。

---

101 〈陸軍大臣男爵石本新六發外務大臣子爵內田康哉宛の通牒〉（1944 年 11 月 8 日），《在本邦清國留學生關係雜纂：陸軍學生の部，第五卷》，陸普第 3797 號，原件。

五、結論

　　三年的振武學校基礎教育，一年日本軍營的實習生活，是蔣介石接受現代科技文明洗禮的契機，也是他藉由實際生活體驗去探索中日兩國文化異同的開始。

　　振武學校是日本政府專門為培養清廷留日軍事學生而設置的軍官預備學校。學校的體制和學校的設施，與一般軍事教育機構無異，不過，在整個軍官的訓練流程裡，振武學校還是定位在培養中等學生素質的軍官學前教育。百分之 39.7 的日語教學授課時數以及百分之 30.1 的理科教育課程，在在說明振武學校對學生語文及基礎學科的重視。軍事課程只佔總授課時數的百分之 20.2，而且其中的百分之 14.1，還是以訓練學生體能為主的基礎操練。這些實例足以凸顯振武學校以充實學生基本學識為主旨的教學特色，軍事課程並不是課程的重點。

　　從算數到數學，再到幾何以及三角函數；從力學、光學、電學到磁場學以及用實驗的方式理解無機化學、有機化學等振武學校的數理課程，對蔣介石來說，皆是新的學習領域，是他近代文明知識的奠基，也是他往後成長過程中，能繼續吸收新知識的重要媒介。

　　地理教學是一門可藉由日本學者的觀點，來理解中國以及其它世界各國風土人情、地理特色的學科教育。中國是一個物產豐富，礦物資源無限的國家。中國的工藝，曾獨步全球，但不追求改進。中國曾築長城、開運河，但這種氣魄只在歷史可求，現在的中國，乏善可陳。這些對中國的論述，想必對蔣介石都是一種刺

激。尤其是中國女子纏足後的骨骼變形圖，帶給他的刺激，咸信皆一一化為他日後推動中國社會習俗改革的原動力。

以「進化史觀」為核心的歷史教學，相信也會成為蔣介石日本經驗的一環。在日本史學家的筆下，歷史的發展是有其自然定律，無是非也無對錯，「優勝劣敗、適者生存」是一切歷史演進的法則。這與中國傳統史家以大是大非為春秋之筆的撰史精神，迥然不同。可是，自十九世紀西方帝國主義勢力東來，中日兩國同樣面對生死存亡的挑戰之際，日本史學家所展現出這一份天助自助的國際史觀，想必會讓蔣介石對國際關係的觀察，提供另外一個角度的審思。

以「士官候選人」身分入伍野戰砲兵第 19 聯隊的實習生活，是往後蔣介石成為國際領導中樞以後，最樂於向國人引薦的日本經驗。6 個月的二等兵，2 個月的一等兵，3 個月伍長的軍營生活，是蔣介石融入日本社會，接受嚴格軍事訓練的里程碑。日本的軍隊生活經驗，無論對他日後的建軍或治國，皆有莫大的啟發。軍人應以服從國家命令為天職、政治訓練是培養軍人勇赴沙場的要訣、軍營也應扮演職業學校的功能，這是他日後整軍計畫中來自日本的經驗。堅忍不拔的人生觀、體認全民軍事化的重要性、主張運用科學知識重新驗定傳統生活習慣、強調實踐、奉行「知行合一」學說，是他在日本日常生活的觀察所得，對他人格成長有具體的影響。

蔣介石並沒有按原訂的計畫，進入士官學校就讀，

順利完成完整的軍事教育。回國投身辛亥革命，是他中斷留學的原因。辛亥革命爆發所導致的時局變化，使兩國的軍事教育合作計畫全面中止，振武學校也因而解散。

不過，值得特書之處，當革命情勢還未趨明朗之前，在日本就讀的各級軍校留學生，因革命的爆發，兩國軍事教育合作計畫的終止，皆面臨集體回國之命運。蔣介石卻是在同學集體回國之前，革命情勢還未明朗之際，就私自脫隊，偷返祖國者。當時私自潛逃回國的也只有 26 名，其中包括士官學校學生、陸軍經理學校學生，以及陸軍砲兵學校學生。而蔣介石、張羣、陳星樞三名，則是被陸軍大臣石本新六於 191 年 11 月 8 日，特別向外務大臣內田康哉列名告發並處以勒令除隊的砲兵 19 聯隊實習生。[102] 換言之，同期 62 名的實習生中，只有 3 名是革命爆發後立即返國。這些史實，等於替蔣介石獻身革命的熱忱，提供最佳的註腳。

---

102 〈陸軍大臣男爵石本新六発外務大臣子爵內田康哉宛の通牒〉（1944 年 11 月 8 日），《在本邦清國留學生關係雜纂：陸軍學生の部，第五卷》，陸普第 3797 號，原件。

編輯説明

一、本書收錄蔣介石青年時期（20-30 歲）在日本學習
　　軍事及從事革命運動的史料，由於其赴日係屬公費
　　留學，本書亦收入清廷派遣學生赴日及日方回應之
　　相關史料，以明蔣赴日之背景。

二、本書史料多為日文，典藏於日本各有關圖書館或檔
　　案館，如國會圖書館、外務省外交史料館、防衛廳
　　防衛研究所圖書館、東洋文庫、國立教育研究所教
　　育書館等。主編獲財團法人中正文教基金會之助，
　　經兩年多時間蒐集、整理、翻譯，曾出版《蔣中正
　　先生留日學習實錄》（黃自進主編，臺北：財團法
　　人中正文教基金會，2001），惟流通不廣。本次將
　　相關史料重行編排整理，譯文全面校訂，並且加上
　　蔣介石在日從事革命運動之史料，增補重新出版。

三、本書紀年依據原檔不同脈絡，使用清朝、民國、日
　　本或西元紀年，惟標題一律採用西元紀年，後附紀
　　年對照表供讀者比照參閱。

四、日本軍隊將「軍官」稱作「士官」，與中國軍隊
　　的「士官」（日軍稱作「下士官」）不同。為免混
　　淆，不另翻譯，後附對照表供讀者參考。

五、■表示難以辨識之字；〔　〕係註記原文錯漏或編者
　　説明。

六、為便利閱讀，本書以現行通用字取代古字、罕用
字、簡字等，並另加現行標點符號。

七、所收錄資料原為豎排文字，本書改為橫排，惟原文
中提及「如左」（即如後）等文字皆不予更動。

八、本書涉及之人、事、時、地、物紛雜，雖經多方
審校，舛誤謬漏之處仍在所難免，務祈方家不吝
指正。

中日紀元對照表

西元	日本年號	中國年號	歲次
1894	明治 27	光緒 20	甲午
1895	明治 28	光緒 21	乙未
1896	明治 29	光緒 22	丙申
1897	明治 30	光緒 23	丁酉
1898	明治 31	光緒 24	戊戌
1899	明治 32	光緒 25	己亥
1900	明治 33	光緒 26	庚子
1901	明治 34	光緒 27	辛丑
1902	明治 35	光緒 28	壬寅
1903	明治 36	光緒 29	癸卯
1904	明治 37	光緒 30	甲辰
1905	明治 38	光緒 31	乙巳
1906	明治 39	光緒 32	丙午
1907	明治 40	光緒 33	丁未
1908	明治 41	光緒 34	戊申
1909	明治 42	宣統元	己酉
1910	明治 43	宣統 2	庚戌
1911	明治 44	宣統 3	辛亥
1912	大正元	民國元	壬子
1913	大正 2	民國 2	癸丑
1914	大正 3	民國 3	甲寅
1915	大正 4	民國 4	乙卯
1916	大正 5	民國 5	丙辰

中日陸軍軍階對照表

日本帝國		中華民國		清帝國晚期		
官等	官階	官等	官階	等級	品級	官名
將官	大將	將官	上將	上等第一級	從一品	正都統
	中將		中將	上等第二級	正二品	副都統
	少將		少將	上等第三級	從二品	協都統
佐官	大佐	校官	上校	中等第一級	正三品	正參領
	中佐		中校	中等第二級	從三品	副參領
	少佐		少校	中等第三級	正四品	協參領
尉官	大尉	尉官	上尉	次等第一級	正五品	正軍校
	中尉		中尉	次等第二級	正六品	副軍校
	少尉		少尉	次等第三級	正七品	協軍校
准士官	准尉			額外軍官	正八品	司務長
下士官	曹長	士官	士官長上士	軍士	從八品	上士
	軍曹		中士		正九品	中士
	伍長		下士		從九品	下士
兵	兵長	士兵				
	上等兵		上等兵			
	一等兵		一等兵			
	二等兵		二等兵			

目錄

壹、清廷與日本建立軍事教育合作計畫

一、清廷派遣武備留學生赴日本留學始末

杭州領事事務代理速水一孔致外務大臣西德二郎之報告（1898.05.09）

日本外務省外交史料館藏

機密第五號

呈關於浙江巡撫派遣留學生來我國研究陸軍兵學一事

　　清國近年來頻頻從事改革，此事早已獲各國認同。如該地浙江省，興實學，獎勵創辦新式工業，亦是反映清國此一改革的趨勢。至於改革陸海軍兵制一事，自前年以來，已在浙江官吏之間醞釀。去年春天終於在城內設立武備學堂，沿襲天津武備學堂的規制，招收學生四十名。今年春天開始，也計畫陸續派遣學生到國外去研習，且有派遣學生到日本的想法，並私底下找小官商談。因此，小官也說明到我國留學的相關措施。其後，這想法逐漸具體，故又私底下來徵詢小官可否由我國代勞培訓學生。然而，當時還未確定是否真能如其所願，小官若逕用公文，恐過於輕率。因此，以私人信件詢問

參謀本部橋本上尉，幸得該部福嶋大佐的回函。關於本件，若是派遣學生，則給予相當便利，使其等先進入陸軍預備學校就讀，之後若有清國公使的照會，則可安排進入士官學校就讀。鑒於該巡撫對我國陸軍一向頗有厚意，遂遊說他早日實施此派遣留學生的計畫。職是之故，巡撫便決定先派遣學生四名，爾後將逐漸增加名額，希望我等能給予協助。該批學生將於二、三週內由本地出發。蓋清國自己近來感覺有改革的必要，同時傾向將改革的模式仰賴我帝國。小官竊思帝國如能允許彼等要求，助其一臂之力，將有助於兩國關係的發展。又聞現今湖廣總督張之洞擬率先派遣留學生至我國，研究陸軍學有關事宜，我參謀本部正在設法給予其相當協助之際，希望也能對本地所派遣的武備學生給予同等待遇，特此奉聞，並懇求能將本件轉呈參謀本部。

敬具

　　　　　　　　明治三十一年五月九日
　　　　　　駐杭州領事館事務代理　速水一孔
　　　　　　　　　　　　　　　　　　　　致
外務大臣男爵西德二郎閣下

（右上）

我帝國及清國

浙江省ヨリ我陸軍兵學研究ノ為メ
留學生派遣ノ件申牒

清國ニ於テ近年頻リニ清廷ノ陸ニ海軍ノ事業改良ヲ
寧ロ浙江省ニ於テハ未ダ實ノ學校興ノ新式工業ニ
内ノ武備學堂ヲ過チテ……天津武備學堂ノ式
創設ノ學生ヲ生徒トセリ……養生ニ對シ浙江ノ式
陸海軍ニ関シ……ヲ以テ……ヲ外國ニ派遣ス……
勤ムル……陸ノ學生ノ……外國ニ派遣ス……議者ハ小

劉……ハ浙江省ニ……

（右下）

學ニ差許……行差ヲ派遣ノ為メニ法ノ行ヲ取ル……
ヲ音ニ屬生對シ……故ニ存……ヲ以テ此ノ撫ヲ先ツ學
ノ洲遣スル……ノ故ヲ以テ……依次此ノ撫ニ依テ檢
張氏ノ見……相當ノ學校ニ與へ……二三區间内ニ
當地未ダ學……根元……ヲ以テ一ヲ或……哉
問……共行卒半件……而卒……ヲ為ス
生ニ……生……ニ愕愛……ニ愛タメ家名依頼
候……助長ノ生……ヲ為メ……此故新相
ノ助長……信来……と……都合相
成……兩國開係ノ……大……爲名所相
清國ヨリ近年自國ノ……帝国ニ頼……ヲ依頼
ス……向……期給督張ノ洲……ヲ先ツ
生ヲ本望……又現今期……陸軍學ヲ研究
當ヲ當地有生ヲ本……

（左下）

然ルニ……内ノ便宜ヲ設ク……同樣……
然ルニ内……ニ派遣ス……而カ……ヲ為ス
ニ在……之洲遣……卒半件……
……類進……知樣……特ニ爲譯本部
ヲ為メ反甲信數員
明治三十五年五月九日
　　　　　右杭州
　　　　領事館事務代理增永逮水〔印〕
外務在大臣男爵西德二郎殿

日本駐華公使矢野文雄致李鴻章等函
（1898.05.08）

日本外務省外交史料館藏

中堂王爺大人台啟：

　　逕啟者。茲因賠款完清，威海衛撤兵在即，我國政府擬向貴國倍敦友誼，而昭同洲之誼。聞貴國政府前設專科，又將武備參酌的情形變通舊制，藉悉需才孔亟。但造就之端，自訓迪始，貴國倘擬選派學生，我國自應支其經費，教其多士。此意本大臣奉政府命轉達貴王大臣矣，即希見復為望。耑此順頌

時祉

名另具　　五月初八

矢野文雄

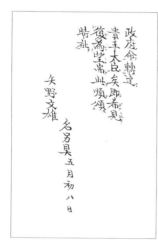

李鴻章等復日本駐華公使矢野文雄函
（1898.05.13）

日本外務省外交史料館藏

矢野大人台啟：

　　逕復者。昨准函稱，茲聞前設專科，又將武備參酌情形變通舊制，但造就之端，自訓迪始，倘擬選派學生，我國自應支其經費，教其多士等語。查中日同洲，最敦友誼，際此需才之日，允宜訓迪多方。

　　來函所稱，詢屬推誠相待，厚愛鄰交，情誼拳拳，殊深感荷。現在本衙門甫開，東文館規模粗立，一切尚待講求，統俟酌妥辦法，再行函告。相應先行函謝貴大臣，即希轉達貴國政府可也。此復，順頌

時祉

　　　　名另具　　閏三月二十三日
　　　　　　　　我五月十三日〔或為日本譯者所加〕
　　　　　　　　李鴻章　榮　祿　翁同龢　敬　信
　　　　　　　　崇　禮　許應騤　廖壽恒　張蔭桓

矢野大人 台啟
適復者昨准
函稱在閣前提事科文蔣武備兩情殷覺習
刻根在閣前自到迪始備選派學生我國
自應支其擬其多士等諸君中日同洲最
數友誼陳之旦九宜到迪多方
來畫所稱拘簹推誠相接廣覃鄒文情誼孝季
綠深感疼現在本衙門甫間末文館規模粗立
一切尚待請求就候酌安辦法再行面
光行面樹

貴大臣即希轉達
貴國政府可也此復順頌
時祉
李鴻章 榮祿 翁同龢 敬信
崇禮 許應騤 廖壽恆 張蔭桓
名另具閏三月二十三日
有五月十三日

日本駐華公使矢野文雄致外務大臣西德二郎之報告 （1898.05.14）

日本外務省外交史料館藏

機密第四拾壹號信函

關於接受清廷留學生教育一事並附啟文往復抄件

　　誠如今天所附上的機密第四拾號信函，關於福建省內鐵路鋪設一案，如文中所記，若要提出此項要求，除了口語上的友好表示以外，還須配合友好的實際行動，尤其是承擔留學生教育此等定會取悅清廷之事項。此等事務不僅有助於推展前項要求，更使受我感化的新人才分布於這古老帝國內，假以時日，將可樹立我勢力於東亞大陸。且習武備者，日後不僅將仿傚日本的兵制，所用軍事武器亦必仰賴我日本，士官及其他人材也將求諸日本。不容置疑地，清廷的軍事將成為日本化，又理科學生等，其器具、技術人員亦將求諸日本。清廷的工商業自然就會與日本有密切的關係，如此也將成為我工商業在清國擴張的跳板。又學習法律、文學的學生，必定以日本的制度為楷模，以謀求清國將來的進展。事若至此，我勢力將無可限量地擴及大陸。而清國官民對我的信賴，亦將較今日尤勝數十倍。由於學生此等與日本的關係，將來清廷自然更會陸續把學生送到我國這裡來，我國勢力在不知不覺中將在東亞大陸飛躍地擴張。由此點來考量，我政府應把握機會，接受清廷的留學生。此次之所以有此構想，實為了促進在福建的鐵路鋪設案。關於福建之案例已在第四拾號用電報上呈以外，現擬將

本月七日至總署，在商談福建省內鐵路事件之餘，本人
的談話主旨匯報如下：

　　中日兩國之間，因賠償金清償完畢，威海衛佔領軍
也得陸續撤退，雙方可望重建和睦。今聞清政府將設文
武百科，並變更武備等，急亟舉用人才。而培養人才之
道乃在於教育學生，為此，清政府若有意派遣學生到
日本學習，日本政府願支付費用，收容更多學生施以教
育，以敦厚邦交。還望體恤善意，函覆為盼。

　　誠如電報所稟，首要莫過於先確定學生人數，尤其
是清廷幅員廣大，若定為五十或一百，很難使彼等感
懷。又如要樹立勢力，則更宜多多益善。此外，想必對
方也很難一時就派出多名學生，應該是陸續派出，故本
使口頭承諾可接受貳百名。蓋費用方面也一如電報所
云，如負擔前面所提貳百名一切的費用的話，一名一年
不過三百圓左右，貳百名則一年也不過六萬圓左右，雖
只是一筆極小的費用，卻可獲得巨大成果。本使所說的
大要皆為對方所望，次日（八日）即如附件乾號副本所
載，以啟文的通告方式發送。昨天十三日，又如坤號所
載，來函感謝我政府的好意及友情。並敘及日語學校剛
開辦，對我等提議尚須多加熟慮深思。蓋清政府中有喜
歡將學生派至日本的開明派，以及不喜歡這麼做的守舊
派。而屬於前者的大臣中如李鴻章，不用說是非常高興
的。至於二、三位守舊大臣等的意向如何，尚難推測。
但經本使遊說，彼等也漸漸願將學生託付給我國，故打
算日後再與彼等詳細商議。

敬具

明治三十一年五月十四日

特命全權公使矢野文雄

致

外務大臣男爵西德二郎閣下

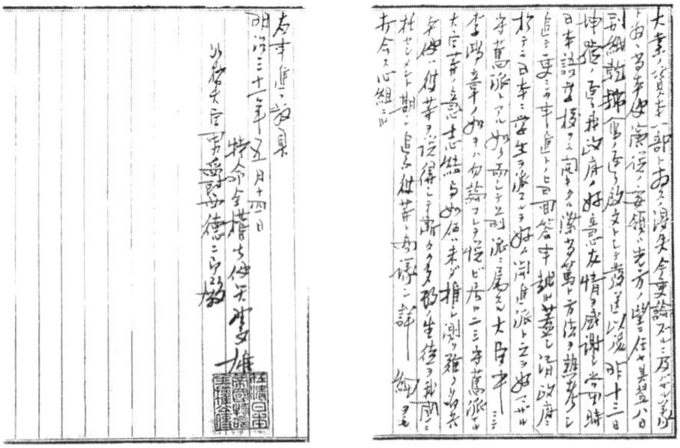
明治三十一年五月十四日
特命全權公使 矢野文雄
外務大臣 男爵 西德二郎 殿

參謀總長川上操六致外務大臣西德二郎之報告
（1898.05.25）

日本外務省外交史料館藏

參謀本部參樞第六三號第二

敬啟者：

　　關於杭州巡撫派遣學生前來一事，已接獲通知。上述學生如欲進入我士官學校就讀，需要一定的程序，以及相當的學術準備，為此先安排入成城學校就讀較不費事。除隨時可入學外，也較能按彼等要求給予協助。謹此奉覆。嵩此。

明治三十一年五月二十五日

川上參謀總長

致

西外務大臣閣下

外務大臣西德二郎致駐華公使矢野文雄之指令
（1898.06.03）

日本外務省外交史料館藏

西大臣致駐清之矢野公使

關於教育清國留學生一事，五月十四日所附機密第四拾號及同日所附機密第四拾壹號所提者，皆已閱悉。依上述所言，閣下以書面向清國政府表示帝國政府願教育清國學生，且願支出有關一切經費，並已於口頭答應，以二百名為限。此事，本大臣頗感意外。教育清國留學生一事，閣下曾於第九十一號電報中提及，不過電報中僅提及帝國政府願教育若干名清國留學生；是以，本大臣誤認帝國政府所需支出費用不外就是帝國政府教育留學生所需相關雜費。因此，對前述請求，如第六十五號電報所示，本大臣表達允諾之意。但不料為教育清國留學生之預算，竟然要高達六萬圓。對此，第一，不僅其費用無從所出，且其事本身也頗值得考慮。上述意見雖立意甚善，但實際能否達到其目的，甚難言斷。誠然，從清國富豪縉紳的子弟中甄選其受過相當家庭教育者，在帝國施以專門教育，或可望有所成效；倘陸續而來者皆乏報效之志，且是無法自付學費的貧家子弟之輩，雖由帝國政府供給其學費求學，是否可得良好結果，頗有疑慮。再者，近來清國也有大舉派遣留學生之舉，如浙江巡撫已派遣四名學生研究陸軍兵學，將來也將派遣四名留學生前來研究文學。又湖廣總督最近也打算派遣數名留學生。今由我支付其經費教育彼之留學

生，是否有此需要，尚屬一疑問。然關於這件事，閣下僅以第九十一號電報告知，此外就無任何詳細的報告。本大臣既在電報第六十五號已表達允諾，但如今卻又在書面敘述以上困難，就本大臣而言，亦頗感遺憾。然我方既已表示，已難收回許諾，茲後若清政府對於上述所提決定派遣留學生的話，宜限定最少人數，以觀對方回答，但從對方的照會語氣來看，並不十分熱衷，故此後還望我方不主動表示一切，任其自然可也。

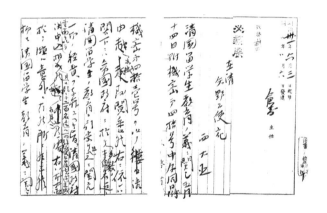

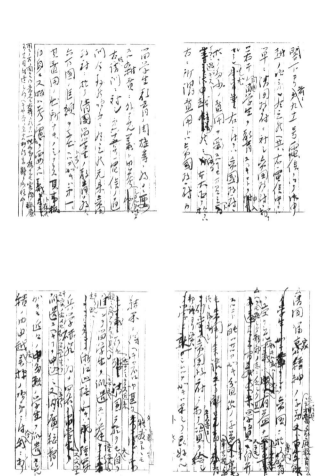

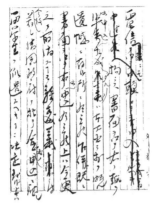

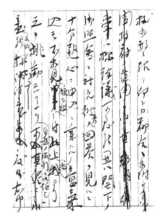

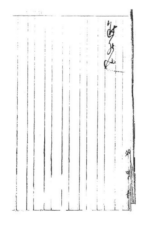

臨時代理公使林權助致外務大臣大隈重信之報告
（1898.08.20）

日本外務省外交史料館藏

機密第八拾七號信函

關於清廷派遣留學生至日本之事

　　本月九日，本官與李鴻章會面，商談清國新任駐日公使之事時，李鴻章問起清國留學生之事。本件乃矢野公使出發前約定待其於日本進行種種必要調查後，歸來再作決定。然清國皇帝陛下似乎急於知道日本政府如何處理本案，因此不克待矢野公使歸來，便直接探詢本官有關日本政府對處理此案的意向。

　　關於留學生的事情，最初我方提議是二百名學生一切的費用皆由帝國政府支付。這點我認為總署李鴻章、張蔭桓等對矢野公使的談話稍有誤解。觀其彼等似乎反而對帝國政府的誠意持保留態度，因此本官認為有必要藉機說明本提議的來龍去脈，使彼等領略帝國政府的盛情，並趁機消除幾位大臣的疑慮。故本官將個人的看法坦白告知李鴻章：

　　我政府提議的最初用意是為使清國政府了解培養人才的必要，同時也向清國表達帝國政府的友誼。至於矢野公使所言一切費用由日本政府支付，或其不足之數皆由日本政府負擔等事，本為細微枝節，況且此等區區費用由日本政府負擔本非難事。不過此舉恐怕對雙方造成不良的影響。本官在矢野公使出發前曾向他表示，日本政府替清國學生負擔衣食費用，即使是小額經費，對

兩國也是有害無益。此因待將來學生完成學業後，此等恩義必常伴隨其身邊，尤其當其位居國家要津時，難免招致彼等蒙受日本私恩等類的批評。又近來清國地方上也欣見赴日本留學，而由中央政府所派及由地方所派之間，所獲待遇卻有如此重大差距，也非我等所樂見。因此本官建議日本政府對此事的態度，僅限於使清國政府所派學生容易進入日本的大學或地方政府所管轄的其他類級學校就讀。除不收其學費外，並按需要特別為其安排教師。至於學生所需衣食、學雜費等日本政府不予干預。

李鴻章對上述所言表示同意，並同意根據本官之建言，推動此事。首先擬以電報照會之方式確認日本政府之意願，其次再將日本政府的回覆陳奏給皇帝陛下。附件第一號是轉述本月十一日第一百四十五號電報，有關下官與李鴻章會談的大要。附件所附二號是轉述本月十四日，同意本官建言，並即刻伺機將帝國政府之盛意傳達給清國皇帝陛下之大要。附件所附第三號，是轉述陛本官向對方談話的要旨，遞交備忘錄的相關內容，以及總署大臣對帝國政府盛情的感謝。除此之外，還另附總署大臣向皇帝陛下所呈的奏摺內容，包含彼等擬從略通英語或日語者之中進行派遣學生之甄選，以便趕在能與新任公使黃遵憲一同赴任。

附件所附第四號，轉述本月十七日第一百四十九號電報有關同意派遣學生之大要。黃遵憲入京謁見大抵是在下個月中旬。另外，學生的人數尚未確定，今後再依據情勢，隨時匯報。

明治三十一年八月二十日

臨時代理公使林權助

致

外務大臣伯爵大隈重信閣下

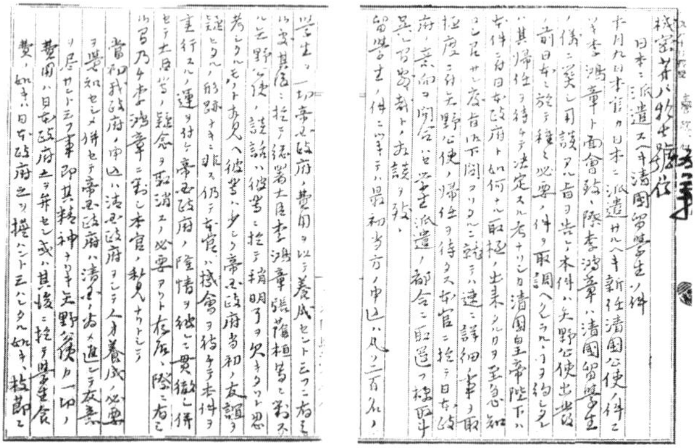

機密第八拾九號信
日本ニ派遣スヘキ清國留學生ノ件
本月九日本官カ日本ニ派遣サルヘキ新任清國公使ノ件ニ
付李鴻章ト面會致シ際李鴻章ハ清國留學生
ノ儀ニ關シ同議アル旨ヲ告ケ本件ハ矢野公使出發
ノ前日本ニ於テ種々必要ノ件ヲ取調ヘシコトヲ約シタル
ハ其歸任ヲ待チテ決定スル考ナリシカ清國皇帝陛下ハ
本件ヲ日本政府ト如何ナル取極ノ出來タルカヲ至急知
ラント欲セラルル旨以下同リタルニ就テハ速ニ詳細事ヲ取
極度ニ付矢野公使ノ歸任ヲ待タス本官ニ於テ日本政
府ノ意向ヲ問合ハセ學生派遣ノ都合ニ取運ヒ様致
異ヒタキ旨熟議ヲ致シ
留學生ノ件ニ就テハ最初当方ノ申込ハ凡ソ二百名ノ
學生ハ一切帝國政府ノ費用ヲ以テ養成セントスルニ在ルモ
ノニ其後ニ於テ總署大臣李鴻章張蔭桓等ニ於テ
ハ矢野公使ノ談話ハ彼等ニ於テ稍明了ヲ欠キタルト思
考シタルモノトアル見ヘ彼等ハ少シク帝國政府當初ノ友誼ヲ
誤ヒタル形跡ナキニ非ス仍テ本官ハ機會ヲ待チテ本件ヲ
主行スルノ運ヲ付ケ帝國政府ノ陰情ヲ被ヒ貫徹シ併
セテ大臣等ノ疑念ヲ取消スノ必要アルト存居候際ニ右ニ
付昨日乃チ李鴻章ニ對シ本官ノ意見ナリトシテ
當初我政府ノ申込ハ清國政府ヲシテ人材養成ノ必要
ヲ覺知セシメ併セテ帝國政府ハ清國ノ爲メ進ンテ友誼
ヲ盡サントスル事即チ其精神ナリキ矢野公使カ一切ノ
費用ハ日本政府ニテ弁セシ或ハ其後ニ於テ學生食
費ノ如キハ日本政府ニテ擔ハントスルカ如キ、枝節ニ

臨時代理公使　林權助

外務大臣伯爵　大隈重信殿

明治三十四年八月廿日

上海代理總領事小田切萬壽之助致外務次長都筑馨六之報告（1899.01.08）

日本外務省外交史料館藏

公信第五號

稟告湖北江蘇所派遣學生的姓名及人數之事

　　屢次以機密信通報，有關二十名由湖北所派遣之武備學生的姓名如第一號附件所述，本日由湖廣總督張之洞正式函告。另外，由江蘇所派來的學生也於同時出發。在南洋大臣兩江總督劉坤一之遊說下，南洋公學總辦何嗣琨（字梅生）如附件第二號所述，也將派遣共二十名學生。上述學生都將於本月十四日搭乘薩摩號輪船出發赴日。由江蘇所派來的學生則以學習法律、工藝為目的。

謹以呈報

　　　　　　　　明治三十二年一月八日

　　　　　　駐上海代理總領事小田切萬壽之助

　　　　　　　　　　　　　　　　　致

外務次官都筑馨六閣下

　　再者，第一號副本末後所記載的張厚琨乃張總督之孫，擬進學習院就讀。

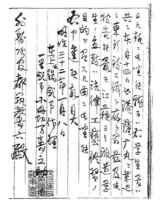

上海代理總領事小田切萬壽之助致外務次長都筑馨六之報告（1899.01.12）

日本外務省外交史料館藏

公信第一二號

湖北、江蘇所派遣學生的出發日期，以及江蘇學生之姓名及匯寄學費之事

　　這次湖北及江蘇派遣到本國留學的學生之中，湖北部分的姓名、人數已以公第五號拙信通報，想必已有所查閱。上述湖北學生一行人由候選縣丞鄺國華率領。另外，江蘇所派遣的學生共二十名由升用同知，即選通判羅治霖率領，本月十四日搭乘薩摩號輪船出發，預定由神戶登陸。小官為方便上述一行人之行程，決定派遣野島外務書記生照應。據南洋大臣託帶的口信說：「江蘇學生中有十四名是武備學生，勞煩安排進入成城學校或合適的學校就讀，以二年為期。有四名是研究政治法律，另外二名則勞煩安排進入師範學校就讀。而上述研究法律政治的四名學生，以及二名欲就讀師範學校的學生，此六名即附件所記載的章宗祥和另外五人，乃該地南洋公學的學生，其留學費用由該公學支付。因此，該公學總辦何嗣琨特匯墨銀一千八百元，即附件所附正金銀行額面一千七百拾貳元拾六錢的匯票一張，請查收。另外，上述金額的相關管理費用請另外計算。這是以平均每人一個月二十五元計算，一年份的數目，兌換時所產生的差額日後再匯款補足。」准請通報。謹呈。

明治三十二年一月十二日

駐上海代理總領事小田切萬壽之助

致

外務次官都筑馨六閣下

（公信第一二号）

外務大臣青木周藏致駐英公使加藤高明之通報
（1899.02.17）

日本外務省外交史料館藏

給駐英公使的通信

青木外務大臣致駐英加藤特命全權公使

關於帝國政府接受清國武官學生一事，乃去年三十一年五月中旬，西男爵外務大臣在職期間，駐北京的矢野公使為幫助清國整頓軍備，與清國政府協議讓該國武官學生至帝國留學，其後因清國政變而一時遭到擱置。然日前駐上海代理總領事小田切至漢口出差時，湖廣總督張之洞卻再提此事。本大臣為此曾於上個月十八日特以所附機密第三號說明之。迅速改善清國的軍備，鞏固該國的基礎以求奮發，相信對維持東亞時局將大有益處。因此，即令矢野公使依先前協商內容重申，帝國政府此際仍願接受清國所派遣的武官學生。在此訊息藉由朝廷訓令南北洋兩通商大臣及湖廣總督後，張總督立即派遣武備學生十九名，南洋大臣派遣學生十四名，此刻已安排他們進入陸軍士官學校的預備學校成城學校就讀。又關於清國擬聘請我國陸軍士官之事，誠如本大臣於去年三十一年八月十七日於附件第一百〇五號電報所述，張總督為此也曾正式提出要求。之後，承蒙同年的十一月十六日閣下也與索利斯進行了商議。此外，本大臣同時也命矢野公使向清國政府說明，假若清國政府要委託帝國改革該國陸軍組織的話，英國政府很樂意從旁協助我國。另一方面，本大臣藉著貝雷斯福特卿來遊的

機會，伺機請教該卿有關英國的意向。該卿說此事依清
國的請求即可，英國對此並無異議。是以，本大臣立即
命駐上海的小田切代理總領事將貝雷斯福特卿上述所言
轉告張總督。此外，並秘密訓令矢野公使，當他一旦得
知張總督已向總理衙門申報擬聘我帝國陸軍士官計畫
時，應設法使總理衙門儘速批准此一申請案，並使其能
早日落實。另外也要他將此事私下告知英國駐清公使，
尋求該公使的援助。根據矢野公使的報告，總理衙門將
在清曆新年過後會打電報給張總督，在得到該總督認可
後就會發布招聘帝國陸軍教官的訓令。另外英國駐清公
使因尚不知前述過程經緯，故已和矢野公使約定，要待
英國政府通知他後才會進行下一步行動。

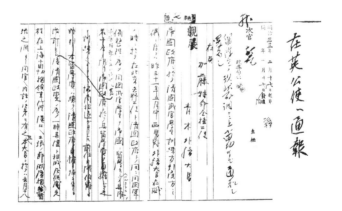

二、去野ニ係ル右実例ノ音樂ニ付テ庶几ヘ内容ノ通リ

清暦新年ノ始ニ於テ弦楽器、废報ヲ佛ヒ々間接ニ値ヲ

ヲ訓令スヘキ訳ヲ約シ又在清吴國公使ヘ來ノ前記的

清暦、緒之八右、府國、陸軍教官ノ招聘ニヨリ

適富、据之ルニ付、序國、陸軍教官ノ招聘ニ

ノ様上ノ本基ヲ恐キコトヲ去野長へ言ハ得候

内接、八々年ノ基ヲ行ヲサリシニ本国武府ヨリ訓令ノ

精ヲ得ル様ニ進ミ

儀

仍陵府衡会浮及所通類置儀致其

清廷駐日公使楊樞致外務大臣伯爵桂太郎函
（1905.07.05）

日本外務省外交史料館藏

敬啟者：

　　敝國學生在振武學校卒業者，向以特別之例得入聯隊，遞入士官學校，嗣因戰事未能照辦，計自上年六月以後，振武卒業學生已約有一百五十餘人至今尚未入隊，本大臣深以為歉。敝國士官消乏，現又在整軍之始，甚願該生等早入聯隊，遞入士官學校卒業回國，以備任使。擬請貴大臣轉商陸軍大臣，准令該生等即入聯隊，授以軍事教育，即希速覆為荷。專此　順頌
時祉

大日本臨時外務大臣伯爵桂太郎閣下
楊樞謹具
第百三十八號
光緒三十一年六月初三日

〔日方〕譯文
清國公使楊樞致小村大臣

敬啟者：

　　敝國學生在振武學校卒業者，向以特別之例得入聯隊，去年得到入學許可遞入士官學校，嗣因戰事未能照辦，計自上年六月以後，振武卒業學生已約有一百五十餘人至今尚未入隊，本大臣深以為歉。敝國士官消乏，

現又在整軍之始，甚願該生等早入聯隊，遞入士官學校卒業回國，以備任使。擬請貴大臣轉商陸軍大臣，准令該生等即入聯隊，授以軍事教育，即希速覆為荷。專此　順頌

時祉

　　　　　　　　　　　楊樞謹具

　　　　　　　致大日本小村大臣閣下

　　　　　　　　　　第百三十八號

　　　　　　光緒三十一年六月初三日

清廷駐日公使楊樞致外務大臣伯爵桂太郎函
（1905.10.09）

日本外務省外交史料館藏

受第一四〇三八號

敬啟者：

　　敝國陸軍學生願入貴國士官學校事件，前經本大臣照會在案。茲准貴大臣文稱，已將前由轉咨陸軍大臣查照，現准覆稱貴國陸軍學生願入士官學校肄習者，每年究有若干人數，亟欲知其定率，應請詳示，以便籌畫等因，照會前來。到本大臣准此，查敝國陸軍學生之附入士官學校者，從前均按期順序，送入肄業，是以人數較少，嗣後以貴國軍事倥傯，敝國陸軍學生因無聯隊士官學校可入，由是陸軍學生之應入聯隊士官學校者，積增至四百餘名之多。查該生等自振武學校畢業後，祇候已久，現在既入聯隊，其希望能入士官之心愈切，務請陸軍大臣竭力設法，於明年士官學期內，准將該生等四百餘名一律附入肄業，至自明年之後，每年應送士官學生人數，約計二百五、六十名。惟敝國政府如許自費學生習武，則又不止此數，然本大臣總可於學生應入士官學校之前一年內，豫將人數報知陸軍省，請為籌畫，保無臨時勿促之弊。為此函覆貴大臣查照，並請轉覆陸軍大臣，務求允准示覆，是所感禱。專布　順頌
時祉

　　大日本內閣總理大臣兼外務大臣伯爵桂太郎閣下
　　　　　　　　　　　　　　　　　　　　楊樞謹具

第百六十六號

光緒三十一年九月十一日

〔日方〕譯文

清國公使楊樞致桂外務大臣

敬啟者：

　　我國陸軍學生願入貴國士官學校事件，前經本大臣照會在案。茲准貴大臣文稱，已將前由轉咨陸軍大臣查照，現准覆稱貴國陸軍學生願入士官學校肄習者，每年究有若干人數，亟欲知其定率，應請詳示，以便籌畫等因，照會前來。到本大臣准此，查我國陸軍學生之附入士官學校者，從前均按期順序，送入肄業，是以人數較少，嗣後以貴國軍事倥傯，敝國陸軍學生因無聯隊士官可入，由是陸軍學生之應入聯隊士官者，漸增至四百餘名之多。查該生等自振武學校畢業後，祗候已久，現在既入聯隊，其希望能入士官學校之心愈切，務請陸軍大臣竭力設法，於明年士官學期內，准將該生等四百餘名一律附入肄業，至自明年之後，每年應送士官學生人數，約計二百五、六十名。惟我國政府如許自費學生習武，則又不止此數，然本大臣總可於學生應入士官之前一年內，豫將人數報知陸軍省，請為籌畫，保無臨時匆促之弊。為此函覆貴大臣查照，並請轉覆陸軍大臣，務求允准示覆，是所感禱。專布　順頌
時祉

致桂外務大臣

敬啟者敝國陸軍學生願入
貴國士官學校事件前經本大臣照會在案並准
貴大臣文稱已將前由轉告
陸軍大臣去敝現准覆稱敝貴國陸軍學生願入士
官學校肄習者每年完有若干人數並徵知其准
屆詳示以便籌畫等因照會前來到本大臣准
此查敝國陸軍學生之附入士官學校者均按
照順序送入肄業是以人數較少嗣後以
貴省陸軍事應入聯隊士官者可入
由是陸軍學生之應入聯隊士官者積增至四百餘

名之多查該生等自振武學校畢業後稍候已久現
在敝入聯隊其希望能入士官之心愈如務請
陸軍大臣竭力設法於明年士官學期內准將該生
等四百餘名一律附入肄業至自明年之後每年應選
士官學生人數約計二百五六十名惟做國政府如許
自費學生肄業之數縱本大臣總可於學生
應入士官之前一半內擬將人數報知陸軍着請為
籌畫保無臨時急促之弊為此函懇
貴大臣查照並請轉覆
陸軍大臣務求允准示覆是所盼禱尊布順頌

時祉
大日本內閣總理大臣兼外務大臣伯爵桂太郎閣下
　　　　　　　　　　　　楊樞謹具
　　　　　　　　　　　　第百六十

光緒三十一年九月十一日

譯文
桂御筆左右
　　　　　楊深久鞠
以芳翰沙解詳陳者我五時一百學生
士官學校入聯隊望一律二年之寬

二、清廷陸軍留學生處理章程

清國陸軍學生管理章程（1908）

日本財團法人東洋文庫藏

清國陸軍學生管理規章

第一條　依本規則受教育的清國陸軍學生（以下簡稱學生）有以下四種：

　　　　第一種學生　欲成為各兵科軍官者

　　　　　　　　　　（憲兵科除外）

　　　　第二種學生　欲成為憲兵軍官者

　　　　第三種學生　欲成為經理部軍官者

　　　　第四種學生　欲成為陸地測量師者

第二條　第一種學生的教育大致比照士官候補生，於十二月進入聯隊（包括獨立大、中隊。以下皆同），學習下士及士兵之勤務及必要之軍事學。第二年十二月一日進入陸軍士官學校，接受初級士官所必要的教育，為期約一年六個月。之後再以約六個月的時間，在聯隊裡見習士官的勤務。

第三條　第二種學生於十二月進入步兵聯隊，比照士官候補生進行軍事教育。之後，隔年的九月一日進入憲兵練習所，約以一年六個月的時間接受憲兵軍官所需的教育。

第四條　第三種學生的教育大致比照會計候補生，於十二月進入師團司令部所在地的步兵聯隊，

接受軍事教育。之後，隔年九月一日進入陸
軍經理學校，約以一年九個月的時間，接
受經理部軍官所需的教育。

第五條　第四種學生則於十二月進入陸地測量部修技
所，約以三年的時間接受陸地測量師所需
的教育。

第六條　第一種及第二種學生的階級等同於士官候補
生，第三種學生的階級則等同會計候補
生。但第二種學生進入憲兵練習所三個月之後，
可晉升為軍曹階級。

第七條　第一種、第二種及第三種學生的制服除下
列部分外，皆與該兵科（第二種學生為步
兵科）的士官候補生或會計候補生的制服
相同。

　　　一、衣襟不繡星章及隊號，兩邊各繡上龍
　　　　　爪章（如附圖）一個。

　　　二、帽子及肩章的星章全改成龍爪章（如
　　　　　附圖）。

　　　三、除了前二項之外，進入近衛師團者，
　　　　　在帽子的前面不得繡櫻花樹枝。

　　　四、除前述各項外，第二種學生進入憲兵練
　　　　　習所後，衣襟上所繡之龍爪章，應置於
　　　　　直徑八分之黑絨圓座上，並佩帶三十二
　　　　　年式軍刀（乙）。

第四種學生的制服，則由陸地測量部長與清
國陸軍學生監理委員長（以下簡稱監理委員

長）協議後決定。

第八條　聯隊長及學校校長（憲兵練習所為憲兵司令官，陸地測量部修技所在地的陸地測量部長。以下皆同）應指定主任教官，以統籌學生之教育。但並未為學生另設教學班之學校（包括憲兵練習所及陸地測量修技所。以下皆同），則不在此限。

第九條　學生實習時，則不負以上所述之責任。

第十條　聯隊長及學校校長應特別留意部下與學生交流的融洽，但有關學生軍事教育的事項，除了與主任教官（若屬第八條但書的情形，則為該教官。以下皆同）商議以外，應避免干預。

第十一條　學生的起居室應儘可能與下士士兵與在校（日本人）學生分開。

第十二條　學生若有應處罰之行為，可比照陸軍懲罰令進行處分，但處分時應立刻報告陸軍大臣。

第十三條　學生若有以下其中一種情形時，聯隊長或學校校長應將其狀況及意見呈報陸軍大臣。

一、觸犯刑法或陸軍刑法者

二、破壞軍紀或屢次違反校規，品行不良且無悔改之意者

三、學科學習不佳或日語學習不足，預計無法畢業者

四、因負傷或疾病致不堪學習者

第十四條　若有學生過了入隊或入校期限十四天之後，

　　　　　　仍未入隊或入校者，聯隊長或學校校長應將
　　　　　　其除名，並立刻報告陸軍大臣。

第十五條　學生的休假一概比照士官候補生、會計候
　　　　　　補生或其他在校生。但自願休假須附加清
　　　　　　國陸軍留學生監督的同意書，使得同意。
　　　　　　每次在隊期間或在校期間之請假日數（包
　　　　　　括往返日數）以六週為限。
　　　　　　若所申請的自願休假日數超過前述的日數，
　　　　　　聯隊長或學校校長應將學生的申請書連同關
　　　　　　於其准否的意見書，呈交給陸軍大臣裁奪。
　　　　　　除前二項外，清國的萬壽節及陰曆正月初
　　　　　　一都放假。

第十六條　學生若有負傷或生病須住院時，應使其入衛
　　　　　　戍醫院療養。

第十七條　學生上課所需之武器、器具、材料、營具及
　　　　　　馬匹，應由聯隊或學校現有之配額或預備
　　　　　　品中協調借與。但床鋪等若現有設備皆不
　　　　　　堪使用時，得以雜費重新訂做。

第十八條　第四種學生及陸軍經理學校在學中的第三種
　　　　　　學生，一律自校外住所通學。

第十九條　學生入隊或入學後，聯隊長或學校校長應立
　　　　　　刻將其姓名及報到日期呈報陸軍大臣。

第二十條　聯隊長應讓隊上的學生（見習士官生除外）
　　　　　　於第二條至第四條所規定的日期如期進入
　　　　　　相應的學校就學。

前述入學的時間由學校校長決定，並通報相關的聯隊長。但入校學生之姓名及所屬聯隊，由陸軍大臣（若是陸軍士官學校則透過教育總監）通報學校校長。

第二十一條　前項情形時，聯隊長應將學生在隊期間的成績依照附表第一號的格式，於學生入學前通報該校校長。

第二十二條　學生受完學校教育時，學校校長應發給修業證書使其離校。但第一種學生畢業離校時，須通知學生其畢業後所屬的聯隊及入隊時間。

前項但書中，分發聯隊及入隊時間由陸軍大臣決定，在學生離校前，由教育總監轉告陸軍士官學校校長。

第二十三條　學校校長應將畢業學生的姓名、畢業時間及在校成績，在學生離校後立刻呈報陸軍大臣。

除了前項以外，陸軍士官學校校長還須將學生在校期間的成績通報所屬聯隊的聯隊長。

第二十四條　陸軍士官學校畢業之學生入隊時，由聯隊長任命為見習士官，令其學習士官的勤務，並於這一年的十一月三十日退隊。

前述學生退隊後，聯隊長須立刻將其在隊期間的成績，以附表第二號的格式報告陸軍大臣。

第二十五條　根據第二十二條及二十四條，或因事故，學生離校或離隊時，學校校長或聯隊長應命學生立刻向清國公使館報到，以取得日後行動之指示。但有第二十二條但書的情形及其他命令時，則不在此限。

第二十六條　為處理學生（除了就讀陸軍經理學校及陸地測量部修技所者之外）所需的經費，於師團司令部、陸軍士官學校及憲兵司令部設立會計主任。所需之經費以預付款的方式，每月由清國陸軍學生監理委員（以下簡稱監理委員）交付會計主任。

關於前述預付款的保管出納，應與一般公款區分，另行管理。

第二十七條　前述的金額依下列項目，以定額或實報實銷的方式處理。

一、津貼　每月金額三圓（若以日數來記，則每日拾錢），於每旬末分發。

二、服裝費　依照陸軍給與令細則第八表服裝費的每月金額（不拘日數），再加五成為其定額，作為支付、借貸及修補附表第三號所需服裝的費用。

三、糧食費　白米費與一年志願兵之配額相同，伙食費則依照陸軍給與令第九表的定額再加五成。

四、必需品費　消耗品方面，學生一名每月（不拘日數）金額參拾錢；暖室的

爐薪炭費，則依暖爐或火缽的數量，按陸軍給與令細則第十二表金額的一倍為定額；營具設備費方面，則適用同細則第十五表每月（不拘日數）的配額。

圖書等其他特別給與的物品，其金額則根據實際費用支付。

五、兵器彈藥費　彈藥及兵器保養等所需相關費用。其支付辦法則比照一年志願兵所適用的規定。

六、演習費　按需要支付費用。

七、雜費　治療所需藥品及消耗品應購入現品歸還，郵稅及其他消費，得按照實際費用支付。

服裝費、糧食費及必需品皆屬定額，由委任經理辦理，但陸軍士官學校及沒有委任經理隨行的部隊則參照定額，並依實際費用支付。

第二十八條　學生入學或陸軍士官學校畢業後入隊時所需的旅費，應由會計主任預先向監理委員申請所需金額，依照陸軍旅費規則支付。但住宿費及日薪，應依照離隊之日至入校之日，或由離校之日至入隊之日的實際日數支付。

前項旅費，入校生依照陸軍旅費規則第一表下士之金額，陸軍士官學校畢業後入隊

者依照同表准士官之金額辦理。

第二十九條　學生若因事故退學或退隊，應比照前條支付其旅費。但住宿費及日薪部分，則不比照前條，而依陸軍旅費規則之規定。

前項旅費，若屬在校生或見習士官生，依照陸軍旅費規則第一表准士官的待遇，其他則比照同表的下士待遇辦理。

於第一項之場合，若未及先向監理委員申請所需之金額，則由預付款中挪用支付。

第三十條　若第二十六條的金額無法支付，或屬臨時必要的經費（第二十八條及第二十九條的旅費除外），應先製作預算明細表，獲監理委員長認可後始可實施。

第三十一條　決算經費（包括旅費及第三十條臨時支出的經費），應將原始憑證連同各科目之明細表，於次月二十日前送交監理委員。餘額則逐次轉入下個月使用，至提出最終決算書時繳回。

第三十二條　聯隊應於一定的日期由師團司令部會計主任辦理收受或支付學生所需金額的手續。

第三十三條　陸軍經理學校及陸軍測量部修技所的在校生修業所需之經費，應由學校校長製作預算書明細表，再與監理委員協議決定。而有關支付及決算的方式，可自預付款支出或根據原始憑證向監理委員請款，則有待雙方視情況協商並決定之。

第三十四條　根據前面各款，各部隊關於預付款的使用，應依據會計規則第九十四條接受監督。

第三十五條　關於學生的管理，於前列諸條皆無規定時，一概準用士官候補生、會計候補生及其他在校生之規定。

第三十六條　聯隊長或學校校長於制定有關學生管理及教學等細部規定後，應先向陸軍大臣呈報。

第三十七條　依據本規章應向陸軍大臣提出之報告或申請，皆應經由所屬長官辦理。

第三十八條　本規章所規定的事項，聯隊或學校應於學生入隊或入學時，予以告知。

附圖

材質為金色金屬
附於帽上者中徑一寸五厘
附於衣襟者中徑七分
附於肩章者中徑五分五厘

附表一

清國陸軍學生成績表													明治　年　月　日		
操典	示範	口令	...	...	平均	徒步訓練	體操	射擊	馬術	...	...	平均	兵　姓名　聯隊名　（大）隊長姓名		
													總平均	學科及日語程度	品行及將來的發展	名次	姓名
備考																	

（注意）

一、各科滿分以二十分計算。

二、本表所列科目僅為一範例，各兵科可列舉所需修習
　　的主要學術科目。

三、受處罰者其處罰名目及日數，或休假者其休假的種
　　類（例如因腳氣病而住院、因父親死亡而請假回鄉
　　等）及其日數應填入備考欄裡。

附表二

清國陸軍學生（見習士官）成績表				明治　年　月　日	
操練及學科的學習成績	本性及操守	品　行	體　格	將來應留意事項	姓　名
				兵　聯（大）隊長姓名	
	備考				

（注意）

受處罰者其處罰名目及日數，或休假者其休假的種類
（例如因腳氣病而住院，因父親死亡而請假回鄉等）及
日數填入備考欄裡。

清國陸軍學生取扱規程

第一條　本規程ニ依リ教育ヲ受クル清國陸軍學生(以下學生ト稱ス)ヲ左ノ四種トス

第一種學生　各兵科將校生徒

第二種學生　憲兵將校ト爲ラムトスル者

第三種學生　經理部將校ト爲ラムトスル者

第四種學生　陸地測量師ト爲ラムトスル者

第二條　第一種學生ノ概ネ士官候補生ニ準シ十二月ニ於テ下士兵卒ノ勤務及之ニ必要ナル軍事學ヲ教授シ翌年十二月ニ入校シ約一年六月間初級士官ニ必要ナル教育ヲ受ケタ

一

ニ後更ニ約六月間聯隊ニ於テ士官ノ勤務ヲ習得セシムルモノトス

第三條　第二種學生ハ十二月ニ於テ歩兵聯隊ニ入隊セシメ士官候補生ニ準シ軍事教育ヲ爲シタル後翌年九月一日憲兵練習所ニ入學セシメ約一年六月間憲兵將校タルニ必要ナル教育ヲ爲スモノトス

第四條　第三種學生ハ概ネ主計候補生ニ準シ十二月ニ於テ師團司令部ニ概ネ歩兵聯隊ニ入隊シ之ニ軍需教育ヲ爲シタル後翌年九月一日陸軍經理學校ニ入校シ約一年

第五條　第四種學生ハ十二月ニ於テ陸地測量部修技所ニ入學九月間經理將校タルニ必要ナル教育ヲ爲

二

セシメ約三年間陸地測量師タルニ必要ナル教育ヲ爲スモノトス

第六條　第一種及第二種學生ノ階級ハ士官候補生ニ第三種學生ノ階級ハ主計與補生ニ同シ但シ第二種學生ハ憲兵練習所入學シ月ヨリ軍曹ニ進ミ各其ノ第二種學生ノ階級ニ進ム

第七條　第一種及第二種及第三種學生ノ制服ハ左ニ揭クルサ除クノ外當該兵科ノ士官候補生者ハ主計候補生ノ服制ニ同シ

一　衣ノ襟ニハ足章及隊號ヲ附セス其ノ兩端ニ能爪章別紙ノ如ク附ス

二　帽及肩章ニ附スル足章ハ總テ能爪章別紙ノ如ヲ以

三

之ニ換フ

三　前二號ノ外近衛師團ニ入隊ノ者ニ在リテハ帽ノ前面春ニ櫻枝ヲ附セス

四　前號第二種學生ハ憲兵練習所入學後ハ衣ノ襟ニハ第二種學生ハ憲兵練習所入學後ハ其ノ兩端ニ龍爪章經八分ノ黑絨圓章上ニ置キ之ニ四十二年式軍刀(乙)ヲ佩用ス

第四種學生ノ制服ハ陸地測量部技清國陸軍學生總理委員長以下聯隊長及學校長ヲ定メ之

第八條　聯隊長及學校長ハ協議シテ學生ノ入隊ヲ定ム其ノ主任將校ヲ定メ學生ノ教育ヲ擔任セシム但シ學生ノ爲別ニ教授班ヲ設ケル學校修技所及經理學校ニ在リテハ

四

第九條　學生ニハ勤務ノ實習ヲ爲サシムルコトアルヘシ
此ノ限ニ在ラス
二　責任ヲ負ハシムヘカラス

第十條　聯隊長及學校長ハ
一部下一般ト學生トノ父隊ヲ圓滑ナラシメ且學生ノ軍隊ニ
主任ハ蔣校ニ在リテ八其ノ事項ハ
ヲ準用シテ處分スルコトヲ得其ノ處分ヲ與フルトキハ道

第十一條　學生ノ居室ハ成ルヘク下士兵卒及在校生徒ノ居室
ト區分スヘシ

第十二條　學生ニ對シ學問スルコトハ行爲アルトキハ陸軍營令

五

第十三條　學生ニシテ左記各號ノ一ニ該ルモノアルトキハ聯隊
長又ハ學校長ハ其ノ狀況ヲ意見ヲ添ヘ陸軍大臣ニ具申スヘシ
二陸軍大臣ニ報告スヘシ
一　刑法及陸軍刑法ノ罪ヲ犯シタル者
二　軍紀ヲ紊シ若ハ屬法則ヲ犯シ又ハ品行不正ニシテ改
悛ノ見込ナキ者
三　學術ノ練習日本語學ノ練習ニ堪ヘサル者
四　傷痍又ハ疾病ニ依リ修學ニ堪ヘサル者

第十四條　學生中入隊又ハ入校期日後十四日ヲ經過シ入隊又
ハ入校モセサル者アルトキハ聯隊長又ハ學校長ハ之ヲ除名シ

六

第十六條　學生中傷病又ハ疾病ノ爲入院ヲ要スル者アルトキ

道ニ其ノ旨ヲ陸軍大臣ニ提出スヘシ
第十五條　學生ノ休暇ハ概ネ士官候補生計候補生其ノ他ニ
校生徒ニ準シ但シ願願休暇ハ清國陸軍留學生監督ノ承認書
ヲ添ヘ出願スルニ當ルモノトスルニ其ノ許可スヘキ書
合日出願ニ在ルトキハ各其ノ陣間數ハ在校每ニ六日數依
講課休暇出願ニ在校每ニ六日數ト内トス
休暇出願シタルハ其ノ日數前項ノ數以上ナルトキハ
書ハ聯隊長又ハ學校長ハ其ノ許否ヲ指揮センヘシ
前二項ノ外清國方面筋陰暦正月一日ハ休暇ヲセシムルモノ
トス

七

第十六條　學生中傷病又ハ疾病ノ爲療養セシムヘシ

第十七條　學生ノ教育ニ關スル諸般ノ事項ハ武器器具材料陳器具及馬匹ハ
聯隊又ハ學校ニ於ケル定數ヲ以テ在來品全ヲ使用ニ達セシメ場合ニ
スヘシ但シ經蓋費以テ新調スルコトヲ得
在リテハ難費ヲ以テ
第四種學生及陸軍經理學校ニ在學スル種學生ハ校
外宿泊所ニ
第十九條　學生ニ入隊シタルモノハ其生徒ハ學校長
ハ其ノ氏名及月日ヲ示シ道陸軍大臣ニ報告スヘシ
聯隊長ハ在隊學生ノ在校生徒ハ學校ニ入校セシムヘシ

第二十條　聯隊長ハ在隊ハ當陸學校ニ入校セシムヘシ
ニ規定スル期日ニ於テ當陸學校ニ入校セシ
又ハ第二條乃至第四條

八

前項入校時刻ハ學校長之ヲ定ノ關係聯隊長ニ通報スヘシ但
レ入校學生ノ氏名及所屬聯隊ハ陸軍大臣學校長ニ
豫メ之ヲ告達ス

第二十一條　前條ニ於テ聯隊長ハ退校者ノ成績ヲ
別紙附表第一號ノ様式ニ依リ學生入校後該學校長ニ通報
スヘシ

第二十二條　在校學生ノ教育ヲ終ハリタルトキハ學校長ハ
退校ノ際ニ退校セシムルニ在リテハ第一種學生ハ在リテ
得證書ヲ付與シ退校ノ際卒業後入隊スヘキ聯隊及入隊時日ハ
前項但書ノ聯隊及入隊時日ハ陸軍大臣之ヲ定ノ各學生ニ告達ノ

九

教育總監ヲ經テ陸軍士官學校長ニ告達ス

第二十三條　學校長ハ卒業學生ノ氏名卒業月日及在校間ノ成
結ヲ退校後直ニ陸軍大臣ニ報告スヘシ
前項ノ外陸軍士官學校長ハ在校間ノ成績ヲ卒業後入隊スル
ヲ聯隊長ニ通報スヘシ

第二十四條　陸軍士官學校卒業ノ學生入隊シタルトキハ聯隊
長ハ前項ニ依リ退隊セシメタルモ學生ノ在隊間ニ於テ...
月三十日ニ於テ退隊セシメ...
聯隊長ハ前項ニ依リ退隊後直ニ陸軍大臣ニ
成結ヲ別紙附表第二號ノ様式ニ依リ退隊後直ニ陸軍大臣ニ
報告スヘシ

十

第二十五條　學校長又ハ聯隊長ハ第二十一條及第二十四條ニ
依リ又ハ事故ノ爲學生ヲ退校又ハ退隊セシムルトキハ實費後
ノ行動ニ付指示ヲ受クル爲ニ清國公使館ニ出頭スヘシ
トナ各學生ニ命ニスヘシ但ノ第二十六條ニ據ル場合及別命ア
ルトキハ此ノ限ニ在ラス

第二十六條　學生經費經理在校學生及該出資金ノ要スル經費ヲ取
投フ爲師團司令部陸軍士官學校及憲兵司令部ニ會計吏ヲ任ス
置キ所要ノ經費ヲ前渡金トシテ毎月清國陸軍學生監理委員
以テ之ヲ經理シ前渡金ノ會計吏ニ遞付ス
前項前渡金ノ保管出納ニ付テハ一般官金ト區分シ別途整理
スルモノトス

十一

第二十七條　前條ノ金額ハ左ノ科目ニ依リ定額又ハ實費ヲ以
テ整理スルモノトス

一　手當金　月額金參圓
但金ハ改入學生ノ入校ノ日ヲ給シ出校ノ日ニ終ル一日金拾錢
トシ毎旬ノ終ニ分

二　被服費　陸軍給與令細則第入表被服料ノ月額ヲ
二五割ヲ加ヘタルモノヲ定額トシ別紙附表第三號
被服費及令細則補足ヲ以テニノ定額ヲ依リ階
給ス

三　糧食費　精米代一年志給又ハ別紙附表第四號ニ
料ハ陸軍給與令第九表ノ定額ニ五割ヲ加ヘタルモ
ノヲ定額トス

四　需品費　消耗品ハ學生一名ニ付月額金參拾錢

十二

緩室遺蹟炭料ハ煖爐又ハ火鉢ノ備附炭ニ對スル陸
軍給與令細則第十二表ノ倍額陣營炭火植料ハ同細
則第十五表ノ月額ニ據リ其ノ半額ニ相當スル定額ヲ
圖書其ノ他特ニ給與シタル書籍品ノ代價ノ實費支辨
トス

五　兵器彈藥費　彈藥代及兵器修理費整理手入等ニ要
ダル費用ヲ支辨ス其ノ調辨法ハ一年志願兵用ノ一
ノ新調法ニ據ル

六　演習費　演習ニ要スル費用ヲ支辨ス

七　雜費　治療ニ要スル藥品及消耗品ハ現品ヲ支入
レ郵税其ノ他各科目ニ屬セザル必要ノ經費ハ實費

十三

支辨トス

被服費糧食費及需品費ハ定額ヲ以テ委任經理ノ取扱ヲ爲ス
モノトス但シ陸軍士官學校及常時經理ヲ委任セザル部隊ニ
在リテハ定額ヲ目途トシ實費支辨ナリ

第二十八條　學生入校ノトキ及陸軍士官學校卒業後入隊ノ
キニ要スル旅費ハ會計主任ヨリ所要ノ金額ヲ監理委員
ニ請求シ陸軍旅費規則ニ依リ之ヲ支給スルヘシ但シ宿泊料及
日當ハ退隊ノ日ヨリ入校又ハ退校ノ日ヨリ入隊ノ日
迄ノ現日數ニ應ジテ支給スルモノトス在リテハ陸軍旅費規則第一表ノ
前項ノ諸費ハ入校スルモノニ在リテハ陸軍旅費規則第一表ノ
士ノ額陸軍士官學校卒業後入隊スルモノニ在リテハ同表准士

十四

官ノ額トス

第二十九條　學生中事故ノ爲退校又ハ退隊スル者ニハ前
條ニ準シテ旅費ヲ支給スヘシ但シ宿泊料及日當ハ前條但シ
依ラス陸軍旅費規則ノ規定ニ依ル
前項ノ旅費ハ在校學生及見習士官ニ在リテハ陸軍
旅費規則第一表准士官ノ額其ノ他ニ在リテハ同表下士ノ額
トス

第一項ノ場合ニ於テ學生ノ所要金額ヲ監理委員ニ請求スルニ
ハ第二十六條ノ金額ヲ以テ支辨シ能ハサルトキハ
臨時必要ノ經費丸ハ同條ニ準リ處辦書ヲ調製シ監
臨時必要ノ經費丸ハ第二十八ノ相條處辦書ヲ調製シ監

十五

監理委員長ノ承認ヲ得テ實施スルモノトス

第三十一條　經費ノ豫算ハ別ニ定ムル決算ノ原證書ニ據リ
分ケ受挬表ヨリ拂出シ其ノ支消ニ依ル決算ノ原證書ニ據
求メ翌月ノ操越使用シ翌月二十日迄ニ監理委員ニ送付シ檢査金
シ其ノ最終決算費用ヲ提出シ檢査ヲ受ルヘシ

第三十二條　聯隊ニ於テハ一定ノ期日ニ拂込ノ手續ヲ爲ス
ヨリ學生入校ノ若シ仕拂ノ手續ヲ爲ス
レ

第三十三條　陸軍經理學校及陸地測量部修技所在校學生ノ修
學ニ要スル經費ハ學校長ニ於テ明細豫算書ヲ調製シ監理委
員ト協議決定スヘシ其ノ仕拂及決算ニ付テハ前渡ニ之ヲ監理委
員ニ調製シ其ノ前渡ニ之ヲ以テ

ルカ者ハ原證書ヲ以テ監理委員ヘノ請求スルヲ便宜協商ニ

十六

第三十八條　本規程中必要ノ事項ハ學生入隊又ハ入校ノトキ
聯隊又ハ學校ニ於テ各學生ニ指示スヘキモノトス

第三十七條　本規程ニ依リ陸軍大臣ニ報告若ハ其ノ中ニ經ルト
キハ總テ所屬長官ヲ經由スヘシ

第三十六條　聯隊長又ハ學校長ニ於テ學生ノ取扱及教育等ニ
關シ細部ノ規定ヲ設ケタルトキハ之ヲ陸軍大臣ニ報告スヘ
レ

第三十五條　學生ノ取扱ニ關シテハ諸條ニ規定ナキモノハ概ネ
士官候補生主計候補生其ノ他在校生徒ノ取扱ニ準ヘ

第三十四條　前諸條ニ依リ各部隊ニ於テ取扱フ送渡金ニ關シ
テハ會計規則第九十四條ニ準シ検査ヲ受クルモノトス

ヶ其ノ手續ヲ定ムルモノトス

（附圖）

品質ハ金色金屬
帽ニ附スヘキモノハ中径一寸五厘
衣ノ襟ニ附スヘキモノハ中径七分
肩章ニ附スヘキモノハ中径五分五厘

日本陸軍留學生學費規則（1909）

日本財團法人東洋文庫藏

日本陸軍留學生學費規則

日本陸軍留學生學費規則：

一、學生不論在學或在隊，從前每人每月學費定為二十五圓，近年則因日本物價上漲，陸軍部便增加日幣三圓，合計為日幣二十八圓。爾後由陸軍部經參謀本部送交各學校及軍隊。

二、學生除學費外，每人每月雜費日幣五圓，由陸軍學生監督按月支付。

三、學生因外出測圖、野外演習及修補服裝之需，每年每人供應日幣三十圓，分三次由陸軍部送交。除此之外不得另立名目，隨意要求補助。

四、學生服完見習士官勤務回國時，每人發給製裝費日幣一百二十圓。其中八十圓用來購買公用圖書等，四十圓用來購買雜物。旅費則另外由陸軍部決定支付。其金額以能返回原來所派遣之省份為要，不得多付。

五、學生擔任見習士官期滿後，若進入大學或各種專門學校就讀，或仍留在軍隊學習，其費用由陸軍部臨時規定之。

這次各省及八旗學生的費用改由陸軍部經手之細則：

一、無論是原本經由陸軍部許可、每年一切的經費依奏定選派陸軍學生遊學章程辦理之各省及八旗所派遣的留學生，或其一切經費是由各省及八旗直接

委由公使館辦理，自今年七月一日起皆改由陸軍部
管理。

二、各省、八旗所派遣學生一切的經費，自今年七月一
日起皆應依照陸軍部學費的規定。以往各省、八旗
的規定各有不同，此後全部廢止，以為劃一。

三、各省、八旗所派遣學生一切的經費先由陸軍部發放。
而每半年，各省、八旗應依所派遣學生的人數及陸
軍部學費規則來核算所需經費，並繳還給陸軍部。

四、各省、八旗所派遣學生的經費，本年七月以後的款
項已交付公使館者，應以照會通知公使館，由其繼
續監督發放給學生，以省下往返匯兌之麻煩。但此
事須通報陸軍部。

五、除了所有學生皆須支付的經費外，遊學、回國的費
用、住院費，及進入大學或各種專門學校所需加付
的學費，由陸軍部視情況規定之，並通知各省將所
需的費用送交給陸軍部。

陸軍部及各省、八旗辦理日本陸軍留學生學費、雜費之
暫行規則：

一、本部及各省學生每月學費至光緒三十四年五月為
期，該月，即陽曆六月以前，仍經由公使館處理、
決算，六月以後，即陽曆七月起，則改由陸軍部辦
理，以為劃一。

二、學費每月二十八圓，由陸軍部於一個月前郵寄給學
生監督，再由該監督送交至日本參謀本部，並將收
據交給陸軍部，由陸軍部保管，以免日後生誤。

三、本部各省的學生分成在學、在隊及在測量部三種，由
　　該監督製作名冊二本，呈交陸軍部，以便計算學費。

四、學生若因事故而請假或退學，需將其離校或離隊日
　　期註記在該監督所呈交的名冊上。已支給的學費應
　　繳回，而尚未發出者則不核發，以前後各半個月為
　　核算基準。

五、在隊或就讀士官校的學生生病時，應送入衛戍醫
　　院，振武學校的學生則由該校所指定的軍醫來治
　　療。其治療費則根據參謀本部的照會，由監督作成
　　名冊，再向陸軍部請款。

六、學生每月的雜費五圓，由陸軍部提前一個月郵寄，
　　於每月月初支付給學生，不准事先借用。

七、每年春、夏、冬三期，每期支給學生十圓作為治裝
　　費用。該筆經費由陸軍部分別於一、四、十月期間
　　郵寄給監督，再由監督隨時支給。

八、學生剛進入學校時，每人發給三十圓作為服裝費。
　　監督須事先將人數向陸軍部報告。

九、學生畢業回國時，個人發給治裝費一百二十圓，由
　　監督事先報告人數，再由陸軍部郵寄。

十、學生病歿時，其喪葬費先由監督支付，再向本部
　　請款。

十一、萬壽節時學生的宴會費、學生入學入隊時的宴
　　　會費、電報費，應依規定報告請款。而監督的
　　　薪俸、書記的薪水、學生的雜費，由陸軍部分
　　　別於每年四季之初支付。因此監督每三個月須
　　　將領取、支付等情形向陸軍部報告。

十二、留學監督對從前所辦理的陸軍部學生一切的雜
　　　費以本年五月為期，進行決算，尚未計算的部
　　　分登記於別冊，本年六月起按新規則辦理，絕
　　　不可混淆。

振武學校職員表　明治四十二年十一月調

前任職務	榮譽功勳	職務	就職年月	薪俸	調薪年月	姓名
退役陸軍步兵大佐	正五勳三功四	學生監	明治三十六年七月	百圓	明治三十八年十二月	木村宣明
外國語學校教授	正五勳四	教務長	明治四十一年六月	九十圓	明治四十一年九月	尺秀三郎
陸軍口譯	勳六	主事	明治三十九年三月	四十圓	明治四十一年六月	伊藤松雄
現役陸軍一等軍醫	正七勳四功三	校醫	明治三十九年九月	三十五圓	明治四十一年十二月	安井洋
現役陸軍一等軍醫	正七勳六	校醫	明治四十年十一月	三十五圓	明治四十二年五月	合田平
後備陸軍三等主計正	正六勳四	會計	明治四十一年三月	四十五圓	明治四十一年三月	小阪欣弘
陸軍編修書記	勳七	書記	明治四十一年五月	三十五圓	明治四十一年五月	宮部力次
退役陸軍一等主計	正七勳四	書記	明治四十年四月	三十圓	明治四十年四月	海沼義之
〔陸軍〕雇員	勳八	醫員助手	明治三十七年三月	二十五圓	明治三十九年九月	磯部清吉
後備陸軍步兵伍長	勳八	書記	明治四十一年三月	二十圓	明治四十一年	鄉古尚
退役陸軍步兵大尉	正七勳六功五	舍監	明治四十年三月	四十圓	明治四十一年十二月	中澤鄉

前任職務	榮譽功勳	職務	就職年月	薪俸	調薪年月	姓名
■■■ ■■	正八勳■功■	■■	■■■■	二十五圓	明治四十二年■月	種吉常吉
後備陸軍步兵■■	■■ ■■	■■	明治■■年■月	二十五圓	明治四十二年■月	林末吉
師範學校長	從七	教授	明治三十七年二月	六十圓	明治三十九年十一月	木下邦昌
師範學校長	從六	教授	明治三十八年九月	三十圓	明治四十一年五月	安藤喜一郎
陸軍中央幼年學校教員		教授	明治三十八年十二月	六十圓	明治三十九年一月	金澤卯一
中學校教師		教授	明治三十九年一月	六十圓	明治三十九年一月	江口辰太郎
學習院教授	正八	教授	明治三十六年九月	五十五圓	明治三十九年一月	藤森溫和
中學校教師		教授	明治三十七年四月	五十五圓	明治三十九年一月	植木直一郎
師範學校教師		教授	明治三十六年十月	五十圓	明治三十九年一月	高木次郎
師範學校教師	正七	教授	明治三十七年十月	五十圓	明治三十九年一月	張間多聞
小學校長		教授	明治三十六年七月	五十圓	明治三十九年一月	高柳彌三郎
陸軍助教授	勳八	教授	明治三十六年九月	三十圓	明治四十二年七月	御園繁
師範學校訓導		教授	明治三十七年十一月	五十圓	明治四十一年四月	岸田蔣夫
高等師範學校教師	從七	教授	明治四十一年三月	五十五圓	明治四十一年二月	阿知波小三郎

清國陸軍學生約聘監理委員						
前任職務	榮譽功勳	職務	就職年月	薪俸	調薪年月	姓名
退役陸軍一等主計	從六勳九		明治三十七年三月	四十五圓	明治三十九年一月	矢島隆教
	勳八		明治四十年一月	十圓	明治四十年一月	森敬佶

日本陸軍留學生學費規則

日本陸軍留學生學費規則

一、學生ハ在校ノ際ハ勿論ヲ途前一名ニ付每月學費二十五圓ヲ定メ七圓五分日本ノ諸物價騰貴セシニ因リ陸軍部ニ從來圓ヲ加ヘ計日貨二十八圓ヲ爲シ爾後陸軍部ヨリ參謀本部ニ經テ當給各學校及軍隊ニ送付ス

一、學費ヲ除ク外一名ニ付每月雜費トシテ日貨五圓ヲ給セ每月陸軍學生監督ヨリ支給ス

一、學生ハ測圖出張野外演習及小被服補修ノ為メ每年一名ニ付特別ニ日貨三十圓ヲ給セ之ヲ陸軍部ヨリ進付ス此外三十圓ニ到ニ自由監ニ利令清求セシメ以テ陸軍部ノ名目ニ陸意ニ

一、學生見習士官勤務ノ年ノ歸國ノ際ニハ製裝費

トシテ各人ニ[illegible]貨[illegible]十圓ヲ給シ其内八十圓ヲ以テ公
用圖書等ヲ購買シ四十圓ヲ以テ[illegible]ヲ購辦スヘシ
旅費ハ別ニ陸軍部ノ定ムル所ニヨリ支給ス其ノ費額ハ各
派遣セラレタル原省ニ歸還ヲ得ルヲ以テ度トシ其以上
ヲ給セス
一、學生見習士官[illegible]ノ期満ノ後若大學校又ハ各種ノ
専門學校ニ入リ[illegible]仍ホ軍隊ニ留リ學習スルモノアレハ其ノ
費用ハ陸軍部ニ於テ臨時ニ之ヲ規定ス
今回改メテ各省及八旗學生ノ費用ヲ陸軍部ニ於テ經
理スルコト[illegible]為スノ辦法
一、陸軍部ノ許[illegible]ヲ得[illegible]省及八旗派遣ノ留學生每年
ノ經費一切[illegible]選派[illegible]軍學生游學章程ニ依
リ取扱フモ其ノ他ノ総テノ各省又八旗ヨリ派遣ノ學生

一切ノ經費ハ是[illegible]各省或八旗ヨリ直チニ公使館ニ經
理ヲ委任セ[illegible]七月一日ヨリハ改メテ陸軍部ニ於
テ經理スル[illegible]
一、総テ各省[illegible]旗派遣學生一切ノ經費ハ本年七月一日
ヨリ陸軍部學費ノ規則ニ從フヘク從來ノ各省八旗ノ
規定ハ區々ナルヲ以テ一切之ヲ廢シ以テ画一ナラシメントス
一、各省八旗派遣學生一切ノ經費ハ先ツ陸軍部ヨリ發
給スル而シテ半年[illegible]各省八旗ヨリハ其ノ派遣セル學生
ノ人員及陸軍部學費規則ニ依リ之ヲ計算シ陸軍
部ニ納付スヘシ
一、各省八旗派遣學生ノ經費ニシテ已ニ本年七月以後
ノ分ヲ公使館ニ交付セルモノハ公使館[illegible]會シテ通知シ
學生之ヲ監督ニ引續カシメ以テ為替往復ノ手數ヲ省ク

ニアリ但其ノ旨陸軍部ニ通報スヘシ
一、総テ學生ノ為メ規定セル每年經費[illegible]學歸國費、入
院費又ハ大學校若クハ各種専門學校ニ入學スル者ニ
加給スヘキ學費[illegible]ハ陸軍部ハ[illegible]随時規定シ學生ヲ
派遣セル各省ニ通知シ所用ノ費用ヲ陸軍部ニ送付セシム
陸軍部及各省[illegible]ノ留日本陸軍留學生學費雜費
經理假規程
一、本部及各省學生每月ノ學費ハ光緒三十四年五月ヲ以テ
切リ上ケ同月以前即チ陰歴六月ハ仍ホ公使館ノ手ヲ經テ
發撥決算[illegible]陰歴七月ヨリハ陸軍部ノ規定ニ
ヨリ改撥シ[illegible]ラシムヘシ
一、學費每月二十八[illegible]軍部ヨリ一ヶ月前ニ學生監督ニ到達

シ該監督ヨリ各[illegible]部ニ送付シ受領証ヲ受取リ陸軍
部ニ送付シ[illegible]之ヲ保存シ以テ後日ノ誤解ナカラシム
一、本部各省ノ學生ハ在[illegible]及在測量部者ヲ區分シ該
監督ニ於テ名簿二冊ヲ調製シ陸軍部ニ送呈シ以テ學費
ノ計算ヲ便ナラシムヘシ
一、學生若シ事故ニヨリ[illegible]暇返學スル者アレハ其出校若ハ出隊
月日ヲ該監督[illegible]送呈[illegible]簿ニ註記シ已ニ學費ヲ交給
セルモノハ追納[illegible]交付セサルモノハ送付ニ於テ共ニ上下ノ各
半月計算[illegible]
一、學生ノ在隊及在士官學校者ニシテ病氣ノ時ハ衛戍病院ニ
入院シ振武學校學生ハ該校所定ノ醫院ニ治療ヲ受
ケ其ノ治療費ハ該本部ヨリ[illegible]ニ依リ監督ハ之ヲ
名簿ニ作リ陸軍部ニ請求シ支拂ヲ[illegible]トス

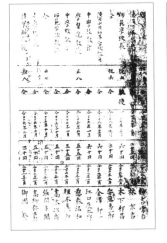

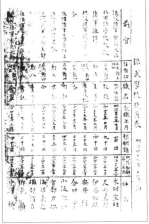

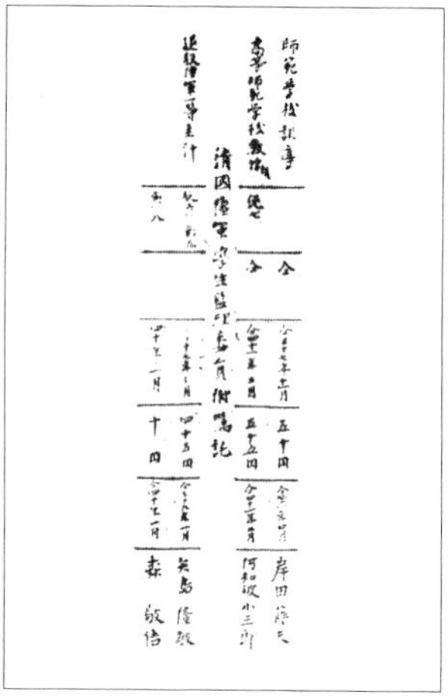
師範學校訓導
高等師範學校教授
清國陸軍學生監理委員御囑託
五十四
十四
岸田
河和波小三郎
矢島
森 敬信

三、日本對清廷軍事教育設施的考察

清國教育視察報告（1906）

日本財團法人東洋文庫藏

清國教育視察報告

　　生等肩負視察清國教育之重任。因才疏學淺、性情魯鈍，原不適其任，對此格外的榮譽不知如何感謝，深恐有辱此命。以下將所見所聞分項稟報。但詞句常有疏漏，言辭或有失禮之處，皆因不熟文辭所致。若蒙垂鑒，乃生等無上的榮幸。

明治三十九年十月八日

振武學校舍監　　　　野村岩藏

振武學校主任教官　　木下邦昌

致清國陸軍學生監理委員長　福嶋安正閣下

一、旅行日程

二、武昌各學校的設備

三、天津、保定、北京各學校的設備

四、武昌陸軍小學堂課程表（附武科普通中學堂科目）

五、保定速成武備學堂課程表（附陸軍小學堂科目）

六、食物

七、衛生

八、服裝

九、學生的管理

十、張彪的談話

清國教育視察旅行日程

七月四日	委員小池中佐授與派遣至清國視察教育之任命證。訓令內容為視察武昌、保定、北京、天津等地的教育，特別是軍事學校教育。
七月二十三日	下午六時半由新橋搭乘快車出發。
七月二十四日	下午二時半抵達神戶，宿鶴屋旅館。
七月二十五日	上午十一時搭乘前往上海的薩摩輪，中午出航。
七月二十六日	上午九時半抵達門司，隨即前往營口丸謁見福嶋閣下。但閣下已由馬關登陸回東京，不在船上。訪謁神尾閣下時未晤，但在船上會見趙理泰。
七月二十七日	上午六時抵達長崎停泊，下午四時再出航前往上海。
七月二十八日	繼續西行。
七月二十九日	上午九時到達吳淞海岸，接受檢疫時正逢退潮，無法進港，只好等待漲潮。至下午四時拋錨，上溯黃浦江。六時於郵船公司碼頭登陸，投宿常盤舍旅館。
七月三十日	到領事館謁見永瀧領事，兌換貨幣。下午參觀公園、賽馬場及市內。
七月三十一日	詢問前往漢口的船隻，決定搭乘怡和洋行的吉和輪。晚上八時上船，十二時出發。
八月一日	經通州、鎮江，沿著長江逆流而上。
八月二日	經過南京、蕪湖。
八月三日	經過安慶、九江。
八月四日	經黃石港、黃州，下午三時抵達漢口。隨即僱小船，前往武昌，至鑄方大佐的官舍，請求住宿。
八月五日	下午赴張公館訪問張彪，並於總督衙門訪問張總督的孫少爺，告知來意，請求給予行事上的便利。
八月六日	參觀方言學堂及幼稚園。
八月七日	參觀工兵營、陸軍小學堂（從前的武備學堂）、武科普通中學堂。下午四時受張總督之孫張厚瑗先生的邀請，至黃鶴樓。
八月八日	至漢口，了解京漢鐵路修護的情形，並遊覽市街。
八月九日	休息。

八月十日	參觀兩湖師範學堂、教育應用圖書館、兩湖勸業場。下午六時受張彪先生招待，前往協台衙門。
八月十一日	江西督練公所委員張道坦及放假回國的學生紀堪頤來訪。
八月十二日	造訪駐該地的日本人寺中騎兵上尉、丸山砲兵上尉、橫須賀輜重兵上尉、吉川軍醫、中野太郎等人。
八月十三日	早上，總督派人前來詢問從武昌出發的時間，以便安排晉見總督。至曾國藩廟祭拜，並參觀廟內所設立的私立湖南師範學堂及中學堂。下午至總督衙門及協台衙門辭行。
八月十四日	張總督因無暇於出發前接見，派高凌蔚代為送行。張彪先生亦準備小蒸氣船送我等至漢口。下午五時抵漢口火車站，站務員告知河南省許州、鄭州間不通，其他地方每天都可通行。遂決定在不能通行的地方徒步，並進行出發的準備。
八月十五日	確定火車可到達的地點後，買了到許州的車票，上午七時五十五分從漢口發車，晚上六時在駐馬店停車。此乃今日之行程。預計明日早上出發往北到許州，遂打算在車上睡覺，並以此與站務員商量，站務員卻說，前兩天（十三、十四兩天）此地大雨，河川氾濫，西平附近的鐵路都受到破壞，不可北進，列車明天要開回漢口去。我們便問他，既然如此，為什麼當初卻肯定地告訴我們可到許州，還賣票給我們？他卻顧左右而言他，談話不得要領。我們向四、五位當地的居民打聽，都說河水氾濫，淹沒道路，深及丈餘，要等放晴四、五天後，水退了，才能往前走。由此地到鄭州約四百里，走陸路要五天。由鄭州搭火車往北京要二天，所以若非花上十一、二天決到不了北京。然若由漢口經上海到天津只需七、八天。鑑於走水路，較不易出現意外，遂決定走水路。於是下車投宿。
八月十六日	上午六時五十五分從駐馬店出發，下午五時抵達漢口。恰巧遇到大阪商船大吉號要到下游去，遂上船。晚上八時半出航。
八月十七日	順江而下。
八月十八日	順江而下。
八月十九日	上午十一時抵達上海，再入住常盤舍旅館。
八月二十日	招商局新濟號將於半夜出航，直接開往天津，遂改搭此船。
八月二十一日	因裝載貨物，出航時間大幅延誤，正午才出航。
八月二十二日	北航。
八月二十三日	早上經過山東半島，進入渤海灣。
八月二十四日	上午四時抵達大沽海岸，五時進入白河河口，七時在塘沽投錨，等待漲潮。下午四時出航，九時抵達天津。

八月二十五日	至領事館謁見伊集院總領事，請求給予參觀學校上的便利，乃獲其引介渡邊龍聖先生，拜訪渡邊氏後，更獲其指定可參觀的學校。後轉往守備隊，獲准參觀其營隊。
八月二十六日	參觀北洋師範學堂、北洋大學堂、天津初級師範學堂及嚴氏所創辦的私立中學堂。晚上七時受伊集院總領事之邀，至領事館。
八月二十七日	上午參觀模範小學堂，又至天津公立書局，瀏覽小學、中學的教科書。下午三時半自天津出發，七時抵達北京，投宿德興堂。
八月二十八日	謁見青木大佐。在大佐的介紹下，參觀京師大學堂。回途時看了鼓樓、喇嘛寺、孔廟、天壇等。晚上七時受邀共用晚餐。
八月二十九日	上午七時出發，十時抵達保定。在此之前，因青木大佐事先打電報通知生等此次的保定之行，後藤上尉便前來火車站迎接。下午該上尉便陪同我們參觀陸軍學堂、獸醫學堂、北洋醫務總局等。
八月三十日	上午由黑川上尉陪同，參觀農務學堂、師範學堂。下午四時出發，八時回到北京。
八月三十一日	登玉泉山，遊覽萬壽山。這一天因西太后回京，所以路旁的警備甚為森嚴。
九月一日	上午八時由北京出發，下午一時在塘沽下車住宿。
九月二日	上午九時半搭乘由塘沽郵船公司碼頭發出的小汽船，至大沽海岸後改乘高砂輪，下午二時出航。
九月三日	上午八時在芝罘停泊，下午一時再出航。
九月四日	回國。
九月五日	晚上七時抵達長崎，停泊於外港。
九月六日	下午四時由長崎出航，開往門司。
九月七日	上午七時半抵達門司，正午出航，開往神戶。
九月八日	上午十一時在神戶登陸，下午六時半搭乘前往新橋的列車。
九月九日	上午九時抵達新橋，回到學校。

武昌各學校的設備

　　各所學校多是四、五年來新修築完成或是擴建而成的，因此其建築宏偉，甚為壯觀。學生宿舍大抵是兩層樓的建築，樓上是寢室，樓下是自習室和講堂。自習室、寢室等每人可享有的空間相當於本校的一倍以上。至於內部的情形，各校是大同小異，大致都參照我國學校的設計，此外再加上中國獨特的風味。現在就針對各學堂最具代表性的部份加以介紹。

講堂（陸軍小學堂，以前稱為武備學堂）

　　長方形的平房，周圍有走廊。每一間教室分棟而建，相隔十間，並成一列，因此不怕會聽到隔壁講堂的聲音。三面開有窗戶，另一面掛有六塊黑板。每兩塊黑板成一組，上下排列，在下裝設高一尺、寬三尺，並與黑板等長的講臺。講堂裡的桌子塗成紅色，一人一張，椅子和桌子連在一起，兩兩相連，排成三行。一間教室可容納約五十人。在桌子的右前方都貼有記載姓名的小牌子，以此確定各自的座位。

宿舍（武科普通中學堂）

　　樓上有寢室，樓下為自習室。寢室為正方形，一面是入口，入口的對面有窗戶，另外相對的兩面是牆壁。一間寢室可容納六人。寬約三尺、長六尺大的木造床鋪不規則地擺放著。寢具是用被褥，由於需自備，故沒有統一規格。寢室的中央有一張長方形的桌子，可供擺放桌燈及其他物品。兩面牆上留有間隔，釘著三個不起眼的衣櫥。自習室一間則可容納十八人，自習桌兩人共用，備有抽屜，桌子的前方也有可收納書籍的書架。書

架自中間劃分成兩部分，每一邊都貼有姓名標籤。書桌
在自習室中間相對排成一行，椅子是圓形木製的。

理化講堂（兩湖師範學堂）

　　用磚砌成高臺。在高臺上，一人用的桌子兩兩相
連，排成五行。一行十人，共八排，可容納八十人。窗
戶則根據高臺的高度，後方高，前方低，光線可以從左
右兩邊射入。黑板的擺法與前者相同。在前方約六尺的
地方擺著實驗台。

　　器械室是以與理化教室相鄰的一室來充當，靠牆地
方有三個玻璃櫃，此外，中間也有兩面玻璃的櫃子並
排，分門別類擺設器械及藥品。這些器械及藥品都是從
我國進口的。

　　化學實驗室在器械室的隔壁。室內其中一個角落設
有暗房，另一個角落有除臭裝置，中間有一個約三尺
寬、六尺長的桌子，供學生做實驗用。

天津、北京、保定各學校的設備

　　各學校的建築和武昌一樣，都是宏偉壯觀，然而看
不到兩層樓的建築。這是因為氣候的關係，平房較為便
利。雖然比起武昌需要更多校舍。然不論文學校或武學
校都不設自習室，都是教室兼作自習用，因而可以節省
不少建築經費。因此，北方的學校除了像理化室這種特
別的教室外，都裝有電燈，以供學生夜間自習用。我校
有些學生上完一天的課後還留在教室，不肯去自習室，
這種陋習想必也是從此一習慣來的。教室的桌子都附有
抽屜，裡面可以放書籍及文具。此外，還有特有的設

備，即文學校皆設有圖書室、音樂教室、禮堂、教師預
備室等。以下便敘述其設備的概況：

圖書室（北洋大學堂）

房間中央有兩面玻璃的書架排成一直線，將房間隔
成兩半，一邊擺中文書，一邊擺西文書。中文書在側面
寫有書名，西文書則看背面就可以知道書名，非常便
利。中、西文擺書處也都配有桌子及五、六張椅子，使
讀者能就座閱讀。學生在規定的時間內都可以自由來看
書，不過看完後一定要歸還原位，不可雜亂擺置，也不
可帶出室外。如果圖書有破損或遺失的情形，學生全體
都要負起責任賠償。此外，室內還有中西報紙各二、三
種，供學生閱覽。

音樂教室（北洋大學堂）

樂譜架排列成環形狀，並備有風琴、鋼琴、喇叭、
笛子、類似軍樂隊的樂器及樂譜。學生在下課時間都可
自由獨奏或合奏來享樂。

禮堂

設祭壇，安放孔子的牌位。此外，也安放總督上奏
學校得以獲准設立的詔書，或寫有皇帝萬歲萬萬歲等金
字牌位，定期祭拜。另外，禮堂也作為畢業等各種典禮
的會場，或對學生訓話，或舉行學術演講等之用。有時
也作有見到做為合唱教室來使用的案例。

教師預備室

除教師休息室外，多半是靠近教室的房間，供各教
師作為準備教學之用。

寢室與南方的不同之處，床鋪是箱子造型，被服等

都可收於箱子裡（京師大學堂）。約二坪大，用磚隔間。室內有床鋪、桌子、衣箱等，為單人房（天津的北洋大學堂）。約邊長六尺的正方形高台，中央用高一尺左右的板子隔開，即為兩人用的床鋪（保定陸軍學堂）等等。

　　今亦附上本年三月開工建築，快要完成的北洋師範學堂的平面簡圖，以便了解各教室分配的概略。

　　北洋師範學堂係培養北清（華北）五省（直隸、山東、山西、河南、東三省）教師的地方，由袁總督所創設。

北洋師範學堂略圖

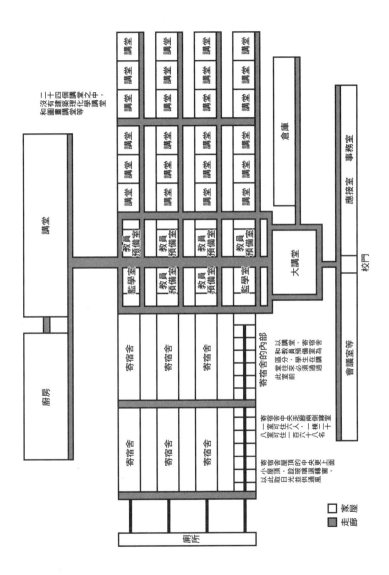

　　因我校目前的學生宿舍都是臨時趕建的，早已過了使用年限。因此有漏雨、透風、房屋傾倒等問題，即使整修也無濟於事。而內部的結構也造成管理學生的不便，因此無法在完善的設備下有劃一的起居行動，實不能不感到遺憾。雖然外觀、裝飾原非我等看重之處，但施以完整教育、造就有用的人才，尚須有完整的設備來配合，特別是期望能重建新式的學生宿舍、蓋大禮堂、擴張校內的運動場、設朗讀室以加強日語及其發音的練習、增置器械標本以增廣學生見聞等，不僅可在施以模範教育的同時，連設備也期能達到成為楷模的等級。尤其是大禮堂，希望時常成為能將全校學生集合起來訓話或作為談話的場所以外，也能兼具考試場地的功用、雨天時候的操場，各種慶典場地的多功能用途。

湖北陸軍小學堂學兵教學科目

科目＼年別	第一學年	第二學年	第三學年
一、修身	講授四書及先哲嘉言懿行中適於軍人者	選授春秋左傳及先哲嘉言懿行中適於軍人者	同第二年
二、國文	讀散文作散文習楷書	同第一年	同第二年簡介軍用文章格式
三、外文	拼音習字單字默寫問答文法	同第一年	文法中文、外文互譯
四、歷史	歷代朝廷興衰大要	同第一年本朝掌故	各國興衰大要
五、地理	地理大要本國疆域山川形勢風俗物產	亞洲各國山川形勢人種風俗物產大概	歐、美、非、澳各洲山川人種物產大略
六、數學	數學	平面幾何初級代數	幾何代數平面三角初步
七、格致	物理大要生理大要	植物大要衛生大要	化學地文大要
八、圖畫	工具畫練習手法軍用圖記號	比例尺倣畫成圖縮放成圖	實地測繪實物描繪
九、訓誡	軍人職等軍紀軍禮	軍人志節軍人威儀	同第二年
十、操典	空手體操初級步操	器械體操步槍用法成排步操	各式體操成排步操刺槍劈刀法
十一、兵學	本校規則軍紀軍禮陸海軍官制軍服軍隊內務大要	軍隊內務大要步槍構造	本國軍制

　　游泳是在暑假期間，號令、演習、軍歌、喇叭之聽取練習，則排在二、三年級。

一學年為四十週，一週授課時間四十小時。

外文分成十班，每班平均五十人，日文八班、英文一班、德文一班。

學生從各兵營識字者中，經考試後錄取，每天通學。

至於武科普通中學堂的課程，並沒有機會聽其詳細內容，不過根據該校學生的教科書及手冊，可得知其教授科目。列舉如下：

一、修身	
二、國文	
三、外文	日、英、德其中一科
四、歷史	中國史及世界史
五、地理	中國地理及世界地理、地文
六、數學	算術、代數、幾何、平面三角
七、物理	
八、化學	
九、動植物及礦物	
十、生理衛生	
十一、圖學	
十二、畫學	
十三、訓誡	
十四、操練	
十五、體操	徒手及器械
十六、劍術	

北洋陸軍學堂分成軍官學堂、武備速成學堂及陸軍小學堂三種，都設於同一校區內。

軍官學堂即陸軍大學，分為速成科（一年半）及本科（三年），學生是由將校中選拔出來的。

武備速成學堂即士官學校，修業期限二年，分成步、騎、砲、工、輜重五科，並附設軍械、管理二科。

陸軍小學堂即地方幼年學校，修業期限三年，分成日文科及德文科二種，北京及姚村設有分校。

武備速成學堂及陸軍小學堂的課程表如下：

武備速成科教學課程表

科目		第一學年
中文		經義、文法、作文
歷史	中國	由上古至現代的沿革、重要事件之大要
	世界	由上古至現代世界各國之興亡盛衰、列國關係的大要
地理	中國	現勢大要（政體、行政、制度、山勢、地勢、著名的省市、港灣、道路、鐵路、水路、通訊路線、物產、各國風俗、語言之差異、工業、商業、軍備等）
	世界	天文、各國政體、山勢、水勢、地勢、著名之省市、港灣、與中國有關之重要道路、水路、鐵路、通訊路線、各國風俗、語言之差異、工商業、軍備等
物理		物理之大要（物性、力、聲音、熱、電之大要）
化學		無機化學大要
圖畫學		各種線、平面幾何圖、立體圖、投影圖、應用圖（工程圖、軍械圖等）
數學		加減乘除、四則、分數、小數、因數、比例、開平方、開立方、初級代數、平面幾何初步
軍事初步		步兵幹部需知
步兵操典		由個人操至連級單位操練
陸軍禮節		摘要
步兵野外操練手冊		偵查、前哨、傳達等野外諸操練
步兵射擊示範		摘要、幹部需知
體操示範		參考
刺劍示範		參考
地形學		地勢概論、地形名目
測圖學		地圖閱讀法、局部簡略測繪法之要領
軍用公文		陸軍各種公文、稟報摘要
術科		
場內操練		班級、排級及連級單位操練法、兵法操練、口令練習
野外操練		地形名目、目測距離、軍人戰鬥訓練偵查、單兵、班級、排級及連級單位行軍、駐軍戰鬥法
刺槍術		刺槍基本練習及實地演練
體操		柔軟體操及普通器械體操
射擊		瞄準實習、打靶練習
第二學年起專施以軍事教育，普通學則僅因應其程度教授數學。		

保定陸軍小學堂科目表

普通學	軍事學	訓練
一、修身	野外勤務	場內操練
二、中文及文法、作文	軍事初步	野外操練
三、日文	步兵操典	射擊
四、德文	步兵射擊示範	體操（徒手、器械）
五、中國及世界歷史	陸軍禮儀	劈刺術
六、中國及世界地輿	體操示範	射擊
七、物理	擊劍示範	
八、化學	工作示範	
九、圖形學	測圖學初步	
十、繪畫學	訓誡	
十一、算術		
十二、代數		
十三、幾何		
十四、平面三角、幾何三角		
十五、生理衛生		

　　陸軍小學堂今年底將有學生修完三年全部的課程畢業，為於明年春天招收這批應屆畢業生，並施以相當於我國中央幼年校程度的教育，預計將創設陸軍中學堂。

　　外文須於日文、德文中擇一修習。

　　瀏覽以上湖北及北洋陸軍各學校的教育課程及科目後，即可窺知今後清國各學校軍事教育的程度。在中國雖有以本國語教學之便，然而教師大多是外國人，仍有需透過翻譯之不便。而留學生雖需先耗費時日學習日語，才能學習其他學科，然而因已稍能知曉日語，若同樣接受三年的教育，相信其進步上能更有優勢。尤其是藉由通曉清國現狀的我國教官的一番取捨所擬定的教導科目，定更可得到最佳的成果。因此今後本校對留學生的教育急需改良革新，以培養出比該國學堂畢業者更為優秀的學生。由此看來，本校對教學進度及科目的重新修定，乃是重中之重的緊要研究課題。

　　各學堂多半一個月召開一次教職員會議。雖然未必要仿效，然而在該校任職者皆可藉此充分溝通，並得以避免在教育上或監督上產生齟齬、矛盾。因此以此目的而召開會議，各自開誠布公，互相交換意見，在一致的方針下同心合作教導學生，相信是有其必要性的。

食物

　　餐廳擺著方形的桌子，以及二人用的凳子，每桌可坐六人或八人。為了固定座位，所以每桌都掛有名牌。

　　食物，特別是有關副食的烹調、選擇，本校也是多年煞費苦心，苦思盡可能配合多數學生的嗜好，但每個人有各自的喜好，決定菜單甚為困難。因此，這次行程就打算特別針對材料與烹調方法進行研究。長江上下游及天津之行都搭乘官艙，所以就有機會品嘗中階層社會人士的家常食物。船上也是六人或八人一桌，六人的話就供應六道菜，八人的話就是八道菜。其菜單如下：

早餐：粥。其煮法甚為精巧，有清粥、小米粥兩種。

副食：醬豆腐、醃蘿蔔、醃漬菜（似乎是曬乾後醃漬或醃漬後曬乾）、鹹豆（似乎是水泡軟後再炒過）。有時醬豆腐會換成鹹蛋。以上共四道四盤。

午餐：乾飯。由米蒸成飯，做法和紅豆飯相同。

副食：湯（豬肉、冬瓜，鹹的）、炒菜、蓮藕炒木耳、雞肉炒馬鈴薯、蝦米、海參炒絲瓜、扁豆炒魷魚、蒸豬肉，以上八道菜。

　　晚餐及副食跟午餐略同。而每餐所用的肉不多，不過是蓋在碗的上面而已。所謂肉僅僅只是調味醬汁，因

此不如說是以肉調味的蔬菜更為適當。

　　以上是航行長江的怡和洋行輪船吉和號餐桌的景況。而回航時搭乘的是大阪商船大吉輪，船上的食物和吉和號大同小異，只是份量通常比較多而已。

　　至於前往天津的招商局新濟號的餐桌如下（六人一桌）：

早餐：粥。

副食：醬豆腐、醃蘿蔔、醃漬菜、油炸蠶豆四道四盤。
　　　有時醬豆腐會換成鹹蛋或炒蛋。

午餐：乾飯。

副食：湯（豬肉和冬瓜或是蘿蔔、蓮藕）、豬肉和蘿蔔、蒸雞肉、炒菜、豆角和豬肉、魚肉（用油炸過再煮），蔬菜是茄子、馬鈴薯、洋蔥等交替使用，蒸肉有時是用豬肉或是豬肉切絲後和雞蛋一起炒。

　　參觀學校時我們都請學校讓我們看看菜單，不過他們都沒有製作。全部都是規定每個人一個月的金額後，交由廚子負責。每餐的菜單都由廚子決定，飯錢一個月多者為六元，少則三元。

　　在保定師範學堂時，偶爾可以參觀午餐時餐廳的情形。一桌六人，每人供應一碗湯和飯碗大的饅頭一個，另外有飯和六碗菜。菜色是豆角、茄子、蘿蔔、菜等蔬菜配上肉，跟船上的沒什麼大的差別（據聞清國北部由於米價昂貴，遂根據學生的喜好，每餐供應饅頭）。

　　總之，彼等常吃的食物決不會比現在振武學校所提供的食物好，份量也不多。然多年來彼等所習慣的同桌

進食，可以從七、八道菜中各自挑選自己喜歡的來吃，相較之下，僅供應一、二道菜的日本式吃法就顯得寒酸，更不用提烹調上也不合他們的口味。學生在校最快樂的事莫過於享受口腹之欲，但不管如何珍奇的東西，如果烹調不得法，也無法呈現出美味來；若是烹調得法，即使是廉價的東西，也會令人歡喜品嘗，而有一舉兩得的成果。故這是我等職責上極需研究探討的一件要事，在管理學生上是不可忽略的事。

衛生

各學堂多設有校醫，校內有診察所及休養室，醫療方面有中醫有西醫，有的是中西醫皆備。保定陸軍學堂兩種都有，學生可以根據自己的願望自由接受診療。而中醫會根據學生的願望給予病假，因此看中醫的較多，西醫就比較落寞。

學堂內部跟市街等骯髒的情形相反，由於徹底清掃，所以非常清潔。然而寢室由於通風設備不足，再則不習慣打開，再加上寢具不潔，以致異臭衝鼻。

設有浴室，每天皆可以沐浴。浴池可容納十人左右同時入浴，跟我國的公共澡堂相似。另外也有理髮的設備。不過，不換洗衣服及留長指甲等習慣尚未改變。

服裝

各學校都規定的制服，樣式是中國式的，質料是木棉。南方用土色，北方用淺黃色。衣襟要繡上校名，或附上黃銅製的文字。帽子是草帽，前面的徽章是用黃

銅打造、圍繞玻璃玉的龍。靴子是用布製成的中國式長靴。

學生的管理

武昌及保定各學堂皆利用訓育課時間，講解說明其學堂規則內記載的內務細則或與其相當的規定，讓學生了解在學期間須遵守的事項。

湖北的各學堂，則是在每一間講堂、自習室、寢室裡掛上寫有該室規定的匾額，藉此揭示該室規則。

學堂規則各校是大同小異，其項目大致如下：

一、學堂宗旨

二、教室儀容

三、教室規則

四、自習室規則

五、操場規則

六、餐廳規則

七、寢室規則

八、休息室規則

九、盥洗室規則

十、理髮室規則

十一、浴室規則

十二、休養室規則

十三、儲藏室規則

十四、學生會客規則

十五、請假規則

十六、學生校內外規矩

以上各規則的執行和監督，在教室裡是由教師專門負責，其他地方則由校監專門負責，校監都要輪流到學校值勤，負責校規的執行和校舍的管理。保定陸軍學堂軍事學的教官除教授學術科課程以外，還要督導學生的行為，輪流到校值勤管理全校，此即稱為值行官。

每月月底會對學生的行為加以評分，作為考試成績的一部分。其審查的方法如下：

一個月一百分，以上課日數來除，即為一天的分數。大過扣四分，小過扣一分或二分，一個月後統計得分。若小過三次即累計核算為大過一次，大過三次以上者，經職員會議後將命令其退學，並追繳學費。

北洋大學堂對大過、小過，亦備有一一列舉其例之物。（略之）

但這種方法只能觀察到表面，對最要緊的人格及精神層面卻無法掌握。像品行的審查是最困難的，若不從表裡兩面仔細觀察的話，是無法知道其人性情、操行的。表面的言行，無論是誰都會有相當地偽裝，尤其是中國人善於做作，必須仔細注意其內在的情形才行。所謂內在的情形就是他們的弱點。例如在教室、練兵場等教官面前的學生行為，雖然一點批評的餘地都沒有，然而我們巡視寢室時，卻可看到偷偷午睡的學生狼狽地倉皇逃離的身影。

和張彪談話

張彪說，聽說貴校的規矩、教育都甚齊備、完善，實在非常佩服。本地各個學校都願意盡可能地整頓設

備，施以完善的教育，但就像拿著精製的徽墨湖筆，展開畫絹想要揮毫，卻因筆者技巧拙劣，而無法成畫。我國學生就像這種拿筆的人。從宮保開始，吾人雖苦心經營，但很慚愧，效果卻不大。我國學生在貴校的情況如何？我回答說，貴國就讀我校的留學生在嚴格的紀律下接受督導，一步也不許鬆懈，因此無人不修養品行，認真學業。然而我也曾聽聞過他校的學生或在外租屋者的各種不好的風評。

又問，東京有消息說小犬學齡因為目前在聯隊的成績拙劣，所以無法進入士官學校就讀，是真的嗎？我回答說，雖無法斷言真偽，但多半不是事實，待回國詢問後再確實回答。張彪又說，我想是真的。小犬去年夏天回國在家，我因腰痛，請日本軍醫替我診察，即命兒子為翻譯，然而他一句話都翻譯不出來。我責備兒子，他說在振武學校學的是日常用語，關於醫學方面的用語都沒學。然而像骨頭痛的「痛」一辭，應是平常用語，所以應是兒子不用功所導致。今天得到這樣的消息相信並不假，若果真如此，希望懇請福嶋閣下讓他再進入振武學校就讀，努力完成士官學校的課程。我聽到張彪這番話，內心感到極為慚愧，畢竟張學齡已經在去年六月底拿到畢業證書了。於是我替他辯護說，在短短的十八個月裡，首先要學日文，其他的學科也都以日語來授課，因此，無論天資多麼聰穎，也無法完全學會，這是理所當然的。如經過聯隊及士官學校的訓練，語文漸漸就會有進步了，所以最好的辦法應該是延長振武學校修業的年限。

又說，貴校採取嚴格的規定，學生全部都要說日語，若講中國話就要處罰，這樣對日文的進步會有幾分幫助的。我回答說，我們原本是採用此方針，但無法實行。

從上海到天津的船上，遇見了一位現任廣東徐縣知縣的福建人華承謨，自稱是我國士官學校畢業的華承德的胞兄，其胞弟目前在福州參謀處任職參謀，從胞弟那裡得知我國的教育極為完善，並稱讚不已。

和畢業生藍、劉二氏談話

現任張彪參謀長的藍天蔚說，僅一年半短短的時間裡，實無法具備能在敝國的學堂裡傳授在振武學校所學習的所有課程。畢竟我國學生都沒有普通學的素養。何況在振武學校還要先學日語，然後才上各個學科。而教師中有說話清楚者，也有口齒不清者，很多時候很難聽懂他們的講解。

劉邦驥說，在學校的時候，雖曾學過幾何、三角、化學等全部課程，可是都是學得糊里糊塗的，如今仍是一知半解。又回國後，日本的書籍雖說是我等的良師益友，不過無法理解的地方很多，軍事相關的書籍尤其難懂。

在中國之我國同胞的觀點

從陸軍各學堂修完士官學校課程回國者，可擔任教官，並負責軍事等各學科的翻譯。在軍事教練上，他們雖然仍有不足之處，但尚能勝任。但在學科的翻譯方

面，由於日語不熟練，所以誤譯很多。按目前教學需要，各教官都事先製作教案，令其譯成中文後印刷，再發給學生。因此，原本就缺乏中文的素養、日文能力又甚為低淺的他們所翻譯的教案，若不加以訂正就不能發給學生。雖然聘用他們反而造成諸多煩累，但他們既然在日本受教育，如今若排斥不用，猶如自取其辱，故只能從再教育著手。雖然這樣的教育有損他們的尊嚴，並不為他們所喜，但若考慮到將來他們畢業歸國後，將可帶動更換老朽教官，而讓他們全面代替的新局面，尤其是他們目前已有不少人正在日本擔任學校的附屬教官或翻譯者。因而建議他們加強日文程度，在教導上，必須採取我國小學教授國文時的相同方針，進行根本的教育，不可誤認他們有解讀漢字漢文的素養。

　　就軍事教練的教育方面，既然自振武學校畢業，就要進入聯隊及士官學校接受純粹的軍事教育，因此在學校仔細的教授各式操練，應為妥當。然而教育中國人時，仍有部分方法不能和教育日本人時相同方法。尤其是他們回國後並非直接擔任士兵的教育，且他們有任何事都不願深入的研究，只憑表面就滿足的習性，若在三年內只練習各種教練的動作，反而會使他們感到厭倦。因此，在學校裡設置聯隊教育和連絡法等相關科目，甚至包括一些基層幹部的操練，應該是較合宜的做法。

　　至於外語的學習，前半年左右只教日語，等到稍微能了解時再學習其他學科，這種方針是很好的。語學在初學時會有長足的進步，但之後的進步就會較緩慢，因此從這時候起開始學習其他學科的話，因為稍能了解教

師的講說，所以也能理解所教授之學科的內容。若是剛開始就以日語教授其他科目的話，就跟向聾子說教一樣徒勞無功。基於此一理由，各學科的分配也應隨著語學的進步由易入難，由簡入繁，這是留學生教育上應重視的一大問題。

目前在士官學校時即使成績差也仍能取得修業證書者，回國後也相繼接受同等的待遇。但在此二、三年內，留德的學生、留法的學生、留英、美的學生也都回國，各展所學。此時，對其價值、資格就產生優劣的評斷。因此對於沒有實力的學生必須斷然淘汰，不要因一時便利，而給予憐憫的對待。

由中國內地學校的經營和教育來觀察的話，到日本留學，並非是好的選擇。這是因為目前中國內地各學校所延聘的日本老師都是才俊，有堂堂的飽學之士，有高等師範出身者，亦有具備專門領域之新知識者。比起近來為招攬留學生而頻頻設立的日本私立學校還要優秀許多，加之還有可於父母的監督下、以少許的費用就能學習等便利之處。由這種情況來看，目前對中國留學生的方針若不從根本改革，他日必對國家帶來意想不到的不好結果。

近來留學生回國後誹謗日本、妨礙日本人實業發展的情形越來越多。究其原因，有一半是因為日本人對留學生極不親切，從學校、租屋處到零售店，都是金錢主義者，甚至有看到留學生就抬高價錢的惡習。這對金錢非常敏感的留學生來說，無非是痛擊其心，深刻腦海。如今中國有些地區確實有幾分進步，學校成立漸多，所

以學部指示各省督撫，今後若非在本國修完普通學，就
不得以公費留學。

雜件

　　目前的形勢是競相成立學校，其中亦有未考慮經費
的來源就不斷設立者，儘管表面呈現出日日進步的景
況，但觀察其背後，卻有許多超乎我等想像的種種原
因。成立學校現在是時勢所趨，各知府知縣等，無一不
企圖透過在其管區內廣辦學校，藉此獲得上司的青睞而
謀榮遷、陞任，與此同時暗地裡圖謀飽囊學校設立的經
費者也不少，並非全是有感於教育的重要而盡心籌劃。

　　無論是大學或中學、小學都同時創辦，並沒有按著
由小學至中學、由中學至大學的順序層層而上。因此除
漢學外，學科的程度並沒有很大差別，幾乎只是年齡大
小的差別而已。唯獨嚴修氏的私立天津第一中學堂是按
著順序施設，創立時，首先將中學、小學、女子師範分
列為三部，並各定為三年制，剛開始時只各招募一個年
級，爾後，每年再增加一個年級，逐步加以改良，目前
已各有三個年級。此外，本年底將有第一屆的女子師範
生畢業，因此計畫明年春天開辦幼稚園，讓這批畢業生
擔任教師。

　　就湖北及北洋實地所見之新事業實施的景況加以比
較的話，北方實行的程度較南方紮實。現在就以警察為
例，如在武昌的警察派出所中，非值班的警察會脫掉上
衣，裸著身體躺在派出所內；而值班的也衣衫不整，坐
在蔭涼的地方搧扇子，實在是沒有紀律。但在天津、保

定等地的警察就以莊嚴的態度佇立警戒。市街雖未必像武昌、漢口一般，純粹是中華式街道，但天津，尤其是保定，打掃得非常清潔，簡直是另外一個世界。仔細想起來，這應是因為中國北部曾因團匪之亂而曾被各國占領，並受到嚴厲的軍政統治，而給了他們一個難得的好榜樣，大大地刺激了他們的神經的緣故吧。

畢業生就業的情況

浙江營官	徐方謙	標統	鐵忠	練兵處監督	萬廷獻
練兵處監督	盧靜遠	湖北將弁講習所經理	鄧承枝	廣東軍備處總辦	韋汝聰
肅親王隨員	劉賚雲	練兵處監督	文華	江南標統	吳錫永
標統	吳紹璘	北洋參謀	華振基	湖北營官	單啟鵬
標統	許葆英	河南標統	陳其采	奉天協統	蔣雁行
標統	杜淮川	練兵處監督	章遹駿	北洋參謀處總辦	陸錦
廣東兵備處總辦	張顯仁	福建標統	蕭星遠	標統	陶懋孝
湖北督練所幫辦	吳元澤	湖北參謀	吳茂節	北洋參謀	張鴻逵
奉天兵部所	顧臧	湖北參謀	吳祖蔭	山東標統	張紹曾
營官	蕭先勝	湖北兵備處幫辦	易甲鵬	兵備所總辦	唐在禮
營官	楊正坤	端出洋大臣隨員	舒清阿	標統	丁鴻飛
師團參謀長	藍天蔚	練兵處副使	哈漢章	輜重兵監督	方咸五
練兵處監督	馮耿光	練兵處副使	良弼	協統	孫銘
營官	蕭開桂	參謀幫辦	寶瑛	管帶兼教練官	柯森
練兵處監督	應龍翔	練兵處監督	易迺謙	管帶兼教練官	祁文豹
湖北標統	龔光明	兵備處總辦	沈尚濂	將備、教官	黃瓚
福州參謀	華承德	兵備處總辦	許崇智	執法官	劉景烈
湖北參謀	蔣政源	參謀處總辦	姚鴻法	標統	陳懋修
營官	張長勝	練兵處監督	岳開先	標統	洪杰
營官	敖正邦	練兵處監督	羅澤暐	參謀處幫辦	吳晉
管帶兼教練官	王光照	陸軍小學堂監督	金騏	經理官	程千青
教練官	孫樹林	督練公所總辦	陳蔚	教練官	韓國饒
教練官	曲同豐	教練官	毛繼成	教練官	崔霈
教練官	楊壽柱	教練官	王培煥	教練官	田書年

以上是第一、二、三期三屆士官學校畢業回國的一百五十八名中，舉出可得知其職的七十二名。其他人也都擔任重要職位，皆正逐步進行軍備改革的工作。

　　如將表中的職銜與我國加以對照，標統相當於聯隊長，協統相當於旅團長，營官、管帶相當於大隊長，教練官則與大隊長同一階級。

　　攜回國之參考資料如下：

一、湖北陸軍小學堂試辦簡章　　　　　　壹冊

二、湖北陸軍規則　　　　　　　　　　　壹張

三、湖北陸軍審定分數細則　　　　　　　壹張

四、湖北文科普通中學堂章程　　　　　　壹冊

五、湖北方言學堂規則　　　　　　　　　壹冊

六、湖北訓兵白話　　　　　　　　　　　壹冊

七、湖北軍事雜誌　　　　　　　　　　　壹冊

八、北洋師範學堂試辦章程　　　　　　　壹冊

九、北洋大學堂規則（附時間表、一週課程表）壹冊

十、北洋天津初級師範學堂試辦簡章　　　壹冊

十一、天津私立敬業中學堂章程　　　　　壹冊

十二、保定武備速成學堂課程表　　　　　貳冊

十三、保定武備速成學堂規則　　　　　　壹冊

十四、保定陸軍學堂現任人員表　　　　　壹張

十五、保定陸軍學堂現今課程表　　　　　四張

十六、保定陸軍學堂現今平面圖　　　　　壹張

十七、軍制學　　　　　　　　　　　　　壹冊

十八、奏定陸軍營制餉章　　　　　　　　壹冊

十九、軍語　　　　　　　　　　　　　　壹冊

二十、口令定義　　　　　　　　　　　　壹冊

二十一、北洋軍事學書價目錄表　　　　　壹張

以上。

清國教育視察報告

生等之ヲ清國教育視察ノ重任ニ承ク淺薄ヲ顧
原ヨリ其任ニ非ス過分ノ光榮感謝措ク處ヲ知ラ
ず使シテ却テ失命ヲ辱シムルヲ恐ル以下項ノ分々
其見聞セシ事實ヲ擧ケ敬シテ稟報ス字句往々
錯雜言辭或ハ禮ヲ失フアルモ皆之ヲ文辭ニ燗ナ
ルノ致ス處布ク査覽ヲ賜ハバ生等幸甚之
ニ過キザルナリ
明治三十九年三月六日

振武學校舍監　野村岩藏
致頭　木下邦昌
回

清國陸軍學生監理委員長福嶋安正殿

一　旅行日程
二　武昌諸學校ノ設備
三　天津保定北京諸學校ノ設備
四　武昌陸軍小學堂諸課程表　附武昌普通中學堂科目
五　保定速成武備學堂課程表　附陸軍小學堂科目
六　食物
七　衛生
八　被服
九　學生ノ取締
十　張彪ノ話

十一　卒業生藍、劉二氏ノ話
十二　在清本邦人ノ諸説
十三　雜件
十四　卒業生ノ就職ノ景況
十五　各學堂規則及課程等目錄

清國教育視察旅行日程

七月四日
養負小池中佐殿ヨリ教育視察トシテ清國ヘ
差遣ノ辞令ヲ交付セラレ武昌保定北京天津
等ニ航ケル教育並ニ軍事諸學校ヲ教育ヲ
視察スベキ訓令ヲ與フ可シ

七月廿三日
午後二時半新橋發ノ急行列車ニテ出發

七月廿四日
午前十一時門司ニ着シ直ニ営口行薩広丸ニ乗船正午出帆

七月廿五日
午前十時半上海行ノ薩広丸ニ乗船ノ筈
之ニ謁セントス閣下ハ馬關下船ニテ旅館ニ宿泊

七月廿六日
午前十一時司令官ニ謁ス閣下ハ馬關上陸ニ至り福嶋
閣下ニ謁ス閣下ハ馬關上陸東埠セラ
レシ船ニ在ラレズ神尾閣下ニ謁シ圖ラズ船中

七月廿七日
午前六時長崎ニ着シ破泊午後四時出帆上海
ニ向フ

七月廿八日
續キ西航入

七月廿九日
午前九時呉淞沖ニ達シ檢疫ヲ受ク時退潮
ニ際シ進航入ル能ハズ満ノ滿ヲ待テ午左
四時技輻黄浦江ヲ溯リ六時郵船會社碼
頭ヨリ上陸常盤舎旅館ニ投宿
領事館ニ到り永瀧領事ヲ招キ
ヲ為シ午後公園競馬場及市内ヲ観覧入
漢口行ノ船ヲ京怡和洋行及吉和義ニ乗

七月卅日
午前六時長崎ニ着シ破泊午後四時出帆上海
ニ向フ

八月一日
ルコトニ定メ午後八時乗船十二時出帆
通州鎮江ヲ経テ長江ヲ溯航

八月二日
南京無湖ヲ経過入

八月三日
安慶九江ヲ経過入

八月四日
黄石港黄州ヲ経テ午後三時漢口ニ至り小
舟ヲ備ヘ武昌ニ渡リ鈴村大佐殿官舎ニ
至り宿営ヲ託ス

八月五日
午後張彪ノ其公館ニ總督衙門ニ張總督
ノ孫少爺ヲ訪問シ来意ヲ告便宜ヲ與ヘ
ウレシコトヲ請フ

八月六日
方言學堂及幼稚園ヲ参観入

八月七日
工兵賞陸軍小學堂（建前武備學堂）武普通
中學堂ヲ参観入午後四時ヨリ張總督ノ孫
張厚珹氏ニ招カレ黄鶴樓ニ至ル

八月八日
漢口ニ渡リ京漢鐵道修理ノ景況ヲ確メ市
街ヲ見物入

八月九日
休息

八月十日
兩湖師範學堂教育應用圖書館、兩湖
業場ヲ参観入午後六時ヨリ張彪氏ニ招待
サレ張ノ別荘ニ至ル

八月十一日
江西督練公所委員及休暇練煉團中
ノ學生起塔頤ノ訪問ヲ受ク父ヲ陪シ及休暇練煉團中
ノ學生起塔頤ノ訪問ヲ受ク

八月十二日
在留日本人寺中騎兵大尉、九山砲兵大尉、横
須賀紬重兵大尉吉川軍醫、中野太郎ヶ緒武
ヲ訪問ス

八月十三日
早朝總督ヨリ武昌此發ヶ時日ヲ問合セ来
ル之ニ列見セン為メ曾國藩ノ朝ヲ拜シ帰
内、關鐵砲私立湖南師範學堂及中學堂
ヲ参観ス午後吉別ヶ為メ總督衙門及幟台
新門ニ至ル

八月十四日
張總督ヨリ出發前會見ノ暇ナキヶ吉以テ
高凌蔚ヶ代理トシテ遂行ノタメ来訪セシ張
氏ニ赤小蒸汽船ヲ準備シ漢口ニ送ラル
乾氏モ赤小蒸汽船ヶ準備シ漢口ニ送ラル

北進スベカラズ列車ハ明日漢口ニ帰還スベシ
ニ依テ悠ニ八月改ニ何故ニ通スルヲ確言シ
且切符ヶ賣ヶタルヤラ詰間スルモ言フ左右ニ
北シ要領ヶ得ス四五ノ土民ニ就テ探聞スルニ皆
河水汎濫道路ヶ滝ト深ヶ陷ムメベカラザル
晴天四日後モ水ヶ持サレバ進ムベカラザル
ト云フ此地ヨリ鄭州ニ至ル約四百清里陸行
五日ヲ要シ鄭州ヨリ北京ニ達シ得ヶカラス
二日ヲ更ヶ上海ニ降リ天津ニ至ル七八日ニシテ且
漢口ヨリ上海ニ赴キ北京、天津ニ至ルハ決定シ下車宿
確實ナレバ水路ヶ取ルコトニ決定シ下車宿
泊ス

八月十五日
午前六時五十五分駐馬店發車午後五時漢
口ニ著ス偶々大坂商船大吉九ノ下江スルアリ
之ニ乗リ込ミ午後八時半出帆

八月十六日
下江

八月十七日
下江

八月十九日
午前十一時上海ニ著シ再常盤合旅店入ル

八月二十日
招商局新清号ヶ夜半出帆天津ニ直行スルヤ
之ニ乗ル衆船

八月至日
貨物積載ノ為メ大ニ出帆時刻ヶ遅近シ正
午出帆

八月十五日
午後五時漢口停車場ニ至リ驛員ニ就キ河
南省許州鄭州間ハ不通トレ此ノ共地八日ヶ運
轉シ居ヶ否ヶ確答ヶ得不通ノ場所ハ徒歩
スルコトトシ其ノ準備ヶナス
更ニ汽車ヶ達シ得ヶ地點ヶ確メタル上許州
マテノ列車ヶ買ヶ午前七時五十五分漢口發車
午後三時駐馬店ニ傳車ス是ニ本日一日ノ行
程ニシテ明朝發車北進ノ許ヶ至ルベキナリ
依テ驛員ニ杭ヶ唾眠ヶ取ラントレ欲スルモ衆員
一諜ヶ驛員曰ヶ前両日(其廿四両日)此ノ地方大雨
ノ為メ河川汎濫西甲附近ノ鐵道ヶ破壞シ

八月廿四日　北帆
早朝山東ノ角ヲ過ギテ渤海灣ニ入ル

八月廿三日
午前四時大沽沖ニ達シ五時白河々口ニ入リ
七時塘沽ニ投錨滿潮ヲ待チテ午後四時出帆
九時天津ニ着ス

八月廿二日
領事館ニ至リ伊集院總領事ヲ訪ヒ學校ヲ參
觀ス詔ヲ得テ一同ニフヲ請ヒ渡邊龍聖
氏ヲ訪問シ參觀スベシ
學校ヲ指定セラレ守備隊ニ至リ其
營内ヲ參觀スルヲ許サル
北洋師範學堂北洋大學堂天津初級師範

八月廿一日
學堂及嚴氏ノ私立中學堂ヲ參觀ス午後
七時ヨリ伊集院總領事ノ招キニ領事館ニ至ル

八月三十日
早朝山東ノ角ヲ過ギテ渤海灣ニ入ル

八月廿九日
午前七時發車十時保定ニ着ス先之青木
受ク
廟、天壇等ヲ見ル午後七時ヨリ晩餐ノ饗ニ

八月廿八日
青木大佐殿ニ謁シ大佐殿ヲ紹介シ得テ京師
大學堂ヲ參觀シ歸途鼓樓喇嘛寺孔子
廟ニ

八月廿七日
午前師範小學堂ニ參觀シ天津官書局ニ
至リ小學中學堂ノ教科用書一覧ス徳興堂ニ投
宿ス
時天津發車七時北京ニ着ス午後三

大佐殿ヨリ電報ヲ生ジ保定ニ行ク豫報セ
ラレタルヲ以テ後藤大尉停車場ニ迎ヘラル午
後同氏ノ案内ヲ以テ陸軍軍營醫學堂北
洋醫務總局等ヲ參觀ス
洋醫務總局等ヲ參觀ス

八月卅一日
午前黑川大尉ノ案内ニテ農政學堂師範
學堂ヲ參觀ス午後四時發車八時北京ニ
歸還ス

八月三十日
王泉山ニ登リ萬壽山ヲ見ル此ノ日西太后崩
京セラレタルヲ以テ路傍ニ警衛甚ダ壯嚴ニ

九月一日
午前八時北京發車午後一時塘沽ニ下車高
泊

九月二日
午前九時半塘沽郵船會社碼頭ニ發ス小蒸
汽ニ太沽沖ニ出デテ高砂丸ニ移乘午後二時
出帆

九月三日
午前八時芝罘ニ寄港ス午後一時出帆

九月四日
歸航

九月五日
歸航

九月六日
午後四時長崎ニ着ク外港ニ泊ス

九月七日
午前七時半門司ニ着ク正午出帆神戶ニ向フ

九月八日
午前十時神戶ニ司ニ着ク午後六時半發新橋行ニ搭ス

九月九日
午前九時新橋ニ劉ニ着ク歸校

武昌各學校設備

各學校ハ多ク四五年来ノ新築修繕或ハ擴張ニ係リ其建
築宏壮ニシテ外觀甚ダ雄大ナリ學生寄宿舎ハ概ネ
二階建ニシテ階上ハ寝室ヲ設ケ階下ニ自習室及講
堂ヲ充ツ自習室寝室其一人ニ對スル氣容當校現
在ニ倍スル以上ニ居ル其ノ状ノ一人ニ對スル小學ハ大
署本邦ノ學校設備ヲ摸範トシタルモノニシテ之ニ支
那ノ特種ナル趣味ヲ交ヘ今各學堂ニ就キ其最モ整頓セル
部分ヲ取リ其形況ヲ述ベシニ

講堂(座軍小學堂建前武備學堂ニ入)

平家長方形ニシテ周圍ニ廊下ヲ付シ一講堂毎ニ一棟ヲ分ッ

約十間ニ隔ヲ並列シタル之ヲ廣講堂ニ聲音減
レ間ニ恐ナレ三方ニ窓ヲ開キ一方ニ黑板ヲ置
板ハ二枚ヲ懸ケシ上下ニテ装置ヲ為シ先下方ニ高キ尺
幅三尺ニシテ黑板ハ全長ヲ等シク敷壇ニ付キ講堂机ハ
褐色ニ塗リ一人用シテ腰掛ヲ付ケリ之ヲ二列ニテ講堂
相接シテ三行ニ排列シ講堂五十人ヲ容ルヘシ講堂
机ハ右前方ニ姓名ヲ記セシ紙ハ札ヲ貼付シタル各自席
次ヲ定ム

寄宿舎(武普通中學堂)

階上ニ寝室ヲ設ケ階下ニ自習室ヲ寝室ハ殆方形ニ
シテ一方ニ入口ヲ設ケ其對面ハ窓他ハ相對スル二面ノ壁トス

一室六人宛ニシテ約幅三尺長六尺大ノ木造寝台ヲ不規則
ニ置ク寝具ハ布團ヲ用ヒ各自ノ自袋ナル以下一定セス大室
ノ中央ニ長キ長方形ノ机一脚アリ燈火及其他ノ物品ヲ置
クノ便ヲ供ス壁ハ両側ニ一間隔ヲ設ケ不格構ナル棚ヲ置
ク棚ニハ扉ヲ附着セル自習室ニ一室十八人宛ヲ納スベシ自習
机ハ二人用ニシテ抽出及机ノ前ニ書籍ヲ納ムベキ棚
ヲ備ヘ棚ノ中央ニ一部ニ區劃シテ姓名ヲ記シ紙ノ札孔
ヲ貼付シ机ヲ相對シテ中間ニ相隔ニテ一行ニ排列シ圓形
ニ板張ノ腰掛ヲ用ユ

理化學講堂(兩湖師範學堂)

陳列ヲ積ケテ階段ヲ造リ此階段ニ一人用机ヲ二偶宛

相接シテ五行ニ排列シ一列十人宛ニシテ八十人ヲ容ルル
窓ハ階段ノ高ニ應ジテ後方ニ高ク前方ニ低ク設クル
左右ヨリ光線ヲ取リ黑板ノ装置ハ前ト同樣ニシテ其前方
約六尺ハ位地ニ實驗台ヲ置ク

器械室理化學講堂ニ相隣スル室ニシテ之ヲ充ツ室ノ
同壁ニ接シテ四方ニ硝子ノ戸棚ヲ置キ中ニ器械ヲ納メ
器械及藥品八皆掲示シタリ暗室ヲ設ケ其ノ内ニ暗室ハ
化學ノ實驗室器械室ニ隣レル室ニシテ此
器械及藥品品皆我ガ邦ヨリ輸人シタルモノナリ
設ケ他ノ一隅ニ脱臭装置アル中間ハ約三尺巾六尺
長大ノ机ヲ置キ以テ學生各自ノ實驗ニ供ス

天津北京保定ニ於ケル諸學校ノ設備

諸學校ノ建築ハ武昌ニ於ケルト同ジク宏壯雄大ナリ然
レドモ二階建ヲ見ズシテ氣候ノ關係ニ平家ヲ便利トス
ルニ依ルナラン従テ校舍ハ準備シ年家ヲ便利トス
堂ニ階ヲ以テ建物ヲ多クスルモ多ク建物
堂ヲ用フル理由ナルモ北洋諸學校皆夜間自習室ヲ設ケ
ヲ我校學生中ニ日ニ課業終リテ特別講
堂ヲ屬シテ自習室ニ屬セシメ留リ自習
室ニ屬シテ一ニ此習慣ヲ基因スルモノナラン而
講堂机ハ皆地武ニレテ内ニ書籍及文房具ヲ納ムル所

（北洋大學堂）

特種ノ設備トモ云フベキハ史ノ各校皆圖書室音樂
室禮堂教員豫備室等ヲ設ケアルコトニシテ今其
備ノ概況ヲ述ベン

圖書室（北洋大學堂）室ノ中央ニ兩面ノ硝子書棚ヲ一
線ニ排置シテ兩分ニ一方ニ漢籍ヲ一方ニ洋書ヲ現ハシ
漢籍ハ其ノ小口ニ書名ヲ記シ洋書ハ其背ヲ現ハシ
テ見ル其書名ヲ知リ得ル便ニ供ヘシ而シテ漢洋兩書ヲ
備ヘ腰掛五六ヲ適シ一直ニ配置シテ以テ來讀者ニ供ヘ
一見其書名ヲ知リ得時間ニ依リ隨意ニ以テ來讀者ニ欲
スルニ備ヘ學生ニ規定シ於テ隨意ニ於テ見終ラバ必ズ原位
置ニ歸レ乱雑ニ至ルヲ許サズ又室外ニ一時ヲ出スヲ

音樂室（北洋大學堂）
ニハ貴ノ頁ハン賠償シレ又此室ニハ漢・洋・新聞
ニニ種シッテ備ヘ學生ノ閲覧ニ供ス
樂器快ノ配置シ
オルガン・ピヤノ・喇叭・笛及軍樂隊ノ樂器シキモ
ノ孔子ノ牌ニ安置シ其數語或ハ皇帝萬
歳萬々歳等全文字ヲ書セシモノヲ佛置シテ
禮拜ヲ行ヒ又此堂ハ卒業其他諸禮ノ式場ニテ
禮堂ハ壇ヲ設ケ孔子ノ牌ヲ安置シ其數
奏或ハ合奏シテ樂ヲ學ブ學時間ノ隨意ニ定メテ獨

ニ訓諭ヲナス時又ハ學術演説等ヲ爲ス場合ニ使
用セラレ而シテ各唱歌室ニ使用シ店レ所ヲ見タリ
故ニ寢室豫備室ハ教員休憩所以外ニハ多ハ講堂ニ接近シ
寢室（北洋大學堂）約六尺四方ニ台ヲ作リ中央ニ高二尺位ニ板ヲ以
箱ニ及ハシ（京師大學堂）約二坪ニ廣ハ棟瓦以上ハ仕切
ヲ内ニ寢台約六尺四方ニ台ヲ作リ之ヲ二人ノ寢室ヲ以テ
洋大學堂ニシテ二人ニ以テ被眼類ノ其
タ區劃ニ設クルモノナレリ床長箱等ヲ置キ被眼類ノ其
今茲ニ本年育起工新築署落成セル北洋師範學
堂ニ平兩署屬ヲ掲ゲ以テ其各室ニ配當シ概畧ヲ知ルニ

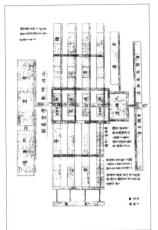

便セシト入
因ニ北洋師範學堂ハ北清五省（直隸、山東、山西、河南、
東三省ノ教員養成ノ為ニ袁總督ノ創設スルモノナリ

成校現在ノ學生舍ハ一時的ノ急造ニシテ既ニ其保存ノ
期限ヲ經過シ且ツ雨漏兩造ノ風東頃北ニ傾キ甚タ危険ノ
形況ナリ内部ノ構造モ使ヲ學生ヲ監視スルモ不便ノ點多
ク整然タル設備ヲ下ス齊一ナル起動作ヲ為サシムル
コトヲ得サルナリ寳一ニ於テ居眠ハ大素ヨリ外觀裝飾等ニ
等ノ希望スル所ニアラズ完全ナル教育ヲ施シテ有用
ノ材ヲ造ラントスル目的ニアラズハ此ノ此完全ナル散
育ハ猶設備ノ整頓ニ相待ツベクシテ新式ノ學生舍ヲ新築スル大
少々ナラス望ム故ニ運動場ヲ擴張シ音讀室ヲ設ケテ
講堂ヲ建テ新式ノ練磨セシメ器械標本ヲ增直シ
日本語及其發音ヲ

テ實見閱ヲ得ラレシ等撰範ノ
其設備ヲ亦撰範ヲ當校ニ採ル
希望シ止マザル処ナリ就中大講堂ハ全學生
ヲ一堂ニ集メ訓論ヲ與ヘ或ハ諡給曾場ニ或ハ試
驗場ニ或ハ兩天体操場ニ或ハ諸種ノ式場ニ其利用
スル処甚タ多ケレバナリ

湖北陸軍小學堂學兵教授課目

科目＼年別	第一學年　第一學期	第一學年　第二學期	第二學年　第三學年
一　修身	謹嚴言語立志忠言	遷善改過教授軍紀	
二　國文	論説記事書信習字讀書	論理文章習書	同學年二年
三　外國文	單字短句	單字短句	單字文章
四　歷史	歷代沿革及興廢大要	明朝一年	中國歷史大略式
五　地理	地勢區域城市道里物産	各國興廢之要	各國地理全書
六　算學	數學幾何	平面幾何平面三角	
七　格致	物理大要	化學	地文大要
八　圖畫	生物寫生	幾何圖形	實地圖繪測影畫法
九　訓誡	軍人勅諭	軍人勅諭	
十　訓誡	軍人勅諭　軍人敕諭　軍人勅諭	軍紀　軍禮	

得タレバ左ニ列記入

- 一　修身
- 二　國文
- 三　外國文　日英獨ノ内一科
- 四　歷史　中國史及世界史
- 五　地理　中國地理及世界地理地文
- 六　數學　算學代數幾何平面三角
- 七　物理
- 八　化學
- 九　動植物及金石
- 十　生理衛生
- 十一　圖學
- 十二　畫學
- 十三　訓誡
- 十四　操練
- 十五　休操　徒手及器械
- 十六　劍術

十七　操練　空手体操　歩兵操典

練習ヲ爲シ畢業ノ時ハ士官學校ニ准ス

十八　矢學

將來畢業ノ後ハ將校ト爲ス

一學年四十週ニ通シ每週五十八時間ニシテ日文八英文一獨史一班ナリ

外國文ハ十週ニ別ニ毎週五十八時間ニ充テ日文八英文一獨史一班ナリ

學生ハ各ヲ常ヨリ大字ヨリ小字ニ至リ試驗ノ上採用シタルモノニシテ日ニ通學セシム

武普通中學堂ニ課程ハ其詳細ヲ聽ク機ナカリシモ該校學生ニ就テ其教科書及手簿ヲ見テ其課目ヲ知ルコトヲ得タリ

北洋陸軍學堂ヲ分チテ軍官學堂武備速成學堂及
陸軍小學堂ノ三種トナシ之ヲ同構内ニ置ク
軍官學堂ハ陸軍大學校ニシテ速成科(二年)本科(三年)ニ
令ヒ學生ハ將校ヨリ採抜セルモノナリ
武備速成學堂ハ士官學校ニシテ修業年限ヲ二ヶ年トシ
步兵騎兵砲兵輜重ノ五科ヲ分ケ軍城經理ノ二科ヲ附屬ス
陸軍小學堂ハ即地方幼年學校ニシテ修業年限ヲ三年トシ
文科ト德文科ノ二種ニ分ケ北京及姚村ニ二分校ヲ置ク東
今武備速成學堂及陸軍小學堂ノ科程長ヲ左ニ掲ク

武備速成科教授課程表

科目	第一學年

漢文	經義 史法 作文
中國史	由太古至今沿革繁雜之事件大要
世界史	由太古至今世界各國之興亡盛衰ノ事件大要
中國地	現勢之大要
外國地	
物理	物理之大要
化學	無機化學大要
圖學	各種繪ノ五畫
數學	代數幾何
軍事修身	
步兵操典	由單人操至一隊操

陸軍禮節	概要
内務勤務書	
陸軍刑法	
操典範	參考
射劍教範	參考
地形學	地勢 概論 地形名目
測圖學	讀地圖法
軍用公文	陸軍雜文軍事題摘要
衛科	單人ヨリ一隊操法
野操	
場操	

判別術	判摺操本演習及實演
休操	柔軟體操
彈撃	臨準演習或初打靶

保定陸軍小學堂課目表

普通學	軍事學	教練
修身	野外勤務書	場操
漢文史文 作文	軍事初階	野操
東文	軍夫操典	彈撃
德文	步兵操撃教範	休操

【右上段】

五　中國及世界歷史　　　　陸軍礼節　　　　料勞術
六　中國及世界地理　　　　冰操教範
七　物理　　　　　　　　　撃劍教範
八　化學　　　　　　　　　工作教範　　　　彈撃
九　圖學
七　繪學　　　　　　　　　測圖學初歩
土　算學　　　　　　　　　訓誡
主　代數
主　幾何
主　平面幾何
実　生理衛生

【左上段】

陸軍小學堂ハ本年来三年ノ全科程ヲ終ル年卒業生ヲ出スヲ以
テ来春之ヲ収容シテ更ニ中央幼年學校程度ノ教育ヲ為スタメ
陸軍中學堂ヲ引設スル苦ナリ
外國史ハ東支滿文ノ内共ニ修學セシム
以上揭クル處ハ湖北及九洋ノ如キ陸軍諸學校ニ在リテ軍事ノ教育及
及科目ヲ一覽スレハ的後清國ノ諸學校ノ教育ノ
受クルモノ程度如何ヲ窺ヒ知ルヲ得ヘシ而シテ清國ニ在リ
テハ自國ニ於テ通譯ヲ以テ歡授ヲ受クルヨリ寧ロ教師ノ挽外
國人ヲ十ルヲ以テ通譯ロヲ惜シテ不便アリテ且ヨク留學生ハ
先ヲ日本語ヲ覺エルニシテ而シテ他ノ學科ニ移ル月ロヲ要スト
云共夫捐日本語ヲ解スルニ至レハ同レク三ヶ年ヲ教育ノ為スモノトス

【左下段（右）】

レハ夫進步上卻テ一步ヲ長ナリト信メ而シテ共教育ノ理度及科
目ノ如キ多クハ清國ノ現況ヲ通ヒテ日本時校ノ計畫ニ就リ取
拾折衷共宜シクヲ得タルモノト信ゲ故ニ以後當校ニ於テ招
學生ヲ教育山モ亦大ニ改良刷新ヲ如ク以テ彼ノ國學ヲ此
身者ノ優秀ナル價値ヲ有スル結果ヲ得サルヲナサルヘキヲ入
依ルヲ着之將来當校ノ教育理度及科目ヲ定ムルニ就ハ
大ニ研究ヲ要スル一大問題ナリト信ス
各學堂多クハ一月ニ四欺職員會議ヲ閒クノ制アリ敢テ
之ヲ傚フモノノ非ザルモ職ヲ爭校ニ此日的ヲ以テ會議ヲ閒キ
ヲ陳通シ教育山監督上甲乙相齟齬ヲ着ヲ能ク共意思
ヲ勉メスルヘカラス故ニ此目的ヲ以テ會議ヲ閒ヰ各共
ナキヲ勉メスルヘカラス

【左下段（左）】

胸中ヲ披瀝シテ至ニ意見ヲ交換シ一定ノ方針ノ下ニ
一致協同學生ニ臨ムヲ甚タ緊要ナリト信ス

食物

食堂ハ方形ノ案ヲ排列シテ之ヲ二人用ノ櫈ヲ附シ一案六
人或ハ八人トシ其空席ヲ定ムル為メ案毎ニ姓名ヲ連書セル
ノ札ヲ掛ク
食物殊ニ副食物ハ調理撰擇ニ就テハ當校ノ統々モ多年苦
心シテ可成多數學生ノ嗜好ニ適スルコトニ焦慮シテ百口
百味ニシテ喜々其ノ献立ニ困難ナルモ亦今日ノ行特ニ材料
調理法等ニ就テ研究セント欲シ長江以上ノ人士ニ及天津行特宜
ヲ慮リ菜ヲ込ミ以テ中流以上ノ人士ニ在リテ松中ニ在リテ果シ如何
ナルモノナレバヤヤ一案トシ
六人ナレバ六碗菜八ナレバ八碗菜ヲ供シテ其献立ハ左

ノ如シ
朝飯　粥　其炊キ方甚ダ巧ニシテ粳糯二様アリ
副食物　醬豆腐、大根漬、菜漬(就テハ後段ニ述ブ)
晝飯　乾飯、米ヲ蒸シテ飯シ其製法赤飯ノ如ク(醬豆腐、漬々ニ塩)
副食物
湯(豚肉ヲ其ノ生ニ用ユ)菜、油菜、蓮根ト木耳油菜、雞肉ノジカ
芋、獣菜、溢参ニ……豚豆、鶏卵、豚菜肉以上
八菜
夕飯及副食物ハ晝ニ於ケルモノニ署同……
少量ニシテ統ノ上部ヲ蓋ヲ過ギ……大所調肉ニ、ダシナシニ肉ハ
……味ヲ付ク

ノ時菜ト云フ方通ジ多シ
古ハ長江通ト治和洋行汽船吉和号ノ食堂ト航シモ景況ナリ
下舩ニハ大阪高船ノ大吉丸ノ案ト其食物ハ吉和号ト大同小
異ナルハ一般ノ分量僅ニ多量ナルヲ減セリ
大津行招商局新濟号食卓ヲ如ス(六人ノ案)
朝飯　粥
副食物　醬豆腐、大根漬、菜漬、蠶豆ノ油揚ノ四種ニシテ時々
變化シ……生姜或ハ……卵ノ次セリ
晝食　乾飯
副食物
湯(豚肉ヲ……大根ト蓮根)豚肉ト大根、雞蒸肉
菜、油煮、サヤ豆ニ豚肉(油ニ揚ク)

學校参観ノ際ニ毎校献立ノ表ヲ一覧ヲ……皆調
製ナクシテ八人ノ金頬ノ……之ノ廚子ニ受領ハシメ毎食ノ献立
ニ炒メタルモノアリ
野菜ニ時々茄子、烏賊墨、玉葱等ト交豆用ト……美他
菜肉ヲ豚デ用ユ……戴リ……油肉ノ切ラシ雞卵ノ夫
保定師範學堂ニ住スル食料(一ヶ月多クハ六元三元六三元)
六人ニシテ一人分湯汁ト飯ノ中ナル食堂ニ逆覧セリ毎食ノ他ニ飯
及大碗ニ菜ヲ升ナシ……大根菜隼野菜ニ肉ヲ配合
シタルモノニシテ都ヲ定クス……大豆ニ……此清赤ナド米價高キ以
學生好ヲ應シ毎食饅頭ヲ供スルモアル由ナリ

要之彼等ノ常食ニ供スル食物ハ決シテ現在ノ振武學校ガ供給
シアル食物ニ優ルルニ非ズ其分量ヲ示ス多キハ其ノ數年彼等
ノ習慣トナレル日々ノ食ト比シ甚ダ多キニ過キズ優好ナ食スルモ
得ル便利アルモ二三菜ヲ供給シテ日本式ニ烹飪調理セシムルニ
如カルニ其調理ガ彼等ノ口ニ合ハズ苦シム所ヲ以テ學生
ガ學校ニ在ルノ日其最モ苦ム所トスルハ口腹ノ欲ヲ
何ヲ以テ得ンニ其法ヲ得ズ得ザル美味ヲ呈スル
ハ能ハサルベク其ノ嗜廉ナルヲ以テ喜ビテ水ヒ
ル程ハ叶ハザルベク其ノ結果ハ生ヲ得ベシ我等ヲ職責上大
ニ研究ヲ攪鑽スベキ一要件トシテ學生監督上怨誥ヲ附スベク
ラサルコトヲ屬ス

衞生

各學堂多ク一校醫ヲ置キ校内ニ診察所及休養室ヲ設
ク醫ハ漢法アリ洋法ニテ漢洋兩備ノ所アリ保定陸軍
學堂ハ兩醫ヲ置キ學生ニ巳ニ飲スルニ俟シ随意ニ受
診スルヲ得シテ漢醫ハ依リ其欲スル處
ヲ客ニ病休ト興フルハ多クハ漢醫ノ受診ヲ請ヒテ洋醫ヲ
寂寞ノ觀アリト
學堂ハ棋内ニ市街等ニ比シ空氣ハ清
澤ナリ然レドモ其寝室ハ瑛氣ノ設備不完全ナルト暖ヲ眠ル
フ習慣ト寝具ハ不潔ナルニヨリ生スル異臭ハ鼻ヲ衝ク
浴室ノ設ケアリテ日々沐浴シ得ベシ浴槽ハ大ニシテ同時ニ入浴シ

<hr/>

得べシ夫レ我國ノ風呂屋ト相似タリ又剃髪所ノ設置
アリ然レドモ衣服、洗濯ヲ爲セシムル爪ノ長キ等ノ習慣ハ未ダ脱
スルニ至ラズ

被服

各學校制服ノ定マリニ比シテ支那式ニ地質、木綿或ハ兩
方ハ土色ヲ用ヒ片方ハ黄色ヲ用ヒニ校名ノ刺繍或ハ黄銅
製ノ文字ヲ附ク帽ハ草帽ヲ用ヒ徽章、硝子玉、圓燒ノ
黄銅ニ打ヌキタルシルシヲ附ケタリ靴ハ布製ノ支那式ハ長靴ヲ用ニ

學生ノ取締

武昌及保定ノ諸學堂ハ其學堂ノ諸規則ヲ載セタル内

<hr/>

務細則ヲ云フニ規則書ニ凱域ナル採景時間ヲ許ヌ數
衍説明シ其ノ在學中諸般ニ渉リテ遵守スベキ事項ヲ知
ラシメ

湖北ニ於ケル諸學堂ハ講堂自習室寝室等ニ其ノ
規定ヲ淨書シ諸ノ額トシテ之ヲ揭示ス

學堂規則ナルモノ各校大同小異シテ其ノ項目大署如左

一　木堂宗旨
二　講堂戒儀
三　講堂規律
四　自習室規律
五　操場規律

夫　學生堂內外規矩

立　宿舍規條

古　學生應接規條

主　學生會堂規條

主　調養室規條

土　儲藏所規條

土　浴室規條

十　理髮所規條

九　盥漱所規條

八　悞息所規條

七　寢室規條

六　食堂規條

以上諸規則ハ勵行監視ニ講堂ニ在リテハ教師專ラ其責ニ
任シ其他ニ在リテハ監學專ラ實行ノ監督ヲ任ズ而シテ
此監學ハ順次校内ノ勤行規則ヲ勵行校舍ノ取締ヲ任ズ
保定陸軍學堂ハ軍事學ノ教官タルモノハ陸ニ學術科ヲ
敎授スルニ止ラス併セテ學生ノ勤行爲スヲ之ヲ日常校
内ニ宿直シテ全校ノ取締ヲ爲ス此ノ宿直官ハ日直官トシ
毎月月末ニ於テ學生ノ勤行上付評点ヲ附シ之ヲ試驗成績
ノ一部トス其審査ノ方法如左
大過ハ四点ヲ以テシ之ヲ除シ一百ノ分ノ點ヲ數ヲ定メ
點ヲ定ル而シテ小過ハ一点ヲ、藏シ一點計シテ以テ得
点ヲ定ル而シテ小過三次ヲ以テ大過一次ノ數ハ大過三次ニ正ニ

至レハ職員其會議ヲ上進擧ヲ命シ其學費ヲ追繳ス
此淨大學堂ハ大過小過ニ付一々共數ヲ列擧シタルモノヲ備フ
（男之）
其方法ハ皮相ニ觀察ニ止リ最モ緊要ナル人拾及精神上
ニ就テハ少シモ念應ヲ及ボサンガ如シ抑モ勤行審査ハ最モ難
事ナル所シハ精宻ナル觀察ニ因リ精細ナルコト多
ク殊ニ邪人ハ往々其裏面ニ向ヲ精細ナル
ル注視ス邪人ハ往々其裏面ニ向ヲ参観シ
陸講堂練兵場等敎官ヲ而肯ニ於ケル學生ノ勤作ハ一点此比
挾カルハ飾地ニモシクハ如クナリシモ寢堂ニハ窃ヲ年職ヲ貪ル

學生ノ圖章狼猥逃ケ去ルニ見タリ

張彪ト語ル

張彪曰ク貴校ノ規則敎育共ニ甚整備完全ナルヲ聞ク實
ニ佩服ニ堪ヘザルナリ敝地ニ於テモ諸學校可及的其設備
ヲ整頓シ完全ニ敎育セント欲スルモ譬ヘバ精撰ノ徽墨湖
筆ヲ與ヘ画絹ヲ展ヘ以テ揮毫セシムルモ筆者ノ手蹟拙
劣ナランカ以テ扁幅ト為スヘカラズ恰モ我國ノ學生ハ此筆
者ニ似タリ宮保ヲ始メ吾人ノ苦心經營モ到底効果ヲ收
ムル能ハサルヲ愧ツ我國學生ノ貴校ニ在ルモノヽ景況如何
ト生答ヘテ曰ク我校在學ノ貴國留學生ハ嚴肅ナル紀律
ノ下ニ監督レテ一歩モ寛假頓諒ヲ許サズ故ニ品行ノ修ヲ
ザル如キモノナク皆學業ニ精勵ス然レ𪜈其他校ニ在ルモノ
或ハ下宿屋ニ居ル若等ニハ種々好カラヌ風評ヲ聞クコト
アリト

又曰ク東京ヨリ報アリ豚兒學齡目下聯隊ニ在リ學術劣
等ノ故ヲ以テ士官學校ニ入學シ能ハズト真カ答テ曰ク真偽
審カナラザレ𪜈多分事實ニ非ザラン帰國探聞ノ上確答
スヘシ張彪又曰ク予ハ其真ナルヲ思フ何トナレバ豚兒昨夏
帰國シテ家ニ在リ予偶々腰痛ニ苦ミ日本軍醫ヲ聘シテ
診視ヲ請ヒ兒ヲシテ通譯ニ當ラシム然ルニ一句ノ談話ヲモ
通譯シ能ハズ依テ兒ニ咨問セシニ曰ク振武學校ニ在リテ普
通ノ語ヲ學ビタルモ醫者ノ通譯ニ關スル談話ハ學ハザリシ
ト然レ𪜈此骨ガ痛イト云フ痛イ位ノ語ハ普通ノ談話ニモアレハ
之レ全ク兒ガ不勉強ナル結果ナラントト想像セシニ今此報ヲ
得タレバ其虚報ニアラサルヲ信ス若シ果シテ信ナラバ福島閣下
ニ懇請シテ能フベクンバ再ヒ振武學校ニ入學セシメ士官學校
ノ科程ヲ踏マシムルコトニ尽力アリタシト嘆聲ヲ發スル稍久
シ生ハ張彪ノ此語ヲ聞キ衷心大ニ慚愧ニ堪ヘズ何トナレハ張
學齡ハ既ニ昨年六月末卒業證書ヲ與ヘタルモノナレバナリ
為メニ辯シテ曰ク十八ケ月ノ短日月ニ於テ先ツ日本語ヲ學ビ其
他ノ諸學課皆日本語ヲ以テ敎授スルモノナレバ如何ニ天
稟ノ高キモノト雖𪜈到底十分ニ會得シ能ハザルハ理ノ當然
ニシテ聯隊及士官學校ヲ經過シテ漸々語學モ進歩スル
ナリ故ニ最良ノ策ハ振武學校修業年限ヲ長クスルニ
在リト

又曰ク貴校ニ於テ嚴制ヲ立テ學生ニハ總テ日本語ヲ用ヒシメ
清語ヲ用ユルモノヲ制裁スレバ日本語ノ進歩ニ幾分ノ利益
アラント答ヘテ曰ク素此方針ナレ𪜈實行シ得ベカラザルコトニ
屬スト

上海ヨリ天津ノ船中ニテ華承謨ナル福建人ニ會フ氏ハ我國
士官學校ヲ卒業シタル華承德ノ實兄ニシテ現ニ廣東徐縣
ノ知縣ナリト云フ弟ハ目下福州參謀所參謀タル由ニテ弟ヨリ
聞キ得タリトテ盛ニ我國敎育ノ善美完全ナルヲ称揚セ
リ

卒業生藍、劉二氏ト語ル

日下張駮ノ参謀長タル藍天蔚曰ク一年半短日月ヨリハ
振武學校ノ課程ニ興國ノ學堂ニ於テ敎授スルモ十
分ニ會得セシムルコ能ハザルヲ以テ我國ヘ學生ノ普通學
付ハ何等ノ素養ナシ況ンヤ先ニ日本語ヲ學ビ然ル後
諸學科ノ敎授ヲ受ク而シテ其言語明瞭ナル人ト
明瞭ナラザル人トアリテ其説明聞キ取リ難キ場合多カリ
シト

劉邦驥四ヶ學校ニ在ルノ日鐵砲三角化學等一應敎授
ク受ケタルモ肯ヘテ無耶無耶ニシテ今ニ至リテ一向得ル処ナレヲ又日
本ノ書物ハ筆ニ取リテハ良師友ナルモ殊ニ難解ナルニ
ヲ了解スル能ハザル点多ク軍事書物ニ

苦ムト

在清本邦人ノ語說
陸軍ノ諸學堂ニ在ラバ士官學校ノ課程ヲ修メテ歸國シタル
者ノ敎練官シ丑軍事諸學科ノ通譯富メシ散練上
ヲ設クルヲ以テ不充全ナラザル的使用ヲ得ントシ散練上
ニ在リテ日本語ノ不十分ナルヲ為メ誤譯多ク且散授ニ
譯ヲ至リテ日本語ノ不十分ナル為メ誤譯多ク且散授ニ
要上各敎官ノ先敎案ヲ作リ之ガ方法ヲ取リテ此敎案
劇ニ附シ敎官ハ配興ヲ以テ此敎案ニ依リ此敎案ヲ印
譯サルルニ元來漢文ノ素養乏シキ敎官ハ更ニ訂正ヲ力
喜タ幼稚ナル為メ彼等漢文ノ素養乏シキヲ辭スルノ力
加ヘサレバ學生ニ施布スルコ能ハ甚多ノ辭スルノ
寧却ニ諸種ノ煩累ヲ感シテ原日本ノ敎育ヲ受ケタル

モノナレバ之ヲ推作スルニ自ラ海外ノ業ニ焔ルノ憂ナルレバ之
レ敎育シツツ且バ使用スルナリ然レヒ彼等傲慢ナ時トシ却
テ此敎育ヲ喜バザルコトアリ将來ノ卒業歸國後老
朽武官ノ淘汰シテ直ニ採用スルヲ得ルニ至ラサル限リ
ハ今暫ノ時期ニ學校附敎官ヲ通譯ニ用ユルコト多カラ
ン依之ヲ観之ニ日本文ト我國ハ學校ニ於テ國文ヲ敎授
スルト同方針ヲ以テ振武學校ヲ卒業セシ彼等ヲ認ム純然
タル軍事敎育ヲ施ス為メ瞭隊及士官學校ニ入ルモノナレバ
漢文ノ辭釋ヲ以テ根本ノ敎育ヲ彼等ニ認タル漢字
其ノ軍事敎育ニ就テ四ヶ年卒業セシハ純然
學校ニ於テハ各個敎練ヲ綿密周到ニ敎育スルヲ通富ト

思惟ス然レトモ支那人ノ教育ハ幾分日本人ノ教育ト其ノ軌ヲ一
ニスル能ハサル關係アリ殊ニ帰國後直接ニ兵不教育ノ富
ルニ非ズ何事モ深ク研究ヲ嫌ヒ卒外而ヲ窺ヒテ以テ
足レリトスル性質アリ三ヶ年間各種ノ教練ヲ為ス
ルノ俊等ヲ以テシテ倭厭ノ念ヲ起サシメ　モノレノ練習セシメ
ハ俊等ヲシテ草簡ナル下級幹部ノ動作ヲ以テ學校ノ栄トナ
連絡法ヲ立ツ草簡ナル下級幹部ノ動作ヲ以テ學校ノ栄ニ教
育スルノ時實法トセン
外國語ヲ學ビタル經驗上至短ノ時期即半年近ヲ以テ日本語
ノミヲ教授シテ他ノ學科ヲ移ルヲ方針ヲ為
執レモ良ト大語學ノ最初或ハ程度マデハ足ノ進歩ヲ為
トモ共ノ後ノ進步ハ遲々タルモノナリ故ニ此時期ハ他ノ學
ビテ

科ヲ始ムヘシ稍教師ノ講話ヲ解シ得ル力ヲ以テ挺ヲ其
敏捷ヲ學科ノ意味ヲ解シ得ル此語學ノ始ヨリ同時ニ
日本語ヲ以テノ他ノ學科ヲ親ク教入ルヽト同時ニ勞
シタルカラヲ的此理由ヨリ諸學科ヲ配當シ學ノ進歩
ニ件ヒ易ヲ難ニ繁ニ進ム方針ヲ以テス此留學生
教育上大ニ攷究スヘキ問題ナリ
士官學校ヲ充ルヘキ成績方等ヲ為ス修業證ヲ與ヘ然ルモ
帰國後同等ノ待遇ヲ受クヘカラアリ此三ヶ年中ニハ獨留學
生モ佛ヘ留學生モ共ニ來留學モ帰來テ合共此利ニ處ヲ
實行スルノ期ニ至リ其價値賞格ニ就キ優芳ノ此利ヲ起ス
ヘケレバ實力ナキ學生ハ断然淘汰ニ加ヘ一時ノ便宜ヲ以テ

近來留學生ノ帰國後空ニ日本ノ排謗シ日本人ニ計營
ヲ娼喜ヲ加ヘルモノヲ毎次多數ナルモノ因リ年則ニ日本人
ガ留學生ニ對スル甚ダ不親切ナルノ諸學校ニ始メ下宿屋
ヨリ小賣店ニ至ルマデ金取引シ甚シキ留學生ヲ見
レバ惡シ價ヲ要シテ金銭ノ小此ニ常ニ彼等ノ
心ヲ痛クリ尊シ深ノ脇中ニ刺シレレ結果リ支那ノ
一部ノ地方ニ在リテハ娘今ニ進學ヲ學校ニ設立モ多
クナリタルヲ以後ハ本國ニ於テ普通學ヲ修ヲシグルモ交
ハ官費留學セシメサルコトニ舉ゲ部ヨリ各省督撫ニ訓令セ
リ改良スルニ非サレハ他日國ラナル不利ヲ國家ニ來スコトア
ラン

隣恟的ノ兩直ハ断シテ避クル望ム
今此地方ニ於クル學校ノ經營及教育ヨリ觀察シテ態ヲ
日本ノ留學スルノ菜ノ得ス得ヘケレバ日目ヲ招騰セ
シ居ル各學校ノ日本教師ノ爾有數ノ俊才ヲ鴣ヘタル學
士モ熟練スルノ高等師範此身ヨリ各専門學ニ就キ新智識
ヲ有セル専門ニ出ヨリ手揃ナル近來留學生ヲ富心頻
リニ設立スル日本ノ私立學校ニ優ル數等加フルヲ父母監
督ヲ下シ少年費用只々ノ修業ヲ得ハノ便益アリ之情
況ヲレシテ目下支那留學生ニ對シツヽアル方針ヲ根底ヲリ
改良スルニ非サレハ他日國ラナル不利ヲ國家ニ來スコトア
ラン

雜件

目下形勢競フ學校設立ヲ企ツル内ハ其經費ノ出遠ヨリ困憊ニ陥リ各々設立ヲ表面ニ如何ニモ日進月歩ナル景況ヲ呈スルモ其内實ニ於テハ私ニ此ヲ觀察スレバ空理空文ノ流行シ實權ヲ握ルモノナシ

裏面ニ觀察スルニハ種々ノ點ニ於テ其ノ實ヲ知府知縣等其ノ覺醒ヲ缼ク遺憾外ニ此ヲ關ク學校ノ開設ハ目下ノ流行アリ知府知縣等其

已ニ管内ニ於テ一二ヲ擧ゲタルヲ學校ノ開設ニハ史トシテ上官ノ御覽ヲ目ニスル度榮譽或ハ陞任ノ榮ヲ得ルニハ一擧兩得ト同時ニ裏面ニハ

八其ノ學校設立ノ數位ノ殖ヲスルニ一擧シ出ツルモノ多ク其ノ教育ノ必要ヲ感ズルコトハ殆ド無シ又ハ出ツルモノヲ多ク奧ノ教育ヲ必要ヲ感ズルニハ鞠躬計萬スルモノノ非ズ

英大學トヲ中學小學トヲ幾位ヲ同時ニ劉設シタルモノハ史ルシ中學中學ト云フ大學、嘆庠ニ賤ノ階級ヲ姓タルモノノ非ズ故

二漢學ヲ除クノ外學科ノ程度ニ大差ナク殆ント年齡ノ大中小ヲ區別シタルニ過キサルナリ唯獨リ嚴修氏ノ私立天津府一中學壹ヲ嘆庠ヲ以來創立ニシテ三年中學小學女子師範ノ三部ヲ別ケ初メ各一學級ノ募集シテ之ヲ教育ス

驗レタル上商俊每年一學級ノ增シヲ圖リ目下各三學年ニシテ又女子師範生八本年初回ノ卒業生ヲ出セシガ故ニ一學年切ニ範圍ノ閉設シテ此ノ卒業生ヲ教習ニ充ツル計畫ナリト云フ

湖北及北洋、爾テ南方ニ其實ヲ見ルニ所ノ新事業ノ實行ノ景況ヲ比較セシニ北京ハ南方ニ於テハ程度ノ差ニ確實ナルモク如シ今ヤ査ニ就テ其一例ヲ擧クルハ武昌ノ巡査署所ニ

卒業生ノ就職ノ景況

浙江營官	徐方諫	標統	鈕永枚
蘇元処營官	盧鈴逵	標統	韓汝聰
葡程王億良	劉慶雲	文	吳錫永
	葉振彖		軍啓永
標統	吳昭瑞	陳共來	蔣匯行
標統	許孫英	章遠駿	陸錦
標統	杜淮川	蕭廷遠	陶燈莘
湖北營所守年	張顕仁		
廣東水師提督	吳元澤	吳茂澤	
基本衣部所	顔戟	吳祖蔭	張鳴遠
營官	葡先勝	唐在檀	

曩香巡査ノ上衣ヲ脱レ裸休ヲ交番所ニ横臥シ其立番者モ亦タルヲ待テ立チタラ日傘ヲ入リ扇ヲ使ヒナガラ腰掛ル者ノ如キ實ニ不紀律ナルモノナレドモ天津保定等ニ比スレバ嚴然タル態度ヲ以テ停立警戒或ハ市街ヲ巡查ハ藏ク純然タル支那街ナル天津殊ニ保定ハ北清ノ圓匹ノ變乱ニ

ラレテ全ク別世界ノ觀ナリヲ惟フニ此擔グヲ各省國軍ノ占領スル處トナリ最拾ハ軍政ノ下統治さレテ彼等兵ヲ好模範ノ得難キ好模範ヲ彼等兵與ヘ大ニ彼等ノ腦獎ヲ刺擊シタル結果ナラント力

以上第二三期ノ三四年七二名ヲ舉グ其ノ他ニ歸國セシ百五六名
ノ往地ニ住所ノ名ヲ称ヘ我邦ニ對シレバ標絞、喋隊長、惰統ノ珍圍
ナリ
袁中ノ名称ヲ称ハ對隊長、營官ハ大隊長、敦練官ハ大隊長ト同資格ナリ
長營官ハ營帶ハ大隊長 敦練官ハ大隊長ト同資格ナリ

欽練官　陳 蔚　敦練官　韓國錠
欽練官　標樹林　敦練官　陳 蔚
　　　田同豊　敦練官　毛繼成
欽練官　楊壽經　　　崔恩承
　　　王塔漢　　　四百年

營官　舒清阿　標統　丁鴻庥
師團參謀長　藍天蔚　練兵處監使　方端五
標兵處監使　馮訒光　標統　柯銘
營官　蕭同桂　標統　陳銘
營官　慮龍翔　兵備處督　祁文豹
湖北參謀　熊光明　標統　黃璥
招軍參謀　張景良　侍講教習　劉景裕
湖北參謀　沈尚源　侍講教習　黃璥
　　　華承修　北洋總辦　蔣作賓
敦政参謀　蔣景勝　長練處督　洪武祺
敦正佐　羅澤暐　標統　陳慮修
　　　岳開光　探統　吳晉
營官　王先照　陸軍步兵中尉　吳青

參考ノ為メ其ノ一部ヲ究メ請フニ便ヘ歸リシニ如左
一、湖北陸軍小學堂試辦章程　　　　　壹冊
二、　　　　　　　規像　　　　　　　壹冊
三、審定分數細則　　　　　　　　　　壹冊
四、文普通中學堂章程　　　　　　　　壹葉
五、方言學堂章程　　　　　　　　　　壹冊
六、　　　　　　　　日給　　　　　　壹冊
七、　　　　軍事雜誌　　　　　　　　壹冊
八、師範學堂規則 附時限長 一 經表　壹冊
九、大學堂規則　　　　　　　　　　　壹冊
十、天津初級師範學堂試辦簡章　　　　壹冊

十一、天津私立敬業中學堂章程　　　　壹冊
十二、保定武備速成學堂課程表　　　　貳冊
十三、　　　　　　　憲規　　　　　　壹冊
十四、陸軍學堂現在人員表　　　　　　壹葉
十五、　　　　　課程表　　　　　　　四
　　　　　　　平面圖　　　　　　　　壹葉
十六、軍制學　　　　　　　　　　　　壹冊
十七、保定陸軍營制餉章　　　　　　　壹冊
十八、軍餉　　　　　　　　　　　　　壹冊
十九、　　　　　　　　　　　　　　　壹冊
　口令定義　　　　　　　　　　　　　壹冊
　北洋武學書價目表　　　　　　　　　壹葉

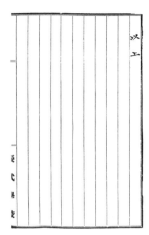

貳、振武學校相關史料

一、振武學校沿革

振武學校一覽（1905）

日本防衛廳防衛研究所圖書館藏

振武學校一覽

明治三十八年十二月底調查

第一　沿革大略

　　本校設立於明治三十六年八月，是專為擬就讀於陸軍士官學校及戶山學校之清廷留學生而設置的士官學前教育訓練機構，其起源於明治三十一年六月，一開始先招收清國浙江省的四名公費留學生，當時暫時住宿於牛込區藥王寺前町第七十四號地藤城寓所。之後，以陸軍省地處河田町的附屬房子充當寄住宿舍，課程教育則委託成城學校負責。而現任學生監理委員長的陸軍少將福島安正，就是從開創時期就延聘至今的負責人。

　　明治三十六年八月起，不再委託成城學校承辦教學業務，而決定成立振武學校，改由監理委員長直接管轄教學與訓育事務，並任命陸軍後備步兵中佐木村宣明擔任學生監。學校的學習期限最初規定至少在十五個月以上，但從明治三十八年七月起改為十八個月以上。

　　創立之初學生不過六十九名，其後逐年增加。特別是明治三十七年以後，人數頓時大增。同年十二月底達到三百五十名，明治三十八年底增為三百八十二名。

學生原本公費、自費各半，但公費生的人數卻有逐漸增加的趨勢。尤其是明治三十七年十月以後，練兵處每年皆派百名學生入學，因此，公費生的人數直線上升。而畢業生方面，明治三十三年有三十九名，明治三十四年有二十二名，明治三十五年有七名，明治三十六年有八十九名，明治三十七年有四十九名，明治三十八年有一百二十一名。因此，本校的畢業生從創校之後到明治三十八年合計共三百二十七名。

創校初期，校舍仍以牛込區市谷河田町第三十三號的陸軍省附屬房子充用，但因學生增加而顯得狹窄，為此，明治三十七年十月到明治三十八年六月借用陸軍經理學校的一棟房屋，同年六月新建學生宿舍一棟，並添置廚房、餐廳等設備，同年十二月又新建二層樓及一層平房教室各一棟。

委員長一直由陸軍少將福島安正擔任，陸軍中佐小池安之及小山秋作兩人則為主要委員，總攬校務。但明治三十七年七月，委員長以及其他委員皆因日俄戰爭相繼出征，因此，委員長的事務便由陸軍大佐鑄方德藏代理，陸軍中佐堀內文次郎、一等主計德田保太郎則出任委員，負責校務。到了明治三十八年一月，由於鑄方大佐出征，委員長的事務便由陸軍大佐岡市之助代理。但同年二月岡市大佐亦出征，因此，委員長的事務再由堀內中佐委員代理，與德田主計委員共同負責本校的事務。又同年十一月中旬，小池中佐自戰地歸回，仍如前擔任委員的事務。

明治三十七年三月二十五日，清國皇族溥倫貝勒殿

下特別蒞臨，校閱學生練兵以及各學科的授課情形。

　　明治三十八年十二月，其他學校的留學生因文部省的新規章頒布一事而發動聯合罷課，但本校的學生卻毅然卓立於此風潮之外，不忘學術的本業。這是因為他們對身為清廷陸軍未來主幹之責任有深切的體認，因而能恪遵軍人之本分。

第二　學校的規章

　　學生入學時需熟讀本校規章，並起誓嚴格遵守：

一、軍人當專心學術，不得惑於世論，干涉政事。

二、軍人以服從為主，各當恪守紀律以昭嚴謹。

三、軍人以戰爭為業務，然不習勞苦則他日行軍必難勝任，故必以耐勞忍苦為要。

四、軍人最宜威重，故在校時即當正衣冠、講威重，一切怠慢之習均宜力去以昭尊重。

五、本校學科為軍事學之基礎，無論何科皆須注意，不得自由選擇任意輕重。

六、同校皆一國之人自應溫和懇篤，互相規勸，庶不乖於同學之道。

七、對將校教官職員無論學校內外，即當行敬禮。

第三　學校的目的及教育的概況

　　本校顧及軍事上之必要，教授普通學科，並兼及施以軍人該有之預備教育，以養成合乎士官候選生的資格為目的。

　　普通學科由本校教員教授，術科則由士官學校在本校兼任之附隊實習下士及本校訓育人員教授之。

　　學生全部住校，需遵從學監指揮，由訓育人員訓育

之，以期養成軍人精神，熟習紀律，他日能成為有為高尚的軍人。

學生於各班設置正副班長，為表彰其名譽而頒與徽章。

學生宿舍分為寢室及自修室，寢具及各種器具全部從軍中借調，與軍隊一樣。至於衣服及課業所需之圖書器具、器材等一律由學校提供，且其洗濯、修補費用等也由學校經費中統籌開支。

學生的零用金由學校保管，星期六下課後則進行宿舍及服裝等檢查。

每日課業為七小時，星期三及星期六兩天則是六小時，外出僅限於星期三下課後及星期天。

第四　修業期限及學術課程

學生的修業期限以至少十八個月為原則，雖然入學的時間不一，不過畢業的日期須與每年三月或六月的聯隊入營相配合。為此，學生的修業期限也因入學的時間不一而異，若依往例推算，即為十八個月至二十二個月之間。

本校的學生為清廷的陸軍學生，其修業期限若僅十八個月，則教學用的教科書就不能採用普通學校所使用者。因此，明治三十七年便編纂語言課本，明治三十八年再編纂了地理、歷史課程及日語會話課程教材，又數學、化學、文法之教材現正編輯中，其他的教科書也漸次在編輯。

下面刊載的是課程表及各班學生修業期限一覽表。
〔原件即無〕

第五　教學用具

　　學校創立之際僅設有物理、化學、生理、體操等用具，明治三十七年時再裝設單槓、雙槓、擱板、跳繩等體操用具，以及顯微鏡與語文教學用的各種標本、地理、歷史用的地圖等；明治三十八年時又裝設平衡台、跳箱、木槍及軍刀用具、三十年式步兵槍及槍架、氣壓計、地球儀、岩石標本、地形模型、地圖、理化器械等設備。

第六　休假、休假期間的授課及行軍座談會

　　本校的年中休假日為星期日、國家慶典、清廷萬壽節、陰曆初一及暑假（八月中旬）、寒假（十二月二十八日至翌年一月四日），暑假期間並非全然停課，帶學生到海邊習泳或予以學業輔導是常例。

　　行軍或旅行大約每月舉行一次，以健行或見習為主。又每月或隔月會舉行一次座談會。

第七　考試

　　成績分平時考、月考、學期考三種。計分是以一百分為滿分。總分六十分以上，且各科目成績在五十分以上者為合格。其細則如下。

考試細則

第一條　　教員在授課期間應盡可能地注意學生的表現而給予評分，稱之為平時測驗。

第二條　　在上一個月的測驗後至當月的測驗日期間，就所學習的科目施以考試稱為月考，大約是從每月的二十一日開始。

第三條　平時成績是以平時表現與月考成績加以平均計算。

第四條　月考的日期應由任教的教員適時定之。

第五條　作文及繪圖不須月考，而以平時的成績作為月考的成績。

第六條　學期考是測驗該學期的研習成果，於各學期末進行。測驗的日程由首席教師決定，大約在一個月前公佈。

第七條　學期考的試題部分，典令及術科由學監審查，普通學科則由首席教師審查合適與否。

第八條　學期考的成績跟月考的成績合計再予平均，作為認定該學期的成績及格與否。

第九條　最後一學期的成績與從前各學期的成績合計平均，依此作為畢業的認定。

第十條　月考缺考者按平時表現可給予六十分以下的分數，但不想給分時，應准予補考。

第十一條　學期考時若全部科目或某科目缺考，要進行補考。

第十二條　各科目的評分以一百為滿分，而總平均分數六十，各科目分數五十以上者為及格，但如只有一科目不滿五十分時，得參照平時成績特別給予及格。

第八　衛生

本校於學生入學時進行體格檢查，體格虛弱及罹患一般慢性或傳染病者不許入學，只有體格檢查合格者才准許入學。入學後若患病，則由醫護人員診療。輕者於

休養室修養，重者則入陸軍附屬醫院，或依本人願望進入被認定與軍醫院相當之其他醫院。又暑假期間要進行大掃除，尤其要驅除床鋪等寢室設備的臭蟲。以下是明治三十八年時學生的患病表。

明治三十八年一至十二月病患類別表

病類別	舊患		新患		合計	痊癒		死亡		事故		後遺症		治療日數	
	校	病	校	病		校	病	校	病	校	病	校	病	校	病
全身病	—	—	126	5	131	126	1	—	1	—	3	—	—	1,321	71
神經系統病	—	—	64	—	64	64	—	—	—	—	—	—	—	870	—
呼吸器官病	—	—	56	1	57	54	—	—	—	—	2	1	—	842	21
循環器官病	—	—	9	4	13	9	3	—	—	—	1	—	—	219	89
消化器官病	—	—	59	4	63	58	4	—	—	—	—	1	—	640	42
泌尿及生殖器官病	—	—	1	4	5	1	3	—	—	—	—	1	—	46	111
花柳病	—	—	—	4	4	—	4	—	—	—	—	—	—	—	162
眼疾	—	—	6	2	8	6	2	—	—	—	—	—	—	92	24
耳疾	—	—	6	—	6	6	—	—	—	—	—	—	—	80	—
外部疾病	—	—	14	—	14	14	—	—	—	—	—	—	—	182	—
運動器官病	—	—	6	3	9	6	3	—	—	—	—	—	—	207	145
外傷及意外	—	—	49	—	49	49	—	—	—	—	—	—	—	479	—
合計	—	—	396	27	423	393	20	—	1	—	6	3	—	4,978	665
	—		423			413		1		6		3		5,643	

備考

表中「校」是指在校內治療，「病」則是指在陸軍附屬醫院治療者。

第九　植樹及販賣處

　　本校校地原本欠缺草木，沒有景緻可言。明治三十六年十月因委員長以及教職員、學生的捐贈，遂有第一

次的植樹。明治三十七年五月委員以及教職員的再次捐
贈，而有第二次的植樹。同年十月又因教職員、學生的
捐贈，得以進行第三次的植樹。此外，明治三十八年四
月又設置花園數處。

　　販賣處原本位於本校倉庫一角，但因空間狹隘，明
治三十七年間另新建一室專作販賣。所販售的物品事前
皆由訓育人員及醫護人員檢查，且其售價低於市價。

第十　教職員會議

　　教職員全體會議於每月第一個星期三的下課後召
開，而其他教學上的相關會議則於第二、第三個星期三
的下課後權宜舉行。

第十一　委員長及委員

　　明治三十八年十二月底現任委員長及委員如左：

委員長　陸軍少將　　　　福島安正
委員　　陸軍步兵中佐　　堀內文次郎
　　　　陸軍步兵中佐　　小池安之
　　　　陸軍三等正會計　德田保太郎
副委員　陸軍教授　　　　木野村政德
　　　　退役陸軍一等會計　矢島隆教

第十二　教職員

　　明治三十八年十二月底現任的教職員如下：
學生監

　　明治三十六年七月十三日就職

　　　　陸軍步兵大佐正五位勳三等　木村宣明

職員

就職年月日	從前官職等	職務	姓名
三十八年一月二十八日	退役陸軍步兵中尉 從七位勳五等	訓育	長屋鑄三郎
三十五年七月三十日	參謀本部附屬	訓育 兼 會計	野村岩藏
三十六年九月十五日	參謀本部附屬勳七等	訓育	大川淺二郎
三十七年六月十一日	參謀本部附屬勳八等	訓育	鍋田猛彥
三十七年七月二十四日	中學舍監勳八等	訓育	青山政雄
三十七年三月七日	退役陸軍一等會計 從六位勳五等	會計	矢島隆教
三十七年十一月二十六日	陸軍屬正八位勳七等	會計	井出藤作
三十七年十二月二十日	醫學士	醫員	川地三郎
三十七年三月二十三日	陸軍雇員勳八等	醫員 助手	磯部清吉

教員

就職年月日	從前官職等	教授科目	姓名
三十七年二月二十六日	師範學校長從七位	地文	（教務長） 木下邦昌
三十七年九月五日	國語學校教授正七位	語文	橋本武
三十八年九月三日	師範學校長從六位	化學 算數	安藤喜一郎
三十六年七月二十九日	高等工業學校畢業	物理	鈴木重義
三十八年十二月四日	陸軍中央幼年學校教員	數學	金澤卯一
三十六年九月一日	學習院教授正八位	同	藤森溫和
三十七年四月十二日	中學教師	語文 歷史	植木直一郎
三十六年十月二日	師範學校教師	數學	高木次郎
三十七年十月十六日	師範學校教授正七位	語文 歷史 算數	張間多聞
三十六年七月二十九日	國學院畢業	語文 算數	高柳彌三郎
三十八年三月十八日	女子高等師範學校教師	數學	渡邊政吉
三十八年九月十九日	臺灣總督府學務課員	語文 歷史	杉山文悟
三十六年九月一日	陸軍助教勳八等	圖畫	御園繁
三十七年十一月六日	師範學校教師	語文 算數	岸田蒔夫

就職年月日	從前官職等	教授科目	姓名
三十七年六月一日	師範學校教師	生理衛生	本多厚二
三十八年一月二十四日	陸軍步兵曹長	術科	久納汪
三十七年十月二十二日	陸軍步兵曹長	術科	前川清一
三十八年一月十一日	陸軍步兵曹長	術科	綿引倉吉
三十八年九月五日	陸軍步兵曹長	術科	高月光丸
三十八年三月七日	陸軍砲兵軍曹	術科	鹽田幸吉
三十八年五月十日	陸軍步兵軍曹	術科	佐藤力
三十八年一月十四日	陸軍步兵軍曹	術科	津志田惠吉
三十八年五月十七日	陸軍步兵軍曹	術科	明田佐太郎

第十三　創校以來的委員及校員

代理委員長

明治三十七年七月至明治三十八年一月

陸軍砲兵大佐　鑄方德藏

明治三十八年一月至明治三十八年二月

陸軍少將　　　岡市之助

明治三十八年二月至明治三十八年十二月

陸軍步兵中佐　堀內文次郎

委員

陸軍砲兵大佐　　青木宣純

陸軍步兵大佐　　由比光衛

陸軍步兵中佐　　藤井幸槌

陸軍步兵中佐　　小山秋作

陸軍步兵少佐　　田中新助

陸軍一等會計　　佐藤業富

陸軍步兵中佐　　五十君弘太郎

陸軍三等正會計　志賀克己

陸軍一等正軍醫　　高橋茂

陸軍三等正軍醫　　鈴木義盛

陸軍步兵少佐　　　岡田重久

陸軍砲兵少佐　　　東乙彥

附屬委員

陸軍編輯書記　　　平岩道知

陸軍編輯書記　　　末吉保馬

陸軍三等正會計　　堤永類

學校職員

三十五年五月十九日至 三十七年六月八日	訓育	佐藤喜平治
三十六年五月十二日至 三十六年七月八日	醫師	佐藤恆丸
三十六年一月七日至 三十七年二月七日	訓育	木下健太
三十六年八月十一日至 三十六年九月十四日	訓育	武井三平
三十六年八月三日至 三十七年七月十四日	會計助理	太田春秀
三十六年八月三日至 三十六年九月十七日	教員	坂部林三郎
三十六年九月十四日至 三十七年六月十三日	書記	內田清作
三十六年九月十一日至 三十六年九月二十一日	教員	大塚幸平
三十六年九月二日至 三十七年十二月三十一日	教員	田中十三三
三十六年九月二日至 三十六年十二月二十五日	教員	愛甲平一郎
三十六年十月一日至 三十七年三月二日	教員	江口辰太郎
三十六年七月四日至 三十七年三月七日	會計	堤永類
三十六年七月八日至 三十七年十二月二十日	醫員	下瀨謙太郎

三十七年五月十八日至 三十七年七月十二日	訓育	上原梅三郎
三十七年三月一日至 三十七年六月一日	教員	安東伊三次郎
三十七年十一月二十六日至 三十八年一月二十一日	會計助理	袖山恆太郎
三十七年七月十四日至 三十八年一月二十七日	會計兼訓育	吉田正吉
三十七年十二月二日至 三十八年九月十六日	教員	森下松衛
三十七年一月三十一日至 三十八年九月八日	教員	川田鐵彌
三十六年七月二十九日至 三十八年九月八日	教員	舟岡獻治

第十四　現在的學生

　　從前本校的修業年限為十五個月以上，現在則延長
修業年限，改為十八個月以上。因此，相信現在學生的
成績會比起從前的學生還好。

第五班　四十四名

湖北官	熊克家	直隸官	盧　煥	湖南私	朱　熙
湖南官	童錫梁	湖南官	胡學伸	湖南私	楊寶泰
湖南官	李澤遠	湖北官	吳士謙	湖南私	周敦五
湖南官	梅焯敏	湖北官	趙恒懸	浙江官	孫紹基
直隸官	王　璇	四川官	林茂森	雲南官	羅佩金
湖南官	胥大誠	湖北官	長　青	福建官	金榮藩
湖北官	萬德尊	湖北官	俞蕃植	江蘇官	李顯謨
湖北官	余範傳	湖北官	李　蕃	廣東官	蕭祖康
湖南私	梅　馨	湖北官	高聲震	廣東官	譚榮彪
湖南官	陳　強	廣東官	鐘鼎基	湖北官	朱綏光
湖南私	黎書辰	廣東官	秦　覺	廣東官	李孔嘉
江西官	郭　延	江蘇官	彭　琦	廣東官	馮　衡
雲南官	孫桂馨	廣東官	趙士塊	廣東官	藍任大
湖南練派	尹扶一	湖北官	陳時彥	湖南官	樊誠亮
浙江私	沈嘉績	廣東官	李孔昭		

第六班　四十五名

湖北官	林鳳游	湖北官	江　雋	湖北官	程子楷
湖北官	陳　晉	山西官	溫壽泉	山西官	張呈祥
湖北官	張　耀	山西官	李偉旆	安徽官	孫方瑜
湖北官	左全忠	安徽官	孫　棨	安徽官	劉屏周
湖北官	戴修鱄	安徽官	李德瑚	廣東官	王肇基
湖北官	葉佩薰	廣東官	孔昭度	湖北官	徐家瑢
湖北官	吳劍學	湖北官	吳炳元	山西官	顧祥麟
湖北官	劉器鈞	湖北官	張華輔	山西官	王寶善
湖北官	王昌學	山西官	金鳳巢	山西官	焦　滇
山西官	郭廷康	山西官	武滋榮	山西官	馬開崧
山西官	焦純禮	山西官	黃國㴑	山西官	田國琛
山西官	李大魁	山西官	閻錫山	山西官	吳長齡
山西官	喬　照	山西官	張肯構	山西官	張　瑜
安徽官	胡萬泰	廣東官	莫擎宇	廣東官	余英華
廣東官	官其彬	廣東官	黃榮緻	湖南官	仇式匡

第七班　四十四名

山東練	劉虎臣	江蘇練	胡　棠	廣東練	黃承恩
四川練	尹昌儀	福建練	蕭奇斌	北京練	文　貴
福建練	沈覯恩	安徽練	葛光廷	湖南練	程　潛
浙江練	朱啟舜	廣東練	楊志澄	福建練	林仲墉
四川練	紹　祺	福建練	林文瑛	奉天練	韓麟春
福建練	窩什圖	江蘇練	楊邦藩	四川練	周　駿
湖南練	李　鐸	四川練	楊廷溥	安徽練	馬　林
廣東練	覃鎏欽	廣東練	世　銘	四川練	丁慕韓
廣東練	陳元泳	廣東練	謝　昭	湖北官	張家鳳
湖北官	梅光義	湖北官	劉宗紀	安徽練	張國威
湖南官	史乘直	江蘇官	孫　元	湖北練	張國威
廣東官	蘇渙圖	廣東官	車駕龍	雲南官	李鐘本
江蘇官	吳藻華	廣東官	張榮光	廣東官	陳宏蕚
廣東練	張天驥	江蘇官	傅　鑫	廣東官	梁廣謙
浙江練	厲爾康	安徽練	丁緒餘	江蘇官	黃金桂

第八班　四十八名

山東練	張濟元	安徽練	劉國棟	山西練	張維清
湖北練	榮　宣	直隸練	劉汝贊	直隸練	王鑑珍
直隸練	鄭長垣	安徽練	吳建忠	直隸練	盧香亭
直隸練	周宗祥	江蘇練	阮恩蘄	江西練	歐陽武
直隸練	馮家俊	山東練	王慶升	浙江練	陳其蔚
直隸練	韓世璜	直隸練	劉乃勳	直隸練	華世中
直隸練	孫國英	直隸練	李煥章	安徽官	張登瀛
湖北練	成炳榮	山東練	玉　振	安徽官	王化崇
山東練	邱丕振	直隸練	周素民	江蘇官	蒲　鑑
河南練	曾昭文	北京練	吉　賓	江蘇官	恩　浩
四川練	劉存厚	安徽練	王天培	廣東官	許烈壇
山東練	孫傳芳	山西練	景　斌	江蘇官	恩　錫
北京練	禧　光	直隸練	楊文愷	湖北官	彭道成
山東練	梁心田	山西練	姚以价	江西官	劉　成
湖北練	陳　模	湖北練	王兆翔	直隸官	張厚德
四川練	邱志龍	直隸練	戈寶琛		

第九班　四十四名

河南練	何其慎	北京練	綏　生	雲南官	何國鈞
安徽練	王　賡	滿洲練	榮　文	江蘇官	坤　剛
北京練	印　榮	四川練	桂　枝	江蘇官	興　宗
安徽官	李乾璜	河南練	韓鳳樓	直隸練	周蔭人
浙江練	秉　鉞	四川官	羅　煒	江西練	余鶴松
湖北練	楊尚志	河南練	盧步雲	安徽練	段光融
滿洲練	榮　焜	河南練	馬名驥	直隸練	田遇東
北京練	連　城	直隸練	謝家琛	直隸練	劉洪基
奉天練	崇　恭	江蘇練	潘志岾	雲南官	李伯庚
北京練	得　全	江西練	李烈鈞	湖北官	蔣蔭曾
安徽練	龔維疆	直隸練	李鑑波	江蘇官	章煥琪
河南練	楊曾蔚	湖北官	張遵先	湖北官	姜正標
湖南練	王正彪	山東練	穆恩堂	湖北官	志　元
河南練	張鶚翎	江蘇練	何瑞峯	湖北官	任本昭
山東練	吳樂三	雲南官	李　沛		

第十班　三十八名

雲南官	劉祖武	雲南練	孫永安	江西練	胡　謙
雲南官	庾恩賜	雲南練	李萬祥	陝西練	席　豐
雲南官	黃毓成	雲南官	李　敏	雲南練	王廷治
雲南官	周永錦	雲南官	張開儒	雲南練	歐陽沂
湖北官	紀堪頤	雲南官	李根源	雲南官	馮家聰
雲南官	唐繼堯	雲南官	潘爛珠	陝西練	張益謙
陝西練	固　琳	雲南官	楊發源	雲南官	謝光宗
雲南練	陽集祥	雲南官	李　崧	雲南官	趙　鼇
雲南官	葉　荃	雲南練	謝汝翼	雲南官	李鴻祥
雲南官	鄭開文	雲南練	劉法坤	雲南練	葉成林
雲南官	顧品珍	雲南官	趙復祥	江蘇官	呂祖綏
陝西練	張鳳翮	陝西練	魏國鈞	安徽練	聶憲藩
陝西練	白毓庚	陝西練	炳　炎		

第一班　三十八名

直隸練	史璵臣	河南練	劉基炎	直隸練	吳觀樂
河南練	方日中	直隸練	張文林	湖南官	彭　宣
直隸練	陳陞章	山東練	李長潤	直隸練	顏景宗
直隸練	張漢堂	江蘇練	安鎮濤	直隸練	唐　凱
安徽練	張壽熙	直隸練	張文通	直隸練	王世義
福建練	文　潤	直隸練	馮福長	安徽練	陸紹武
直隸練	王子甄	浙江練	文　鐘	直隸練	李兆綸
湖南練	彭廷儀	江蘇官	宋子揚	安徽練	宋邦翰
湖北練	熊騰駿	直隸練	張裕文	直隸練	巨純如
安徽練	黃　壁	江蘇官	周子丹	山東練	黃均超
湖北練	阮楚材	安徽練	蒯先承	江西練	俞應麓
江蘇練	程恒式	四川練	曾承業	直隸練	何廷榆
廣西練	周郁文	浙江練	黃　郛		

第二班　四十名

福建練	王孝總	奉天練	姚受唐	福建練	孫葆瑢
安徽練	金鼎彝	福建練	吳景震	湖南練	唐義彬
福建練	王　深	直隸練	唐之道	江蘇官	徐振中
安徽練	孫象震	奉天練	陳嘉樂	蒙古練	連　陞
河南練	李毓英	湖北練	殷學潢	四川練	鄧翊華
貴州練	楊盡誠	湖北練	雷寵錫	貴州練	周燊儒
京旗練	金　麟	湖北練	德楞圖	江西練	廖伯琅
湖北練	李向榮	北京練	奎　福	山東練	孔繁蔚
浙江練	傳典藩	山西練	玉炳潛	京旗練	金　壽
湖南練	陳復初	浙江練	吳思豫	江蘇練	周應時
湖北練	接　宗	四川練	文　祺	京旗練	壽　明
江蘇練	陳鴻紳	福建練	葉興清	江蘇練	徐　濤
直隸練	文蔚齋	浙江官	余晉鉌		
湖北練	張敘忠	江蘇官	陶麟勳		

第三班　四十名

奉天練	陳興亞	安徽練	鄭遉濟	直隸練	雷振鏞
直隸練	維　欽	山西練	關松秀	安徽練	張鼎勳
直隸練	德　山	陝西練	王天吉	浙江練	陸光熙
直隸練	恒　成	甘肅練	包述侁	湖北練	李賓楚
江西練	余維謙	山東練	張彥臣	陝西練	培　模
江西練	彭程萬	山西練	井介福	北京練	賓　清
江蘇練	鵬　興	安徽練	葉崇㮏	浙江練	何浩然
山東練	潘守蒸	直隸練	國　楨	江蘇練	程晉煌
安徽練	江　煌	直隸練	隆　壽	江蘇官	郭君實
直隸練	李祖謨	江蘇練	徐樹錚	陝西練	霍色哩
直隸練	崇　謙	四川練	陳　經	直隸練	容　保
直隸練	勤　倫	直隸練	鴻　賓	江蘇練	尹同愈
直隸練	文　奎	直隸練	士　傑	江蘇練	春　榮
陝西練	黨基璋				

以上合計　三百八十一名

細目

練兵處派遣　二百二十五名

各省派遣　　一百五十名

私費生　　　　　　六名

第十五　畢業生

　　畢業生從最初到明治三十八年，共有三百二十七名，乍看回顧學生們的成績，在校唸書期間大概僅有十五個月，因此普遍欠缺學門素養，其見識還不夠穩健，動輒容易陷入一知半解的擔憂，至於在學比較久的優等生，反而能夠以謹慎的態度保持名聲，故以後適當的延長唸書年限，來讓學生們好好咀嚼諸學術的意旨，以到達擁有穩健的見識，相信可以拿到比現在更良好的成績，左列舉畢業生名字。

明治三十三年中畢業三十九名

湖北	徐方謙	湖南	張顯仁	浙江	陳其采
湖北	劉邦驥	湖南	段蘭芳	湖南	章遹駿
湖北	盧靜遠	湖北	吳元澤	湖南	蕭星遠
湖北	劉賡雲	廣東	顧　減	安徽	吳茂節
湖南	吳紹璘	湖北	鐵　良	湖北	吳祖蔭
湖北	吳祿貞	湖北	鄧承拔	直隸	高曾介
浙江	許葆英	湖北	文　華	湖南	易甲鷳
安徽	杜淮川	浙江	華振基	湖北	萬廷獻
廣東	韋汝聰	直隸	蔣雁行	直隸	李澤均
浙江	吳錫永	直隸	陸　錦	江蘇	唐在禮
安徽	單啟鵬	湖南	陶愍孝	直隸	李士銳
江蘇	張朝基	直隸	張鴻逵	直隸	賈賓卿
江蘇	舒原德	直隸	張紹曾	直隸	王廷楨

明治三十四年中畢業二十二名

廣東	許崇儀	福建	張哲培	湖北	蔣政源
福建	王　麒	湖北	蕭開桂	湖北	張長勝
湖北	蕭先勝	湖北	應龍翔	湖北	敖正邦
湖北	楊正坤	湖北	龔光明	湖北	吳祐貞
湖北	藍天蔚	江蘇	華承德	湖北	舒清阿
廣東	馮耿光	湖北	余明銓	湖北	哈漢章
宗室	良　弼	湖北	易迺謙		
湖北	寶　瑛	湖北	沈尚濂		

明治三十五年中畢業七名

福建	劉荃業	廣東	許崇智	湖北	王遇甲
湖南	蔡鍔又	浙江	蔣方震	浙江	蔣邁簋
湖北	段金龍				

明治三十六年中畢業八十九名

江蘇	姚鴻法	安徽	馬廉溥	廣東	王體瑞
四川	胡景伊	浙江	高爾登	湖北	游捷
浙江	李振身	四川	徐孝剛	江蘇	吳光新
安徽	程喜章	浙江	徐朝崇	直隸	唐宗仁
湖北	張義新	湖南	劉鴻逵	直隸	張松柏
河南	陳正仁	直隸	張樹元	直隸	孫樹林
安徽	程侍墀	直隸	劉詢	安徽	朱延燦
山東	張仲元	安徽	朱文藻	安徽	段啟勳
安徽	賈德耀	奉天	于玉龍	河南	高景禳
安徽	虞克震	湖南	周家樹	安徽	周文炳
四川	周道剛	四川	羅澤暐	江蘇	楊壽柱
四川	岳開先	江蘇	金騏	河南	王培煥
湖南	張孝準	安徽	趙學方	安徽	高有成
直隸	陳文煜	安徽	童煥文	山東	宮邦鐸
江蘇	吳金聲	直隸	盧金山	河南	韓國饒
河南	上官建勳	山東	何國華	湖南	傅良佐
山東	潘矩楹	直隸	孫宗先	直隸	王玉琳
安徽	齊灝	安徽	齊國璜	浙江	祁文豹
江蘇	丁鴻飛	山東	曲同豐	浙江	黃瓚
河南	陳文運	山東	楊祖德	浙江	游壽宸
安徽	汪慶辰	直隸	田書年	江西	劉景烈
山東	張懷斌	安徽	周良才	浙江	周家誠
山東	李成霖	直隸	王汝勤	江蘇	陳懋修
山東	苑尚品	江蘇	方咸五	浙江	柯佐清
直隸	馬鳳廷	江蘇	蔣廷梓	安徽	洪杰
江蘇	崔濡	江蘇	金玉清	江蘇	吳晉
江蘇	管雲臣	直隸	劉之潔	浙江	祝謙
山東	毛繼成	江蘇	孫銘	浙江	程于青
直隸	季馨	浙江	柯森	江蘇	王光照
浙江	陳蔚	浙江	林調元		

明治三十七年中畢業四十九名

細目

第一期畢業二十二名

福建	林肇民	湖北	山有陞	湖南	蔣隆權
湖北	陳錦章	河南	王占海	浙江	王凱成
湖北	張明遠	湖南	黃本璞	福建	方聲濤
福建	梁訓勤	四川	鍾体乾	浙江	張承禮
直隸	杜錫鈞	浙江	石 鐸	湖南	高兆金
湖北	竇洪勝	四川	雛致權	浙江	陳其善
湖南	楊 翼	江蘇	張斯麐		
安徽	陳從義	浙江	汪 櫖		

第二期畢業二十七名

浙江	蔣可宗	湖南	李致梁	湖南	陳璩章
福建	沈 綱	湖北	吳元鈞	湖南	蔣國經
浙江	陳 毅	湖南	朱樹蕃	浙江	壽昌田
湖北	葉秉甲	湖南	黃篤諡	山西	張策平
浙江	汪鍋基	湖南	張學濟	湖南	李雲龍
江蘇	許嘉樹	廣東	譚學夔	湖北	盧啟泰
湖北	張炳標	浙江	周承莢	江蘇	史久光
四川	何鴻翼	安徽	汪樹壁	江蘇	李祖虞
浙江	薰紹棋	湖南	張翼鵬	湖南	劉國祥

明治三十八年中畢業百二十一名

細目

第三期畢業四十三名

湖南	劉棣茂	湖南	周家幹	滿洲	錫琨
江蘇	李祖植	湖南	石陶鈞	湖北	陳裕時
浙江	魏蘭	福建	王孝縝	浙江	丁人俊
湖南	袁宗翰	雲南	吳廣仁	湖北	黃瑞蘭
江蘇	李祖宏	湖南	袁華選	江蘇	何澄
江蘇	翁之麟	浙江	王若儼	直隸	姜登選
湖北	王文卿	直隸	陳之驥	浙江	丁衡
湖北	黃愷元	湖南	謝基福	江蘇	莊先志
浙江	吳鍾鎔	浙江	錢家沅	雲南	楊振鴻
湖南	舒和鈞	湖北	李浚	湖南	曾繼梧
貴州	張鎧	湖南	楊源濬	四川	涂永
安徽	汪瑩	湖南	向瑞琮	湖北	王家駒
安徽	吳和翮	湖南	吳友松	湖南	齊琳
湖北	劉維燾	湖南	危道豐		
湖北	李正鈺	雲南	殷承瓛		

第四期畢業七十八名

湖南	李任	湖北	李實茂	湖南	丁沅蓀
江蘇	翁之穀	湖北	劉繩武	福建	李宜侗
湖南	王代懿	廣東	盧牟泰	湖北	高佐國
湖南	余欽翼	湖北	噶勒炳阿	湖北	王風清
湖北	王永泉	浙江	王煦	雲南	沈汪度
湖北	簡業敬	浙江	莊翼	湖北	春群
湖北	石星川	湖北	吳經明	浙江	徐卓
湖北	汪澐	湖北	馬祖全	湖北	吳社禎
湖北	熊祥生	湖南	蔣四有	直隸	玉琪
湖北	楊齊鳳	浙江	李造	湖北	劉一清
湖北	慶芳	江蘇	沈同午	湖北	范熙續
湖北	朱兆熊	湖北	劉燮元	湖北	夏占奎
湖北	孫成	湖北	陳植青	湖北	果清阿
湖北	蔡紹忠	湖北	祺昌	湖北	蕭鴻陛
湖北	謝武煒	湖北	陳世榮	湖北	余永炎
湖北	姜明經	湖北	趙心耕	安徽	徐鵬
湖北	何佩瑢	湖北	全在茲	湖北	張學齡
湖北	陶德瑤	湖北	黎連勝	江蘇	劉保原
浙江	吳杰	廣東	饒景華	四川	呂樹松
湖北	程守箴	湖北	裕冕	湖北	雷壽榮

湖北	周　斌	湖南	梅蔚南	湖北	徐定清
湖北	沈尚樸	浙江	傅一鉽	湖北	双　祥
湖北	蔣作賓	四川	劉嗣榮	廣東	蕭思鶴
湖北	那瑪善	湖北	胡百練	湖南	田應詔
湖北	沈郁文	湖北	劉立鰲	湖北	邵　保
湖北	童序鵬	湖北	何　潛	湖北	覃師範

以上合計　　　　三百二十七名

細目

成城學校委託時代　一百五十七名

振武學校時代　　　一百七十名

第十六　振武學校略圖

學校的校舍在明治三十七年末，還未設置第四學生宿舍以及現在新建的講堂，到了明治三十八年末，這些設施建設完成，實現了擴大學校的規模，其略圖如左。

〔原件即無〕

振武學校一覽　明治三十八年十二月末調查

第一　沿革略

當校ハ蔣家携國ノ武官タラントスル同國ノ留學生ヲ教育シ陸軍士官學校同戸山學校等ヘ入學セントスルモノ、豫備教育ヲ施スノ目的ヲ以テ明治三十六年八月ニ設立セルモノニシテ今其起原ヲ尋ヌレハ明治三十一年六月清國浙江省ヨリ官派セシ四名ノ學生ヲ牧容セル牛込區驅町王寺前町七十四番地斯城坊ヲ以テ假寄宿舍トシ次テ陸軍省河田町附屬家屋ヲ以テ寄宿舍ニ充テ其教授向キ成城學校ニ委託セシニ開源セルモノニシテ當時ヨリ引續キ學生監理委員長タルモノハ陸軍少將福島安正ナリキ而シテ其後明年三十六年八月ニ至リ成城學校ノ教授向キ委託ヲ解キ教育事務ト

振武學校一覽　明治三十八年十二月末調

共ニ整理委員長ハ直轄セラル、コトトナリ後備陸軍步兵中佐木村宣明ヲ監督ニ新ニ學校設立ヲ手續ヲ始メテ振武學校ト稱セリ學校ノ修學期限ハ最初十五箇月ト定メ上ハ規定アリシカ明治三十八年七月ヨリ十八箇月以上トスルニ改正セリ學生ノ數ハ創立ノ當初ハ六十六名ニ過キサリシカ其後年々増加シ同年十二月末ニ百三十五名ニ達セリ學生ノ種類ハ兄ト官費自費相半セシカ後ニ官費生ヲ數ヲ増加セリ學費生ノ練兵處ヨリ派遣ノ學生每年百名ヲ入レ卒業生ハ明治三十九年末ニ三百八十二名ニ達セリ

九名明治三十八年中ニ百二十一名ヲ出セリ故ニ當校ノ卒業生ハ最初ヨリ明治三十八年ニ至ルマテ合計三百二十七名ナリキ校舍ニハ其後引續キ牛込區市ケ谷河田町三十三番地ナル陸軍省附屬家ヲ充用セルカ學生ノ增加ニ爲メ手狹トナリタルヨリ明治三十七年十月ヨリ陸軍經理學校ノ家屋一棟ヲ借用シ同年六月ニハ寄宿舍一棟ヲ新築シ炊事場食堂等ノ模樣替ヲナシ講堂ニ新築セリ委員長ニハ其後引續キ陸軍少將福島安正之ニ當リシ小他安全小山秋作ノ兩氏主トシテ委員ノ事ヲ擔當セラレタリシ三十七年ニ至リ露戰役以下委員ノ事ヲ擔任セシ陸軍中佐委員長ノ都務ハ陸軍大佐鑄方德威ニ於テ之ヲ代理シ委員ハ陸軍中佐福島安正ヲ代理シタルヲ明治

内文次郎一等主計德田保太郎ト共ニ當校ノ事ヲ擔當セラレタルヲ明治三十五年中ニ名明治三十六年中ニ四十

三十五年中ニ七名明治三十七年中ニ八十九名明治三十四年中ニ三十九名明治三十七年中ニ二十二名明治

卒業生ハ明治三十三年中ニ三十名明治三十四年中ニ

三十八年一月ニ至リ鵜方大佐ヲ出征
関南之助ニ於テ之ヲ代理セラレシカ同年二月ニ至リ全大佐モ亦征
セラレタルヲ以テ委員長ノ事務ニ更ニ堀内中佐官ニ於テ代
理セラレ委員德田主計正ト共ニ當校ノ事ヲ擴當セラレタリ又同年十
一月中小池中佐職務ヨリ諸還セラレタルヲ以テ從前ヨリ通ヲ委員ノ
務ヲ執ヲ者ヲ、コトヽナレリ
明治三十七年三月二十五日清國皇族溥倫貝勳順下来臨セラレ學生ノ
練兵及諸學科ノ課業ヲ一覽セラレタリ
明治三十八年十二月他ノ諸學校ノ學生ニ敏然トシテ其風潮ニ染ラ
卓立シ學術ノ研智ニ従事セリ是其他ニ國陸軍ノ幹部タリ主腦タ
ヘキ大責任ヲ自覺スルト共ニ能ク軍人タルノ本領ヲ守ラタルモノト

四

第二　學校ノ讓法

本校ノ讓法ハ學生入校ノ時各自ニ熱讀セシメ必ス遵守スヘキヲ督約
セシムルモノニシテ
一　軍人當専心學術ヲ不得惑於世論干涉政事
二　軍人ハ服從爲セ者當恪守紀律以昭嚴諮
三　軍人ハ以職爭爲業務然不對勞苦削他日行軍必勝任故之以耐勞忍著
爲要
四　軍人最宜威重故在校時即當正衣冠謹威重一切怠慢之約宜去以
昭爲重
五　本校學科爲武事學之基礎無論何科皆須注意不得由自由選得任意輕重
六　同校皆一國之人自應溫和懇蒠互相規勸應不乖于同學之道

五

七　對將校教官職員無論學校內外即當行敬禮

第三　學校ノ目的及教育ノ概況

當校ハ軍事上ノ必要ヲ顧慮シテ普通學科ヲ愛ク軍人タルヘキ
豫備教育ヲ施シ士官候補生ニ通當ナル人物ヲ養成スルヲ以テ
目的トス
普通學科ニハ本校教員ヲ敷授シ術科ニ士官學校ヨリ發稱セル諸校ノ
隊附下士及本校教員ニ敷授シ於テヲ敷授セル諸校ノ
學生ハ本校敷授内ノ調育擔當者ニ於テヲ敷授セ
學生ハ總テ寄宿セシメ指導ニ依リ調育擔當者ニ
之ヲ調育ヲ以テ軍人精神ヲ涵養シ紀律ニ慣熟セシメ有為高尙ノ
軍人タラシメンコトヲ期セリ
學生中ニハ各省ニ正副班長ヲ置キ其名譽ヲ表スルガ爲ニ襟章ヲ頒與
セリ

六

學生舍ハ寢室ト自修室トニ區分シ寢具及諸器具ニ總テ軍隊ト同ニ
シテ之ヲ貸付ノ被服及修業ニ要スル圖畫器具器械等ニ一切之ヲ支給
シ且其衣服修理等ヲ校費ヲ以テ支辯セリ
學生ノ私金ハ學校ニ於テ之ヲ保管シ土曜日ニ於テ之ヲ保管シ寄宿舍並
ニ服製等ノ論查ヲ行ヘリ
日々ノ課業ハ平日七時間水曜及土曜　兩日ハ六時間トシ他出ハ水曜
日ノ課業後及日曜日ニ限ルコトセリ

第四　修業期及學術ノ課程

學生ノ修業期限ハ十八箇月以上ニシテ入學ノ時期ハ一定セサルモ卒
業ノ期ハ一定シ毎年三月若クハ六月ト定マレルヲ以テ現
在學生ノ修業期ハ入學ノ時期ニ依リテ一定セサルモ前例ニ依レ
十八箇月以上二十二箇月以下タリ

七

當校ノ學生ハ淸國人タル陸軍學生ニシテ其修學期限ニ僅ニ十八個月
ナレバ之ニ敎授スルトコロノ敎科書ハ普通諸學校ニ用フルトコロノ
モノヲ用フベカラサルヲ以テ明治三十七年ニハ全ク課本ヲ編輯シ明
治三十八年ニハ地理歴史及日本語會話敎程ヲ編輯セシガ敎學
化學語文法ノ如キハ現時編輯中ニシテ其他ノ敎科書モ順次編輯セン
トセリ
左ニ現行學術科課程表並ニ現在各班學生修學期一覽表ヲ揭グ

八

第五 敎授用具
敎授用具ハ學校創立ノ際物理化學用生理體操用等ノ諸用具ヲ設備セシガ
明治三十七年中更ニ纖維平行縮繩錶跳等ノ體操用具顯微鏡及語文數
授用ノ諸標本地理歴史用ノ地圖等ヲ設備シ明治三十八年中又更ニ樂
木銑下白銑銃及軍刀術用具三十年式步兵銃並ニ銃集プロトメートル三球
儀岩石模型地理模型地質學器具等ヲ設備セリ
第六 休業日及休業中ノ授業並ニ行軍談話會
當校ハ休業日ハ日曜日大祭祝日情圃萬壽節陰曆元旦及夏季休ハ
各季十二月二十九日ヨリ翌正月四日ニ至ル定メナリ夏季ハ炎熱休ニシテ學生
ハ伴ヒテ海濱ノ地ニ至リ水泳並ニ學術ノ演習ヲナシシムルコトヲ以テ
常例トセリ
行軍若クハ修學旅行ハ大概毎月一回之ヲ行フコトトシテ實地ノ行軍

九

第七 試驗
試驗ハ月課月末學期ノ三種ニ採分ス月課試驗ハ百點ヲ以テ滿點トシ減點六十
以上各科目ノ評點五十以上ヲ得タルモノヲ合格者トス左ニ其細則ヲ
揭グ

試驗細則
第一條 敎員ハ授業時間中成ルベク各生徒ノ成績ニ注意シテ評點シ
附スベシ之ヲ隨ヒテ日課試驗ト云フ
第二條 課目ニ就キ施行スルモノヲ月次試驗ト云フ毎月二十一日

十

第三條 日課試驗ノ評點ハ月次試驗ニ加ヘヲタ通約スルモ
ノトス
第四條 月次試驗ノ時日ハ擔任敎員ニ於テ通宜之ヲ定ムヘシ
第五條 作文及圖畵ハ之ヲ行フ此試驗日數ニ於テ月次試驗ノ評點ヲ以テ次
試驗ニ充ツルモノトス
第六條 學期試驗ハ期間ノ修得シタルモノニシテ
各學期末ニ於之ヲ行フ此試驗日顯ニ試驗スルモノニシテ
月前ニ揭示スル問題ノ典令及數頭ニ學生蜜ノ檢別ヲ受ク普通準
第七條 學期末ノ問題ハ典令及術科ハ學生蜜ノ檢別ヲ受ク普通準
科ハ數面ノ檢面ニテ之ヲ行フ
第八條 學期試驗ノ評點ハ月末試驗ノ評點ヲ合計通約セシモノヲ加

十一

十三

ルコアルヘシ

第八　衛生

當校ニ於テハ學生入學ノ際ハ體格檢査ヲ行ヒ虛弱ノ清並ニ一般慢性
及傳染性疾病ニ罹レルモノハ入學ヲ許可セスシテ合格セ
シモノニ對シ入學ヲ許シ且其入學セシ後ト雖モ中ニ患者ノ體格檢査ニ合格セ
ス醫員ニ於テ之ヲ診察シ輕キモノハ休養室ニ於テ休養セシメ富キモ
ノハ陸軍豫備病院又ハ相當認ムル病院へ
入院セシムルコトヽセリ又夏季休業中ハ大掃除法ヲ施行シ尚臺等ニハ
殊ニ臭蟲驅除ノ方法ヲ施行セリ左ニ明治三十八年中ニ於ケル學生ノ
患者表ヲ揚ク

十二

ヘ之サ二分シタルモノニ依リテ試驗學期ニ於ケル成績ノ合格ト不
合格トヲ認定ス

第九條　最終學期間ノ成績點ニ從前施行セシ各學期間ノ成績點ヲ合
計通算シ之ヲ加ヘ之サ二分シタルモノヲ以テ卒業ヲ認定ス

第十條　月末試驗ニ缺席シタルモノノ平素ノ成績ニ依リテ卒業ノ成績
評點ヲ附ス但評點ノ附シカタキモノアルトキハ便宜補缺試驗ヲ行ナ
スヘシ

第十一條　學期試驗ノ際全科目又ハ荒科目ノ試驗ヲ缺キタルモノハ
補缺試驗ヲ施行ス

第十二條　試驗科目ノ評點ハ一百ヲ滿點トス總平均點六十各科目
ノ評點五十以上ヲ得タルモノヲ合格トス但一科目ニ限リ五十未滿
ノ評點ヲ得タルモノアルトキハ卒業ノ成績ニ依リ特ニ合格セシム

十四

明治三十八年　自一月　至十二月　病類別患者表

病類別	罹病新患 校	病	計	治療 校	病	死亡 校	病	事故缺員 校	病	治療日數
全身病										
神經系病										
呼吸器病										
循環器病										
營養器病										
泌尿器病										
生殖器病										
花柳病										
眼病										
耳病										
外教病										
運動器病										
外傷及不慮										
合計										

十五

備考

本表中校トアルハ校内ニテ治療セシモノニシテ病トアルハ陸軍豫備
病院ニテ治療セシモノヽナリ

第九　栽培及販賣所

當校ノ校地ハ元樹木ナカリシヲ至リテ景觀ニ乏シカリシカ明治三十六年十
月委員長以下校員學生等ノ寄附ヲ受ケ第一回ノ樹栽ヲ爲シ明治三十

十六

七年五月委員以下校員ノ寄附ヲ受ケタ第二回ノ楬載ヲ露シ同年十月
校員學生等ノ寄附ヲ以テ第三回ノ楬載サレ明治三十八年四月ニ
花園數箇處ヲ設ケタリ
販賣所ハ兌當校倉庫ノ一部ニ設ケタリシカ場處狹隘ナルヲ爲メ明治
三十七年中販賣所ヲシテ別ニ一室ヲ新築セシメタガ其販賣ス物品
ハ訓育機當者及醫員ニ於テ之ヲ檢査シ且其代價モ布中販賣ノ定價ニ
上ラシメナルヿトセリ

教職員全體ノ會議ハ每月第一水曜日ニ於テ卒業後ニ於テ集會評議スルヿ
トシ其他教授上ニ關スル會議ハ第二第三等ノ水曜日課業後ニ於テ便
宣之ヲ行フヿトセリ

第十一　委員長及委員

十七

明治三十八年十二月末現在委員長及委員等ハ左ノ如シ

委員長　　　陸軍少・耕　　　　　　　　福島安正
委員　　　　陸軍步兵中佐　　　　　　　堀内文次郎
委員　　　　陸軍步兵中佐　　　　　　　小池安之
委員附屬　　陸軍三等主計正　　　　　　德田保太郎
　　　　　　陸軍敎授　　　　　　　　　木野村政徳
　　　　　　退役陸軍一等主計　　　　　矢島陸敎

第十二　校員ハ

明治三十八年十二月末現在ノ校員ハ左ノ如シ

學生監　　　陸軍步兵大衛正五位勳三等　木村宣明

敎員

明治三十六年七月十三日欽員

十七（敎員表）

就職ノ年月日	退職官ノ官職等	擔當	氏名
三十八年三月廿五日	師範學校校長七位	地文	木下・邦昌
三十七年九月十六日	師範學校訓正六位	語文	楠本　武
三十八年二月廿四日	高等工業學校卒業	物理	安藤喜一郎
三十八年三月廿八日	陸軍中央幼年校敎員	學	鈴木重雄
三十七年二月廿日	學習院敎授正八位	學	金澤卯一
三十七年七月一日	中學校敎諭	敎育	植木直一郎
三十六年四月十六日	薄荷學校敎諭	歷史	高木火郎
三十七年七月一日	師範學校訓導	語文歷史習術	強間多聞
三十六年一月廿九日	國際院卒業	敎學	高柳劉三郎
三十八年一月八日	女子學院師範課敎員	數算術	渡邊政吉

十八（敎員表）

就職ノ年月日	退職ノ官職等		氏名
三十五年四月廿日	送陸軍騎兵曹勳七	劑育兼司計	長屋鑄三郎
三十七年三月廿日	陸軍騎兵曹勳七	劑育兼司計	野村岩藏
三十七年四月五日	參謀本部附勳七等	司計	大川鎭二郎
三十七年六月廿日	參謀本部附勳八等	育	鍋田猛彦
三十七年十二月廿日	中學校舍監勳八等	育	青山作
三十七年十二月廿日	同	劑	矢島陸敎
三十七年三月廿日	ドクトル醫學得業士	醫員助手	磯部廣吉
三十七年二月廿日	陸軍藥員勳八等	醫員	川地三郎

第十三　創立以來ノ委員及校員

委員長代理

明治三十七年七月一日選任
全三十八年一月一日選任
明治三十八年二月十日選任
同地三十八年十二月二日選任

委員

陸軍砲兵大佐	青木宣純
陸軍步兵中佐	藤井幸橘
陸軍步兵少佐	田中新助
陸軍一等主計	五十君太郎
陸軍一等軍醫正	高橋茂
陸軍步兵少佐	岡田重久
陸軍砲兵大佐	鑄方德藏
陸軍少將	岡市之助
陸軍步兵中佐	堀内文次郎
陸軍步兵大佐	由比光衞
陸軍步兵中佐	小山秋作
陸軍一等主計	佐藤業宮
陸軍三等主計	志賀巳太郎
陸軍三等軍醫正	鈴木鶴彦
陸軍砲兵少佐	東木乙彦

（二十一）

日付	職	科目	氏名
三十八年九月十九日	韓語教官兼幹事	語文歷史	杉山文悟
三十八年一月二十四日	陸軍勅勳八等	圖畫	郭國繁
三十八年一月二十日	師範學校教員		阜田喬夫
三十八年三月三日	同	生理衞生	本多厚二
三十八年六月一日	陸軍步兵曹長	術科	久納汪
三十七年十月二十日	同		川內情一
三十七年十一月九日	陸軍步兵曹長		總引倉吉
三十七年十二月一日	陸軍砲兵曹長		高月光丸
同	同		薙田幸吉
同	同		佐藤力
同	同		津志田恵吉
同	同		明田佐太郎

（二十）

委員附屬

陸軍編輯書記	平岩道知
陸軍編輯書記	末吉保馬
陸軍三等主計	堤永頼

校員

日付	職	氏名
三十八年五月二十八日	訓育	佐藤喜平治
三十六年十一月八日	醫員	木下健太
三十六年十一月五日	訓育	武井三平
三十七年六月十四日	司計助手	板部林三郎
三十六年十一月五日	教員	坂本春秀
三十六年十二月四日	書記	内田情作

（二十二）

日付	職	氏名
三十六年十一月	牧員	大塚幸平
三十六年九月	同	田十三三
三十六年二月	計員	愛甲平一郎
三十六年十二月	計員	江口辰太郎
三十七年四月	醫員	堤永頼
三十七年十一月	訓育	安東梅三郎
三十六年九月	教員	上原讓太郎
三十六年九月	訓育	下瀬讓太郎
三十六年十一月	司計助手	軸山恒太郎
三十六年十二月	司計象訓育	吉田正吉
三十六年十二月	教員	森下松衞
三十八年九月	同	川田鐵彌

（二十三）

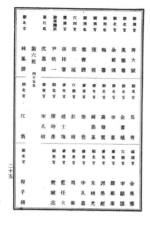

第十四　現在學生

從前ハ當校ノ修業年限ヲ十五箇月トナシシカ現在ハ學生ヨリ修業年限ヲ増シテ十八箇月以上トスルコニ改正セリ故ニ従前ノ學生ヨリ幾分カ良好ノ成績ヲ得ルニ至ルヘシ現在ノ學生ヲ揚ク

第五班　四十四名

同　舟岡獻治　二十四

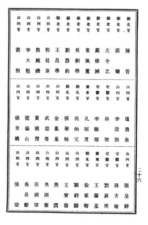

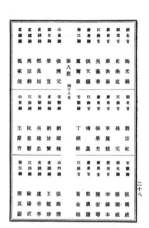

湖北官 梅光義
湖南官 史秉直
廣東官 蘇渙圖
江蘇官 吳蘊華
廣東費 張天驥
浙江費 厲爾康

湖北官 劉宗紀
江蘇官 孫元
廣東官 車駕龍
廣東官 張榮光
江蘇官 傅鑫
安徽費 丁緒餘

安徽費 張國威
湖北費 張國威
雲南官 李鐘本
廣東官 陳宏萼
廣東官 梁廣謙
江蘇官 黃金桂

第八班 四十八名

山東費 張濟元
湖北費 桑宣
直隸費 鄭長垣
直隸費 周宗祥
直隸費 馮家俊

安徽費 劉國棟
直隸費 劉汝贊
安徽費 吳建忠
江蘇費 阮恩鬱
山東費 王慶升

山西費 張維清
直隸費 王鑑珍
直隸費 盧香亭
江西費 歐陽武
浙江費 陳其蔚

二十八

直隸費 韓世壎
直隸費 孫國英
湖北費 成炳榮
山東費 邱丕振
河南費 曾昭文
四川費 劉存厚
山東費 孫傳芳
北京費 龐光
山東費 榮心田
湖北費 陳模
四川費 邱志龍

直隸費 劉乃勳
直隸費 李煥章
山東費 玉振
直隸費 周素民
北京費 吉賓
安徽費 王天培
山西費 景斌
直隸費 揚文愷
山西費 姚以价
湖北費 王兆翔
直隸費 戈寶琛

直隸費 華世中
安徽官 張登瀛
安徽官 王化崇
江蘇官 蕭鑑
江蘇官 恩浩
廣東官 許烈燈
江蘇官 恩錫
湖北官 彭道成
江西官 劉成
直隸官 張厚德

第九班 四十四名

二十九

河南費 何其慎
安徽費 王慶
北京費 印榮
安徽官 李乾璡
浙江費 秉鉞
湖北費 揚尙志
滿洲費 榮炽
北京費 遂城
奉天費 傑恭
北京費 得全
安徽費 龔維疆
河南費 楊曾蔚

北京費 穀生
滿洲費 榮文
四川費 桂枝
河南費 韓鳳樓
四川官 羅燦
河南費 盧步雲
河南費 馬名驥
直隸費 謝家琛
江蘇費 潘志鈷
江西費 李烈鈞
直隸費 李鑑波
湖北官 張進先

雲南官 何國鈞
江蘇官 坤剛
江蘇官 與宗
直隸費 周蔭人
江西費 佘鶴松
安徽費 段光融
直隸費 田遇東
直隸費 劉洪基
雲南官 李伯庚
湖北官 蔣蔭曾
江蘇官 章煥琪
湖北官 晏正標

三十

湖南費 王正彪
河南費 張鶴鍇
山東費 吳樂三

山東費 穆恩堂
江蘇費 何瑞峯
雲南官 李沛

湖北官 志元
湖北官 任本昭

第十班 三十八名

雲南官 劉祖武
雲南官 庾恩暘
雲南官 黃毓成
雲南官 周永錦
湖北官 紀堪頤
雲南官 唐繼堯
陝西費 固琳
雲南費 陽集祥

雲南費 孫永安
雲南費 李萬祥
雲南官 李敏
雲南官 張開儒
雲南官 李根源
雲南官 潘燿珠
雲南官 楊發灝
雲南官 李鍃

江西費 胡謙
陝西費 席登
雲南費 王廷治
雲南費 歐陽沂
雲南官 馮家聰
陝西費 張益謙
雲南官 謝光宗
雲南官 趙鑑

三十

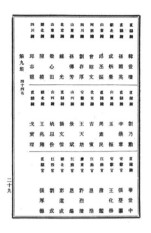

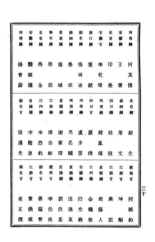

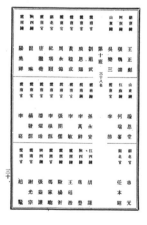

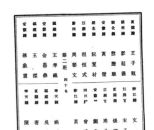

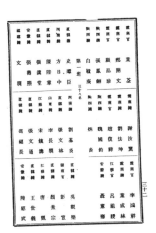

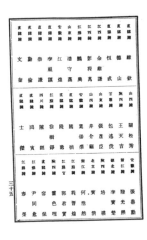

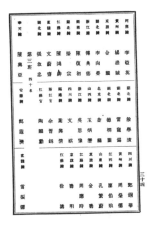

附四號
蕗墓譜

以上合計　　三百八十一名
　内譯
　繳兵藏服遺　　二百二十五名
　各省派遣　　　百五十名
　寢費生　第十五　六名
　　卒業生

卒業生ハ最初ヨリ明治三十八年末ニ至ルマテ合計三百二十七名アリ
今其成績ヲ考フルニ當校ニ在學ハ大抵僅ニ十五箇月ナリシヲ以テ普
延學ノ素養足ラサルヲ以テ其見識程健ナル勤ムレヘ「一知半解ノ
弊ニ陷リ易キヲ憂アリ尤モ優等生ニシテ比較的ノ永ク在學セルモノ、
如キハ能ク慎重ノ態度ヲ執リ以テ其名譽ヲ保ツモノナキニアラス故ニ

〔三十六〕

向後修學年限ヲ過當ニ延長レ欠能ク器械術ノ趣旨ヲ咀嚼セレメ以テ
穩健ナル見識ヲ得セレメル欠今八年ヨリ一層良好ノ成績ヲ舉ケル
一至ルヘキコト信スル左ニ卒業生ノ氏名ヲ揭タ

明治三十三年中卒業三十九名

河南　徐方讓　　　河南　張顗仁　　　江　陳其采
朝北　劉郭職　　　朝南　段關芳　　　河北　易甲鵬
朝老　盧野逵　　　朝北　吳元郎　　　河北　高龍介
朝老　劉慶雲　　　廣東　顧誠　　　　江　吳茂薘
河北　吳礎貞　　　安徽　鎭良　　　　廣西　蕭星逵
江　許蒧英　　　河南　文振拔　　　　高廷獻
安徽　杜淮川　　　華　振基

〔三十七〕

廣東　章炳蓮　　　安徽　吳錫永　　　　蔣雁行
朝北　單啓鵬　　　江　陸應揚
江　張啓基　　　河南　張鴻逵
江蘇　舒厚德　　　江　張紹會
江　耿天蔚　　　　江　藍正坤

明治三十四年中卒業二十二名

朝南　余明致　　　　朝北　華光明　　　李澤均
江　霽光明　　　　陶慢增　　　　　唐在禮
河北　劉鴻遠　　　河南　首開桂　　　　蔣雁行
　　　應龍翔　　　　朝北　張智培

河北　哈滿濟章　　　朝北　好結邦　　　李廷楫
江　王結邦　　　　河南　教貞　　　　賈實阿
浙江　張長勝　　　　崎政沼　　　　王結阿

〔三十八〕

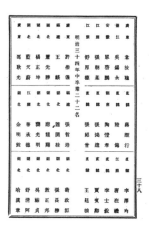

明治三十五年中卒業七名

崇賓　良弼　　　朝北　寶瑛
廣東　許佩智　　浙江　蔣方震
河北　沈向濤　　浙江　王選甲
韓　柄當蕭

明治三十六年中卒業八十九名

江蘇　劉菳業　　　　殷企龍
四川　胡鴻法　　　　李振身
安徽　程喜章　　　　張義新

江　馬慶溥　　　　　徐朝崇　　　　劉鴻遠
河北　高爾庸　　　　高曾介
朝東　蔣慶登

浙江　王選瑤　　　　游光捷　　　　王體瑤
韓　柄當蕭　　　　吳新朝　　　　張松柏
　　　　　　　　　　唐宗仁

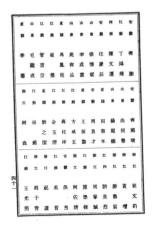

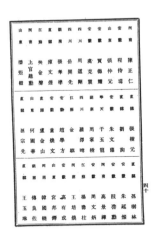

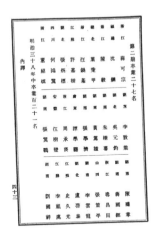

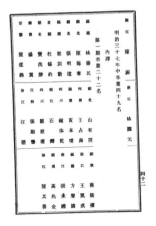

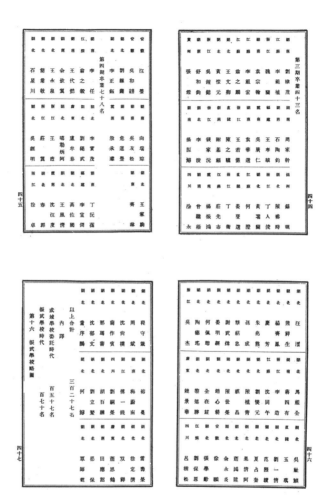

四十四

第三期卒業四十三名

| 張和經（貴州） | 郇鈞（湖南） | 吳鐸元（江北） | 貢愉卿（江蘇） | 王憫文（湖南） | 翁祖翰（江北） | 李宗安（直隸） | 袁之麟（江蘇） | 魏祖植（湖南） | 李頼植（江北） | 劉棣茂（江蘇） |

| 振焜濤（直隸） | 李家浚（江蘇） | 錢基沅（湖北） | 附若沅（直隸） | 陳若霖（江蘇） | 王廣蔭（直隸） | 袁孝選（江蘇） | 王孝仁（直隸） | 石陶鈞（湖南） | 周家幹（貴州） |

| 淦繼永（四川） | 曾振澥（江南） | 楊先洵（江南） | 莊志衡（江蘇） | 姜登選（直隸） | 何黃澄（江蘇） | 黃時澄（江北） | 丁霖後（直隸） | 陳人關（江蘇） | 錫裕現（滿州） |

四十五

第四期卒業七十八名

| 汪鋆（安徽） | 吳和諧（安北） | 劉和謙（湖南） | 李正鉅（江北） | 俞之敬（江南） | 王代鑑（湖南） | 余欽鼒（湖南） | 簡業敬（湖北） | 石星川（湖北） |

| 殷承瓛（湖南） | 危道豐（湖南） | 吳友松（湖南） | 向瑞琮（江南） | 劉繩武（江西） | 李寶茂（湖北） | 盧牟泰（湖北） | 王慶棠（湖北） | 曹勒柄阿（湖北） | 莊篤慶（湖北） | 吳經明（湖北） |

| 王家駒（湖北） | 齊麟（滿州） | 丁沅澐（安徽） | 李宜侗（江南） | 高佐國（江北） | 劉（湖北） | 徐春卓（浙江） | 沈汪羣（湖北） | 王鳳梧（湖北） |

四十六

| 汪濱（湖北） | 楊生芳（湖北） | 慶鳳（湖北） | 朱兆熊（湖北） | 孫忠成（湖北） | 蔡明忠（直隸） | 姜（湖北） | 何佩瑈（湖南） | 陶德瑈（湖北） | 吳德杰（振江） |

| 壽祖有全（湖北） | 李同元（安徽） | 劉樊午（直隸） | 沈慎遺（湖北） | 陳植昌（江西） | 趙世蒸（直隸） | 全在蔡（湖北） | 黎建勝（湖北） | 嵇景奉（江東） |

| 吳赳瓚（湖北） | 范一樓（直隸） | 劉占清（湖北） | 夏熙阿（安北） | 蕭鴻（直隸） | 余鴻陵（湖北） | 徐永顒（湖北） | 張學齡（湖北） | 劉保原（江振） | 呂樹松（四川） |

四十七

以上合計

內譯：

成城學校委託時代　百五十七名
振武學校時代　百七十名

第十六　振武學校略圖

三百二十七名

| 程守箴（湖北） | 周作樸（湖北） | 沈斌（江南） | 廬作賓（四川） | 邵瑪奇（江南） | 沈郁文（湖北） | 霍序鵬（湖北） |

| 裕昌（湖北） | 梅蔚南（江南） | 傅一純（江南） | 劉縉榮（江南） | 胡百祥（湖北） | 劉立繁（江蘇） | 何掄（湖北） |

| 雷春榮（湖北） | 徐定群（湖北） | 雙思鏑（江南） | 蕭應昭（安徽） | 郡應保（湖北） | 單師範（湖北） |

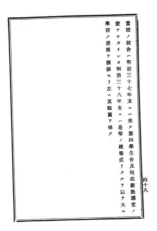

當校ノ校舎ハ明治三十七年末ニハ来タ第四學生舎及現在新築講堂ノ
設ケナカリシカ明治三十八年末ニハ是等ノ継築成リタルヲ以テ大ニ
學校ノ規模ヲ擴張セリ左ニ其略圖ヲ掲ク。

四十八

振武學校沿革誌（1906）

日本財團法人東洋文庫藏

振武學校沿革誌

明治三十九年九月調查

創立

　　本校係於明治三十六年八月創立，目的是對清國有志於擔任武官的留學生施以預備教育，以便進入我陸軍士官學校或陸軍戶山學校就讀。

　　其由來是明治三十一年六月，清國浙江省官方派來四名學生，由福嶋陸軍少將擔任監理委員長，其教學課程則委託成城學校，並暫時住宿於牛込區藥王寺前町藤城，之後再以該區河田町陸軍省的附屬房子充當住宿地點。其後學生人數逐漸增加，明治三十三年時為三十九名，三十四年為二十二名，三十五年為七名，三十六年為八十九名，合計共培養了一百五十七名的畢業生。同年，成城學校也卸除教學的委辦業務，七月下旬由本校從該校接手各項工作。至八月開校一切準備就緒，遂由後備陸軍步兵中佐木村宣明以校長的名義向東京府廳辦理設校的手續，命名為振武學校，明治三十六年九月一日正式上課。

校規及住宿規則

　　校規分為九章二十二條，其要項摘錄如下：

第一條　　　本校係為清國留學生將來有志於出任陸軍軍職者而設置施以預備教育，以備他日進入陸軍士官學校或戶山學校就讀。

第二條　　　修業年限為一年三個月。

第三條　　　修業年限分為三學期，每學期為五個月。

第六條　　　考試分為月考、學期考、畢業考三種。皆檢附各次考試的分數，以供自行檢討。

第九條　　　本校就讀者以十六歲以上，且有能力修畢本校所規定學科課程者為限。

第十條　　　有志入學者除規定的入學申請書外，還必須添附下列文書，經清國政府所派遣的留學生總監督代向留學生監理委員長提出申請：

　　　　　　一、總督、巡撫等清國主管官員之保證書
　　　　　　　　或請託書。

　　　　　　二、留學生總監督的保證書。

　　　　　　三、留日前後的履歷。

第十二條　　退學分為勒令退學、自願退學兩種。

第十五條　　學費每人每年三百圓，入學時須備妥三個月以上的金額，經學生總監督繳給學生監理委員長。爾後每月在二十五日前繳交該月的款數二十五圓。

第二十一條　本校設置下列職員，為清國陸軍學生監理委員長管轄之下屬：

　　　　　　學生督察　　一

　　　　　　舍監　　　　若干

　　　　　　教務長　　　一

　　　　　　教員　　　　若干

　　　　　　醫師　　　　若干

　　　　　　醫師助理　　若干

$$會計\qquad 若干$$

$$會計助理\qquad 若干$$

$$書記\qquad 若干$$

住宿規則分為七章六十五條。此處省略不載。

會計規定

會計規定分為六章四十六條，其要項包括：

一、會計年度自每年四月一日至翌年三月最後一天為止。

二、通信搬運費、備用品費、雜務費、雜支費四項及雜費、修補費、伙食費三種依照定額，委由校長（學生監）處理。

本校的建築物

本校的建築物隸屬第一師團經理部管轄。大整修時照例向該部提出申請，小整修時則由本校自理。創校時由成城學校所接管的建築物如附圖一。

教學課程

承監理委員長所指示，本校關於清國武學生教育概表如附表二。

本校創校時的學術科課程表如附表三。

普通學所用的教科書如下：

一、日文課程　成城學校編纂

二、算術教科書　長澤龜之助編

三、中等教育幾何學教科書　長澤龜之助編

四、中等代數學教科書　樺正董編

五、平面三角法教科書及高斯五位數對數表
　遠藤又三編

六、新編中學地理〔新編外國地理之誤〕

　　矢澤昌永編〔矢津昌永之誤〕

七、新式地文學〔新撰中地文學之誤〕

　　岩崎重三編〔矢津昌永之誤〕

八、歷史　初等東洋史　棄原騰藏編

　　　　　　　　　　　〔桑原隲藏之誤〕

　　　　　西洋史　吉岡藤吉編〔吉國藤吉之誤〕

九、生理衛生學　齊田功太郎編

十、近世化學教科書　池田菊苗編

十一、新編中物理學　木村駿吉編

十二、中等教育用具畫教科書　山口大藏編

十三、中等臨摹畫

留學生監理委員及附屬委員

　　　委員長　　陸軍少將　　　　福嶋安正

　　　委員　　　陸軍步兵中佐　　由比光衛

　　　委員　　　陸軍步兵少佐　　藤井幸槌

　　　委員　　　陸軍步兵少佐　　小山秋作

　　　委員　　　陸軍步兵大尉　　田中新助

　　　委員　　　陸軍砲兵大尉　　東乙彥

　　　委員　　　陸軍一等副監督　桐原集一

　　　附屬委員　　　　　　　　　平岩道知

　　　附屬委員　　　　　　　　　末吉保馬

職員及教員

　　　職員

　　　　學生監　　後備陸軍步兵中佐　木村宣明

　　　　舍監　　　佐藤喜平治

舍監　　　野村岩藏

舍監　　　木下健太

舍監　　　武井三平

會計　　　後備陸軍一等副監督　堤永類

會計　　　退役陸軍一等副監督　太田春秀

醫員　　　陸軍一等軍醫　　　　下瀨謙太郎

醫員助手　高柳乙吉

教員

坂部林三郎

鈴木重義

高柳彌三郎

船岡獻治

大塚幸平

田中十三三

愛甲平一郎

江口辰太郎

藤森溫和

高木次郎

御園繁

學生

由成城學校轉入本校者：

畢業生　　　七拾五名

南洋派遣　十八名

北洋派遣　五十四名

湖南派遣　一名

浙江派遣　一名

安徽派遣　一名

未畢業者　　七拾三名

三十六年

游泳練習：八月一日出發，前往神奈川縣鎌倉郡川口村海濱，上午教授學科，下午教授游泳。同月三十一日回校。

出差人員

學生監　　木村宣明

舍監　　　野村岩藏

教員　　　坂部林三郎

教員　　　鈴木重義

教員　　　高柳彌三郎

教員　　　船岡獻治

醫員助手　高柳乙吉

游泳教師　北田正寅

學生　　　六十七名

工友　　　一名

雜工　　　二名

廚師　　　二名

值班人員

會計　　　堤永類

舍監　　　佐藤喜平治

舍監　　　木下健太

畢業學生　七拾五名

體操學生　四名

工友	四名
雜工	一名

九月十四日　　　舍監武井三平辭職。

九月十五日　　　舍監大川淺二郎接任。

九月十六日　　　教員坂部林三郎辭職。

九月二十一日　　教員大塚幸平辭職。

十月二十一日　　植樹：接受福島委員長及教職員、學生的捐贈，在正門內植樹，由成城學校負責管理。當時校園裡沒有花木，雜草叢生，幾乎如同廢墟。但近來因勤於灑掃，且栽植樹木，增添景緻，甚是好看。

十月二十三日　　領取三十年式步兵槍及附具共五十組。

十月三十一日　　練兵大臣鐵良一行人蒞臨本校。

十一月三日　　　職員三名、教員五名、學生七拾六名前往青山練兵場，參觀天長節天皇壽旦的閱兵典禮。

十一月十五日　　鋪設自來水管。

十一月二十日　　體操學生童常標、曲得勝、劉炳龍、喻得標四名畢業。
福嶋委員長各贈送上述畢業生軍刀及附具共一組。

十一月三十日　　職員三名、教員一名、學生八十六名上午八時三十分出發，前往陸軍士官學校參觀畢業典禮。

十二月十二日　　原清國公使蔡鈞辭職，其後任楊樞新

上任，今日蒞臨本校。

十二月二十五日　　教員愛甲平一郎辭職。

三十七年

一月一日　　　　　上午九時全體教職員學生在大禮堂集
　　　　　　　　　合，舉行新春團拜。

一月八日　　　　　參觀閱兵典禮：
　　　　　　　　　上午八時率領學生一百零七名前往青
　　　　　　　　　山練兵場，參觀陸軍第一次閱兵典
　　　　　　　　　禮。對學生的畢業時間提出意見。

一月二十二日　　　關於學生畢業的時間向委員長提出意
　　　　　　　　　見，大要如下：
　　　　　　　　　學生畢業後留校的日數少為一個月，
　　　　　　　　　多則九個月。對已領到畢業證書的學
　　　　　　　　　生勸說自習的好處，實難有具體成
　　　　　　　　　效。強留彼等留校補課，不僅浪費彼
　　　　　　　　　等的光陰，而且容易孳生違反校規、
　　　　　　　　　敗壞校風、使宿舍變成住家等不良行
　　　　　　　　　為。因此深切期望先確定入隊時間，
　　　　　　　　　據此再讓學生畢業。

一月二十九日　　　聘文學士川田鐵彌教授普通學。

二月六日　　　　　校長木村宣明接獲動員令，上午六時
　　　　　　　　　出發。

二月七日　　　　　舍監木下健太郎接獲動員令，上午六
　　　　　　　　　時出發。

二月二十七日　　　聘臺灣總督府師範學校校長從七位木
　　　　　　　　　下邦昌擔任教務長。

　　　　　　　　　校長木村宣明不在期間命其擔任代理
　　　　　　　　　校長。

三月一日　　　　聘歧阜縣師範學校教師安東伊三次郎
　　　　　　　　　教授普通學。

三月二日　　　　教員江口辰太郎受聘於清國湖南省高
　　　　　　　　　等堂，故依願解約。

三月八日　　　　附屬委員兼會計堤永類接獲動員令，
　　　　　　　　　本日入伍。

　　　　　　　　　聘退役陸軍一等會計矢嶋隆教為附屬
　　　　　　　　　委員兼會計。

三月十一日　　　護理長高柳乙吉接獲動員令，本日
　　　　　　　　　入伍。

三月二十三日　　聘磯部清吉為醫員助手。

三月二十五日　　清國皇族溥倫貝勒殿下蒞臨本校，教
　　　　　　　　　職員及學生一同在校門口列隊歡迎，
　　　　　　　　　並於休息室準備茶點，由委員小山少
　　　　　　　　　佐集合全體教職員向殿下致敬。

三月二十九日　　第一期學生林肇民等二十二人通過畢
　　　　　　　　　業考試，但因還不能立即進入聯隊，
　　　　　　　　　所以未頒發畢業證書，繼續留校進修。

四月十二日　　　聘植木直一郎教授普通學。

五月四日　　　　新設器械體操、單槓、跳繩、欄杆。

五月五日　　　　呈報本校所定教科書的編纂方針如下：
　　　　　　　　　一、第一學期全部為會話。
　　　　　　　　　二、從第二學期開始教授文言體，至
　　　　　　　　　　　第三學期期末時則為會話與文言

體各佔一半。

三、假名的用法依照文部省的指示。

四、會話及文法的課本另外編纂。

但會話的挑選及編排由植木直一郎決定，文言體的挑選及編排由川田鐵彌決定。

五月十八日	聘上原梅三郎為訓育。
六月一日	解聘安東伊三次郎。 聘本多厚二接任。
六月八日	舍監佐藤喜平治接獲動員令，本日下午六時出發。
六月十一日	聘鍋田猛彥為舍監。
七月一日	聘委員陸軍砲兵大佐鑄方德藏為代理委員長。
七月三日	本日舉行典禮，頒發畢業證書給第一期和第二期的畢業生。第一期畢業生為林肇民等二十二人，第二期畢業生為蔣可宗等二十七人，合計四十九人。 福嶋委員長、堀內委員蒞臨本校。 來賓如下： 楊公使、馬參贊官、彥憙、趙理泰、沈兆禕、李寶巽、朱勖 篠田利英、木野村政德、和田純、辻千代吉 獲委員長頒發優等獎狀及獎品者如下： 第一期學生王凱成、方聲濤、石鐸

七月七日	第二期學生譚學夔、周承棪、李祖虞因畢業生入聯隊的時間未定,故依本人志願留校或休學,其情形如下: 畢業生四拾九名中 留校:拾名 休學:三十八名 回國:一名
七月十四日	任命會計太田春秀為陸軍省雇員。 聘吉田正吉為會計。
七月二十三日	聘會計吉田正吉兼任舍監。
七月二十四日	聘青山正雄為舍監。
八月三日	為練習游泳前往神奈川縣鎌倉郡川口村海濱,上午教授學科,下午教游泳。同月二十四日返校。 出差人員

職員

學生監代理	木下邦昌
舍監兼會計	野村岩藏
舍監	大川淺二郎
舍監	青山政雄
會計兼舍監	吉田正吉
醫員助手	磯部清吉

教員

教務長	木下邦昌
教員	鈴木重義
教員	船岡獻治

教員	高木次郎
教員	高柳彌三郎
游泳教師	北田正寅
	山本純吉
	榎原延吉
學生	二百零二名
喇叭手	一名
工友	一名
雜工	二名
廚師	七名
合計	二百二拾六人

九月五日	聘臺灣總督府國語學校的離職教授正七位橋本武，教授普通學。
九月十五日	本校醫師下瀨謙太郎因出差不在校，聘醫學士川地三郎為臨時醫師。
十月四日	本校醫師下瀨謙太郎返校，解聘川地三郎醫生臨時醫師之職。
十月十六日	聘臺灣總督府師範學校教授正七位張間多聞教授普通學。
十月二十七日	因學校教職員、學生及來往的廠商捐贈樹木，將之栽植於操場後更增添校園雅致。
十一月三日	參觀閱兵典禮：率領學生三百零七名至青山練兵場，參觀「天長節」閱兵典禮。
十一月六日	聘島根縣師範學校教師岸田蔣夫教授

普通學。

十一月十一日	上午十時起替第七、八、九班學生種牛痘。
十一月二十八日	聘袖山恆太郎擔任會計助理。
十二月三日	聘國學院畢業生森下松衛教授普通學。
十二月二十日	解聘醫師下瀨謙太郎之職。 聘川地三郎醫師為校醫。
十二月二十七日	依教授田中十三三之意解聘。
十二月末	修改以往所施行的第三表內容，送交第四表，自明年一月起實施。

三十八年

一月一日	上午七時三十分全校教職員及學生在操場集合，慶祝新年。
一月六日	上午八時三十分全校教職員及學生在操場集合，舉行開學典禮。
一月二十六日	贈送委員長等學校相關人士《三十七年度本校一覽》一書。
一月二十七日	會計兼舍監吉田正吉解職。
一月二十八日	聘退役陸軍步兵中尉長屋鑄三郎為學生監。
二月四日	本日為清曆元旦，故集合教職員、學生在操場舉行慶祝典禮。 聘原陸軍輜重兵曹長井出藤作為會計助理。
二月十三日	代理委員長岡步兵大佐蒞臨本校，巡視教學情形及校舍。

二月十七日　　　決定各班主任教師。

二月二十一日　　替第十班全部學生種牛痘。

三月十九日　　　聘女子高等師範學校教師渡邊政吉教
　　　　　　　　授普通學。

三月二十七日　　率領三百五十名學生參觀陸軍糧食廠。

三月三十一日　　頒發畢業證書給第三期學生劉棣茂等
　　　　　　　　四十三名。典禮流程如下：
　　　　　　　　由代理委員長堀內中佐頒發畢業證書
　　　　　　　　及獎品。
　　　　　　　　獲贈獎品的優等生如下：
　　　　　　　　江蘇省自費生　李祖植
　　　　　　　　江蘇省自費生　李祖宏
　　　　　　　　江南公費生　　曾繼梧
　　　　　　　　之後，宣讀委員長福嶋少將由滿洲所
　　　　　　　　寄發的賀電。
　　　　　　　　賀電：
　　　　　　　　恭賀振武學校的畢業典禮，並勉勵諸
　　　　　　　　君，前途無量，百尺竿頭，更進一步。
　　　　　　　　來賓：
　　　　　　　　清國公使楊樞、參贊官王克敏及隨員
　　　　　　　　翻譯官、各省監督等（因畢業生入聯
　　　　　　　　隊的時間定為學期末，故典禮結束後
　　　　　　　　皆離校在外住宿）

三月三十日　　　上午八時半率領第三、四班學生七十
　　　　　　　　八名，前往陸軍士官學校參觀頒授畢
　　　　　　　　業證書典禮。

四月十七日　　　語文課程出版以及認可與泰東同文局
　　　　　　　　的契約。

泰東同文局契約書：

　　振武學校編著的語文課程由泰東同文局出版、發行。編著者振武學校為甲方，發行人泰東同文局為乙方。兩方締結的契約如下：

第一條　　本書的著作權由甲乙兩方共有。

第二條　　乙方得以修改、增補本書的內容、譯成中文或更改標題，但必須徵得甲方的同意。

第三條　　出版、發行一切的責任及費用均由乙方負責。

第四條　　乙方每次發行，事先都必須經由甲方審核。

第五條　　本書的版稅為定價的一成。乙方每年應分兩次（六月、十二月）根據其銷售額付給甲方。

第六條　　乙方為宣傳而寄贈，以及以特價將新發行的樣本銷售給特定的書店時，三百本以內不需付版稅。

第七條　　甲方向乙方購買本書時，應有半價優待。但得比照前款不需付版稅。

第八條　　本書裝訂的樣式及定價由甲乙兩方協議決定。

第九條　　違背本契約者，對另一方當事人的要求有即刻負擔損害賠償的責任。

第十條　　本契約在本書著作權有效期內皆有效。

上述契約作成契約書兩份，各取一份。

　　　　　　　　明治三十八年四月十七日

　　　　　　　　東京市牛込區市谷河田町三十三號

　　　　　　　　編著者　　振武學校

　　　　　　　上述代表　　長屋鑄三郎

　　　　　　　東京市京橋區京橋水谷町七號

　　　　　　　發行人　　　泰東同文局

　　　　　　　上述代表　　藤山雷太

四月二十五日　　　確認語文課程的訂正。

語文訂正要點：

一、卷二、三有不少不妥當的課程內容，因此擬將上述
　　內容刪除，如刪除的內容過多，或可考慮訂正後合
　　訂為一本。

二、刪除或改正各卷中不合適的內容。

三、各卷再加添軍事教材及韻文。

四、統一文句、標點、段落。

五、訂正錯誤的附註注音及漢字。

六、訂正假名。

七、統一外國的地名和人名。

八、第一卷採全注音方式，其他卷則依常規注音。

　　負責訂正的是植木直一郎教師。

四月二十二日　　　備置學生教練用三十年式步兵槍一百
　　　　　　　　　枝（沒有附屬品）。

五月二十四日　　　率領第三、四班學生八十名參觀麻布
　　　　　　　　　飯倉天文台。

五月二十五日　　　率領第三、四班學生八十名參觀中央
　　　　　　　　　氣象台。

六月四日　　　　　備置三十年式步兵槍槍架五個（木製
　　　　　　　　　普通式及一百二十個附框）。

六月四日　　　　　核發校長及舍監制服、帽子（形狀、

徽章一概與學生相同）。

六月七日　　　　木造平房，長 240 尺、寬 36 尺、二百四十坪，走廊 240 尺、寬 6 尺、四拾坪的學生宿舍一棟及浴室、盥洗室興建完成。

簽訂上述工程契約者為駐守近衛師團經理部長笠原幸之助，承攬工程者為河合林三郎代理人，東京市赤坂區青山北町四丁目八十四番地的松本七郎左衛門。

六月十日　　　　舍監野村岩藏和大川淺二郎前往神奈川、靜岡兩縣，視察游泳練習地。

六月二十一日　　第七、八、九班遷入新落成的校舍。

六月三十日　　　頒發畢業證書給李任等七拾八名第四期學生。典禮流程及來賓等與三月的畢業典禮相同。獲頒獎品的優等生如下：

江蘇自費生翁之穀、湖南自費生丁沅蓀、江蘇自費生沈同午（因畢業生入聯隊的時間定為學期末，故典禮結束後皆離校在外住宿）

七月二日　　　　廚房改建工程完工（除掉原有隔間板，新備中柱，地板採用石敷，天花板採用鐵板，設置八個竈）。

上午教授學科，下午練習游泳。

出差人員

　職員

　　　學生監　　　長屋鑄三郎
　　　舍監　　　　野村岩藏
　　　舍監　　　　大川淺二郎
　　　舍監　　　　鍋田猛彥
　　　舍監　　　　青山政雄
　　　會計助理　　井出藤作
　　　醫師助理　　磯部清吉

　教師

　　　教務長　　　木下邦昌
　　　教師　　　　高木次郎
　　　教師　　　　渡邊政吉
　　　教師　　　　高柳彌三郎
　　　教師　　　　植木直一郎
　　　教師　　　　船岡獻治
　　　教師　　　　藤森溫和
　　　教師　　　　橋本武
　　　教師　　　　張間多聞
　　　教師　　　　岸田蒔夫
　　　教師　　　　鈴木重義
　　　教師　　　　森下松衛

　　醫師　　　　川地三郎

　　游泳教練

　　　　　　　　　北田正寅
　　　　　　　　　山本純吉

	永井繁
	永井誠三
學生	二百二十九名
喇叭手	一名
工友	二名
雜工	三名
廚師	十名
合計	二百六十一名

值班人員

舍監	一名輪替
教師	川田鐵彌
教師	御園繁
教師	本多厚二

其餘半數的教師輪流值班。

九月五日	準備下列教學用具：

一、室內用賽璐路、氣壓表

二、三球儀

三、岩石標本

四、中等教學用地圖

　　上山萬次郎編，日本部份

五、國定教學日本掛圖　野口保興繪

六、地形模型

九月四日	聘山梨縣師範學校長從六位安藤喜一郎教授普通學。
九月八日	教授川田鐵彌及船岡獻治依願解職。
九月十三日	聘會計助理井出藤作為會計。

九月十六日	教授森下松衛依願解職。
九月二十日	聘臺灣總督府學務課員杉山文悟教授普通學。
九月十六日	確認地理、歷史課程的編輯。
九月二十八日	配置槍枝及軍刀術道具二十組和教師用四組，以及練習服十件。
十月六日	依泰東同文局顧問伊澤修二的要求，將語文課本改名為言文課本。
十月十五日	新設器械體操用的單槓、跳馬。
九月二十八日	備置下列理化學用的器具：
	一、鐘擺裝置
	二、雙筒望遠鏡
	三、照相器材
	四、幻燈機
	五、幻燈片
	六、幻燈受光布
	七、羅盤
	八、電話
十月一日	日俄戰爭以來，申請入學的學生不斷增加，首先興建宿舍一棟，現今教室又告不敷使用，遂決定興建可容納約五百名學生的教室。與陸軍省交涉後，同意擴張校地為東西 300 餘尺，南北 96 尺。在這地上興建東西 213 尺、南北 33 尺的二層樓一棟，以及 150 尺、33 尺的平房一棟，本日開始

動工。

簽約人　　　駐守近衛師團經理部長
　　　　　　笠原幸之助

承攬工程者　東京市芝口一街十二號地
　　　　　　北川作藏

十月十九日　　　練兵處學生一百名及另外五名入學。
本期在學期間改為十八個月，因此依
照附表第五表教學。

十一月十五日　　確認會話、語文法以及化學課程編輯
之事。

十二月一日　　　學生監木村宣明自本日起開始辦公。
長屋鑄三郎免學生督察之職，改聘為
訓育。

十二月十三日　　聘陸軍中央幼年學校教師金澤卯一教
授普通學。

十二月十八日　　在新教室新啟用製繪圖用的桌椅及畫
板五十人份。

十二月二十五日　代理委員長堀內中佐提出下列指示：
經與清國公使協議，因病而需住院治
療的學生，若不想入住陸軍醫院者，
可提出申請入住地方醫院或遷地療
養。但費用一概自付。

十二月二十九日　新教室二層樓一棟、平房一棟興建完
工。將舊教室（現今的第五舍）改為
學生宿舍。增建教室後，本校的建築
物變為如附圖第八。

三十九年

一月一日　　　上午七時半全體教職員在操場集合，
　　　　　　　慶祝新年。

一月六日　　　開始在新教室上課。下午二時，委員
　　　　　　　長福嶋少將來校。下午三時，在教員
　　　　　　　室集合全體教職員並予以訓話。之
　　　　　　　後，檢閱器械體操及小隊教練，並巡
　　　　　　　視新落成的教室、廚房、餐廳以及福
　　　　　　　利社倉庫等。

一月十五日　　化學金屬四十八個、光學用器具定日
　　　　　　　鏡一個、理化學教室暗房的一切裝
　　　　　　　置、理化學實驗台一個等上述設備，
　　　　　　　核可購買。

　　　　　　　本校學生的制服和外套以往都是使用
　　　　　　　千住製絨的產品，但因價格非常昂
　　　　　　　貴，所以改為自民間購買，選用價格略
　　　　　　　同而較為耐用的貨品。自本年度起，
　　　　　　　夏季的服裝改為與軍隊的同質同色。

一月十六日　　第十班的畢業時間由三月改為六月。

一月二十四日　日語會話課程編纂完畢。

一月三十一日　清國皇族載澤殿下本日蒞臨本校。這
　　　　　　　一天，福嶋少將委員長、小池中佐委
　　　　　　　員以及殿下隨員、清國公使館館員等
　　　　　　　數人來校。

　　　　　　　聘宏文學院教師江口辰太郎教授普
　　　　　　　通學。

二月五日　　　與東京火災保險股份公司簽訂保險
　　　　　　　契約：
　　　　　　　八千五百圓
　　　　　　　　甲　木造瓦頂　平房建築
　　　　　　　　　　二百八十坪（學生宿舍）
　　　　　　　四千五百圓
　　　　　　　　乙　同上　一百三十七點五坪
　　　　　　　一萬兩千圓
　　　　　　　　同上　二層樓建築
　　　　　　　　　　一百九十五點二五坪
　　　　　　　上述合計　二萬五千圓
　　　　　　　保險費率平均一年每一萬元保費為三
　　　　　　　十五圓，故保險費總計為八十七圓五
　　　　　　　十錢。
　　　　　　　保險期間　自明治三十九年二月五日
　　　　　　　上午十一時至明治四十年二月五日下
　　　　　　　午四時。

二月二十二日　奉天學生四十名入學。這批學生改為
　　　　　　　在學二年，課程內容如附表六。

三月一日　　　聘預備陸軍步兵中尉從七位嶋田熊
　　　　　　　七、後備陸軍步兵少尉正八位木下健
　　　　　　　太、預備陸軍步兵少尉正八位飯野英
　　　　　　　夫為舍監。聘原陸軍翻譯（高等官待
　　　　　　　遇）伊藤松雄為會計。本日起設置值
　　　　　　　日教師二名，從晚餐後至點名為止留
　　　　　　　校，負責巡視在校生的自習教室，以

	及回答學生的課業問題。
三月十五日	化學課程編纂完畢。
三月十九日	湖南省、雲南、陝西、四川、安徽、江蘇、直隸省等派遣學生二十五名入學。
四月一日	一、修改內務細則及會計規定細則。自本日起開始實施。 二、將各班分為七個區隊，由各舍監擔任區隊長。 三、制定服裝、糧食、物品、財務等各委員制。 四、設置圖書主管。
同日	長屋鑄三郎免訓育之職，改聘為主任。鍋田猛彥免訓育之職，改聘為書記。井出藤作免會計之職，改聘為書記。聘預備陸軍步兵中尉從七位中野菊太郎為舍監。
四月七日	頒發第五期學生熊克家等二百零一名畢業證書。典禮流程如下： 教練：一、器械體操 　　　二、中隊教練 致詞：長青─教育與國家的關係、 　　　黃承恩─畢業感言 頒發畢業證書及獎品 優等生 湖北公費生　朱綏光

湖北公費生　劉器鈞

廣東公費生　黃承恩

河南公費生　曾昭文

山東公費生　穆恩堂

委員長福嶋少將、委員三原少佐及德田三等會計正等人來校，主持上述典禮。

來賓

清國公使楊樞、參贊官王克敏及隨員、翻譯官、各省監督及篠田利英、木野村政德等

四月十四日　　特別學生梁立巖等二名入學。

這一次畢業的學生不受往例所限，可依本人申請，特別允許回國休假三個月。

四月三十日　　本校教職員及學生百名奉准列席凱旋大閱兵，故率領職員四名和學生前往參觀。

五月一日　　　蒙古土爾扈特王帕勒塔入學。

五月三日　　　河南學生劉家敬等六十七名入學。

五月十五日　　泰東同文局出版日本言文課本。

送交在學三年的課程表（附表六）。

七月七日　　　頒發第六期學生劉祖武等四十二名畢業證書。典禮流程如下：

教練：一　器械體操

　　　二　小隊操練

演講：孫國英—拿破崙的故事
　　　胡謙—忠勇的列奧尼達
　　　　　　（Leonidas）
頒發畢業證書及獎品
優等生：雲南公費生　唐繼堯
代理委員長小池中佐來校主持典禮。
來賓：清國公使楊樞、參贊官王克敏
　　　及隨員、翻譯官、各省監督與
　　　篠田利英、木野村政德等

附圖一　振武學校簡圖

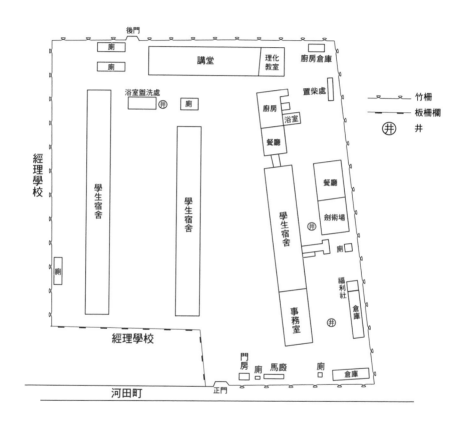

附表二　清廷武學生教育概表中關於振武學校的摘要

〔1903 年創校初之課程概要〕

學期	年次	步兵科		備考
		學科	術科	
第一年上半期	自十二月上旬至五月下旬	一 日語 二 日文 三 算術 四 幾何初步 五 圖畫	一 體操	一 體操以柔體操為主，機械體操為初步。
普通學教育期	第一年下半期 自六月上旬至十一月下旬	一 日語 二 日文 三 算術 四 幾何 五 三角法 六 代數 七 歷史 八 地理及地文 九 化學 十 博物學初步 十一 圖畫 十二 典令教學	一 體操 二 個別操練 三 劍術 四 部隊操練	一 術科皆嚴格實施，以培養軍紀為目的。 二 典令教學以步兵操典、體操教學、劍術教學為主。步兵操典則僅限於訓讀，兵語及戰術上的解釋留待他日。
	第二年上半期 自十二月上旬至三月下旬	一 日語 二 日文 三 幾何 四 三角法 五 代數 六 歷史 七 化學 八 物理 九 博物學初步 生理衛生 十 圖畫 十一 典令教學	一 體操 二 個別操練 三 劍術 四 部隊操練 五 距離測量 六 短距離射擊	一 典令教學包括步兵操典、野外要務令及體操、劍術教學等。步兵操典、野外要務令與前述的備考相同。

附表三　學術科課程表

〔1903 年創校之課程表〕

學科目	每週授課時間	第一學期（五個月）
日語	前三個月十八小時	從片假名、清音、濁音、拗音、促音等開始，練習正確的發音。接著進行口語練習，使單字、單句等皆與文言文一致。之後再教授夾雜有漢字的會話，以學會標準話為務。但此學期語、文仍還分開，為培養實際應用的口語能力，也不時採取演說、會話等方式。以下各學期皆相同。
日文	後三個月十六小時	
歷史	後二個月一小時	滿洲的興起、明朝的滅亡、歐人的東來、俄羅斯的東侵
地理	後二個月一小時	中國地理大要
算術	前三個月三小時 後二個月四小時	名數、記數、四則運算、整數之性質、最大公約數、最小公倍數
代數	後二個月二小時	從緒論到整數一次方程式
幾何		
三角		
物理	後一個月一小時	力學大要
化學	後二個月一小時	物質變化
生理衛生	後一個月一小時	骨骼及衛生
圖畫	三小時	自由畫
典令教學		
體操	六小時	兵式體操及器械體操、各個教練
備考		

學科目	每週授課時間	第二學期（五個月）
日語	前一個月十四小時	接續前期，再進一步教授口語化的文章，加強會話能力。接著再教授文章體，以期明瞭其意義。
日文	後三個月十二小時	
歷史	前二個月一小時 後三個月二小時	清朝的塞外經營、西南經營、官制及兵制；英人的印度經營、鴉片戰爭、中亞的情勢、英俄的衝突、法國之侵略南半島、中日衝突
地理	一小時	教授韓國、法屬亞洲、暹羅、英屬亞洲、海峽殖民地、英屬印度、波斯、西伯利亞等地理的大略
算術	前三個月四小時	分數、分數雜題
代數	三小時	聯立方程式、因數分解、分數
幾何	前二個月二小時 後三個月三小時	緒論、直線論
三角		
物理	前一個月一小時 後四個月二小時	物性、音響、熱學、光學
化學	前一個月一小時 後四個月二小時	元素 化合物化學式
生理衛生	一小時	肌肉、皮膚、消化器官及其衛生
圖畫	三小時	自由畫、用具畫
典令教學	前三個月二小時 後二個月三小時	步兵操典 步兵射擊教學
體操	六小時	個別教練 小隊操練 器械體操
備考		

學科目	每週授課時間	第三學期（五個月）
日語 日文	十二小時	接續前期，再稍微提高程度。教授普通文及文典初步。也將漢文譯成日文，以期通曉日本語文。
歷史	二小時	阿拉伯人的興起、蒙古族入侵歐洲、俄國及葡、西、英、法、荷蘭在東西洋的殖民、俄土戰爭、最近西洋各國的情勢、十九世紀西力在東洋的進展
地理	二小時	教授歐美各大國家地理的大要及地文概略
算術		
代數	四小時	二次方程式、比例、級數、指數論
幾何	三小時	圓之基本性質 圓（續）面積 比例
三角	前三個月 二小時 後二個月 三小時	角的測量法 圓函數 直角三角形 圓函數 和差角
物理	三小時	磁力、電力
化學	二小時	接續前期及教授化學緒論的概要
生理衛生	一小時	循環器官、呼吸器官、排泄器官、神經系統、五官之衛生
圖畫		
典令 教學	三小時	接續前期及野外要務令 劍術教學
體操	六小時	複習前項以及中隊教練
備考		

附表四　振武學校學術科課程表

〔1903 年創校初之課程概要〕

學期 學術科	第一學期		第二學期	
	前期	後期	前期	後期
日本語文	閱讀 閱讀 解釋 會話 問答 聽寫作文 聽寫　18	閱讀 閱讀 解釋 會話 問答 筆記 聽寫作文 聽寫 文法 語法　15	閱讀 閱讀 解釋 會話 問答 筆記 背誦 聽寫作文 聽寫 造句 文法 語法　12	閱讀 閱讀 解釋 會話 問答 筆記 背誦 聽寫作文 聽寫 造句 文法 語法　12
歷史		22 東洋史	33 東洋史	33 西洋史
地理		33 亞洲	33 大洋洲 歐洲	33 歐洲 非洲 美洲 南北極
算術	名數法 記數法 整數及小數 加減乘除（公尺法度量衡）數的性質　6	分數 諸等數（傳統度量衡 時間 貨幣 加減乘除）比及比例　6	比及比例 百分比及利息算法 開平方 開立方 求積　4	
代數		緒論 整式（加減乘除）　33	方程式（一元一次、多元一次的聯立式）　33	整式（續）因數 最大公約數 最小公倍數　33
幾何			平行線 三角形　3	平行四邊形 圓　3
三角				
物理				總論 物性 力學　33

學術科 \ 學期	第一學期 前期		第一學期 後期		第二學期 前期		第二學期 後期	
化學					22			總論 各論（非金屬部分）
生理衛生					11			總論 骨骼系統 肌肉系統
圖畫	5	自由畫	4	自由畫 用具畫	2	用具畫		
典令					33			小隊步兵操典（一百〇四頁）劍術教學刺槍術（三十頁）體操教學（二十頁）
體操	66	柔軟體操、個人訓練、分隊訓練、器械體操第一級、敬禮法（室內外）、軍隊內務摘要			66	同上演習 刺槍術、小隊操練、器械體操第二級、槍及槍套的名稱及保養法、距離測量、武官的官制及制服		
合計	35		39		39		39	

學術科 \ 學期	第三學期 前期		第三學期 後期	
日本語文	8	閱讀　閱讀、解釋　會話　問答、筆記、背誦　聽寫作文　聽寫、造句　語法　文法	8	閱讀　閱讀、解釋　會話　問答、筆記、背誦　聽寫作文　聽寫、造句　語法　文法
歷史	32	西洋史	22	西洋史及世界各國情勢 現代文物
地理	22	地理總論 地文	11	地文
算術				
代數	33	分數式及方程式（續）	33	方程式（續）
幾何	4	圓（續）軌跡、面積比、比例相似形	4	比例（續）立體 直線及平面、立體角、多面體‧球、圓柱、圓錐

學期 學術科		第三學期		
		前期		後期
三角	3	銳角的圓函數 圓函數相互的關係 餘角的圓函數 一般的圓函數 圓函數的符號及大小 負角的圓函數 直角三角形的解法	3	補角的圓函數 二角的和及差的圓函數 倍角及分角的圓函數 各種公式 對數表的用法 三角形的解法 測量的應用
物理	33	音響 熱學	44	磁力學 電學 光學
化學	33	各論 非金屬（續） 化學理論	33	各論 金屬部分 有機化學大要
生理衛生	22	消化系統 呼吸系統 循環系統	22	泌尿系統 神經系統 五官
圖畫				
典令	33	中隊步兵操典（三十頁） 野外要務令（二百頁） 劍術教學軍刀術（二十頁）		
體操	66	同上演習 軍刀術、器械體操第三級、中隊訓練、距離測量 模擬射擊演練、短距離射擊、各兵種的性能及識別		
合計	39		39	

備考　以往本校只規定各科目的時間表，並沒有特別
　　　規定課程。因此各科教師先制定教學細目後，
　　　再依上述教學細目製作本表。本表暫定至本年
　　　十二月中旬。

附表五　自明治三十八年十月入學的學生開始實施振武
　　　　學校學術科課程表

〔1905 年第一次改制後的課程表〕

學期 學術科	每週授課時間	第一學期	每週授課時間	第二學期	每週授課時間	第三學期
語文	20	閱讀 　閱讀、解釋 會話 　問答、筆記、背誦 聽寫作文 　聽寫 　文法 　語法 （後三個月為16小時）	15	閱讀 　同上 會話 　同上 聽寫作文 　聽寫、造句 文法 　同上	12	閱讀 　同上 會話 　同上 聽寫作文 　聽寫、造句、作文 語法 　文法
歷史地理	3	歷史 　東洋史大要 地理 　亞洲、大洋洲（後三個月開始上）	2	歷史 　西洋史大要 地理 　非洲、歐洲、美洲	2	地文
算術	6	緒論、整數及小數、諸整數、整數的性質、分數、諸等數、比及比例	2	百分比及利息算法、 開平方、 開立方、求積		
代數	3	緒論、整式（後三個月開始上）	4	方程式、 整式（續）、 分數式	5	方程式（續）、無理式、比及比例、級數
幾何	3	緒論、直線（後三個月開始上）	4	平行四邊形、圓、面積	5	面積（續）、比及比例立體的大要
三角					2	三角法大要
物理			1	總論、力學	3	物性、熱學、磁力、電力音響、光學
化學			2	總論、非金屬	1	非金屬（續）、金屬
生理衛生					1	生理衛生大要

學術科\學期	每週授課時間	第一學期	每週授課時間	第二學期	每週授課時間	第三學期
圖畫	4	自由畫、用具畫（後三個月為2小時）	1	用具畫		
典令			2	體操教學、步兵操典劍術教學	2	射擊教學、步兵操典野外要務令
術科	5	柔軟體操、器械體操個別操練、室內外的敬禮法	5	柔軟體操、器械體操個別操練、分隊操練○槍器的名稱	5	同上練習（柔軟體操、器械體操、個別操練、分隊操練）分隊散兵、小隊教練、小隊散兵、刺槍術、軍刀術、中隊教練、野外演習○各兵種的性能及識別
合計	38	（前三個月為35小時）	38		38	

備考　術科的課程中印有○者，是因雨雪而無法在室外
　　　演習時所教授的內容。

附表六　振武學校學術科課程表

〔1906 年第二次改制後的學術課程表〕

科目		每週授課時數	第一學期（前二個月）	每週授課時數	第一學期（後四個月）	每週授課時數	第二學期
				第一學年			
日本語文	閱讀	9	言文課本首卷	8	言文課本卷一	6	言文課本卷一、二
	會話	2	會話課程實物指導會話等	8	言文課本卷一	7	會話課程、實物指導、各種故事、自由會話等
	語文法			3	語法課程	3	會話課程、實物指導、各種故事、自由會話等
	聽寫作文			1	聽寫	1	聽寫習作
歷史地理						3	亞洲、大洋洲、非洲東洋史大要
數學	算數	6	加減乘除	6	複名數、整數的性質、分數、單比例	3	複比例、比例分配混合、百分比、利息的算法、開平方、開立方
	代數			3	緒論、整式的四則運算	4	一次方程式、因數、約數、倍數、約分、通分
	幾何					4	緒論、三角形、平行線、平行四邊形
	三角						
物理							
化學							
生理衛生							
圖畫		5	自由畫	5	自由畫寫生、圖學	1	圖學
典令						2	體操教學、步兵操典

科目	第一學年					
	每週授課時數	第一學期（前二個月）	每週授課時數	第一學期（後四個月）	每週授課時數	第二學期
術科	5	柔軟體操 器械體操 個別操練 室內外的敬禮法 ○軍隊內務書摘要	5	自由畫 寫生、圖學	5	柔軟體操 器械體操 個別操練 分隊操練 ○槍具的名稱及維修法 ○距離測量
合計	36		39		39	

科目		第二學年			
		每週授課時數	第三學期	每週授課時數	第四學期
日本語文	閱讀	4	言文課本卷二、三	3	言文課本卷四
	會話	5	實物指導、各種故事、自由會話等	3	言文課本卷四
	語文法	3	文法課程	1	言文課本卷四
	聽寫作文	1	聽寫 習作、作文	1	聽寫、作文
歷史地理		2	歐洲、美洲 西洋史大要	2	地文 世界各國情勢 現代文物
數學	算數				
	代數	4	分數式的四則運算、一次及二次方程式	4	次方、根、指數、比及比例、級數、順列及組合、二項式定理、對數
	幾何	4	圓、作圖題 面積	4	比、比例 立體大要
	三角			4	角的量法、銳角的圓函數、對數表的用法、直角三角形的解法、一般角的圓函數、三角形的解法
物理		4	緒論、物性 力學概論 熱學及光學	4	光學（續） 磁力學及電學 力學詳論、餘論
化學		3	總論 無機物	3	無機物 有機物

科目	第二學年			
	每週授課時數	第三學期	每週授課時數	第四學期
生理衛生	1	運動器官 內臟器官	1	內臟器官（續） 動物性器官
圖畫				
典令	3	劍術教學 步兵操典 野外要務令	4	射擊教學 野外要務令 步兵操典
術科	5	同上練習 分隊散兵 小隊操練 小隊散兵 刺槍術 ○距離測量 ○射擊演習 ○各兵種的性能識別	5	同上練習 軍刀術 中隊操練 近距離射擊 野外演習 ○射擊演習
合計	39		39	

備考　術科的課程中印有○者，是因雨雪而無法在室
　　　外演習時所教授的內容。

附表七　振武學校教學及訓育科目表

〔此係蔣介石在學期間課程表，為振武學校 1906 年第三次
改制後的學術課程表〕

科目		第一學年						第二學年					
		前期			後期			前期			後期		
		課程細目	一週	一期	課程細目	一週	一期	課程細目	一週	一期	課程細目	一週	一期
日文	讀法解釋	閱讀解釋	9	198	閱讀解釋	7	133	閱讀解釋	6	132	閱讀解釋	4	76
	會話	會話	9	198	會話	7	133	會話	6	132	會話	4	76
	聽寫作文文法	聽寫作文	2	44	聽寫作文文法	4	76	聽寫作文文法	4	88	聽寫作文文法	4	76
歷史													
地理								亞洲大洋洲	2	44	非洲歐洲	2	38
數學	算術	整數小數諸等數（四個月後才上）	4	88	整數的性質分數比比例次方根	6	114						
	代數				緒論整式方程式	4	76	方程式（續）分數	4	88	方程式（續）無理式比比例	4	76
	幾何							緒論直線圓	3	66	圓（續）面積	3	57
	三角												
	解析幾何												
物理											總論力	2	38
化學											緒論無機物	2	38
博物	植物							植物概要	2	44			
	動物							動物概要					
	人身生理										人身的生理衛生	2	38
	礦物												
圖畫		自由畫幾何畫	5	110	幾何畫投影畫	2	38	投影畫	1	22	投視畫	1	19

學年＼科目		第一學年				第二學年			
		前期			後期		前期		
		課程細目	授課時數		課程細目	授課時數	課程細目	授課時數	課程細目 授課時數

先以完整結構重製：

		第一學年 前期 課程細目	一週	一期	第一學年 後期 課程細目	一週	一期	第二學年 前期 課程細目	一週	一期	第二學年 後期 課程細目	一週	一期
訓育	學科							軍隊內務摘要 陸軍禮儀摘要 體操示範 劍術示範	3	66	步兵操典第一部第一～三章 要務令第三篇第四篇第五篇	3	57
	術科	敬禮 禮儀 號令解說 各種徒手操練 徒手體操 器械體操第一部	5	110	複習前期器械體操 第二部各種執槍教練	5	95	複習前期 小隊操練 劍術 射擊預習	5	110	複習前期中隊操練 野外演習 應用體操	5	95
合計			34	748		35	665		36	792		36	684
週數		22			19			22			19		
科目數		6			7			11			12		

學年＼科目		第三學年 前期 課程細目	一週	一期	第三學年 後期 課程細目	一週	一期	合計
日文	讀法解釋	閱讀解釋	4	88	閱讀解釋	3	57	684
	會話	閱讀解釋	4	88	閱讀解釋	4	76	703
	聽寫作文文法	閱讀解釋	2	44	聽寫作文	1	19	347
歷史		東洋史	2	44	西洋史	2	38	82
地理		歐洲（續）美洲	2	44	地文地質	2	38	164

科目 \ 學年		第三學年						合計
		前期			後期			
		課程細目	授課時數		課程細目	授課時數		
			一週	一期		一週	一期	
數學	算術							202
	代數	級數，排列、組合、二項式定理、對數	3	66				306
	幾何	比、比例平面（立體）	3	66	多面體曲面體	3	57	246
	三角	平面三角法	2	44	平面三角法	3	57	101
	解析幾何				平面解析幾何	3	57	57
物理		熱、音、光	3	66	磁、電、重力學	4	76	180
化學		無機物	2	44	有機物	2	38	120
博物	植物							44
	動物							
	人身生理							38
	礦物	礦物概要	1	22				22
圖畫								189
訓育	學科	步兵操典第二部第一、二章要務令第六篇步兵射擊示範	3	66	野戰築城示範急救法摘要、軍制大意	4	78	265
	術科	複習前期距離測量路上測圖	5	110	複習前期	5	95	615
合計			36	792		36	684	4365
週數		22			19			
科目數		13			13			

備考：

一、本表以十二月一日為第一學年的開始。

二、本表中第一學年的前期，前三個月的算術授課時間改上語文課。

三、除本表外，暑假期間也教授游泳及必要的學科。

附圖八　振武學校簡圖

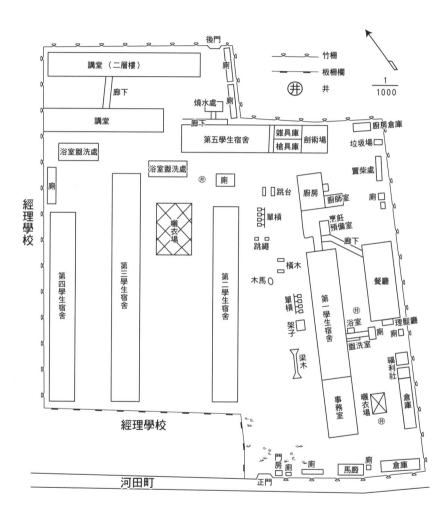

附表九　創立當時各學年學生人員增減表

（明治三十九年九月一日調查）

區分 年月	增 入學	減			各年底現在 的人數
		畢業	退學	死亡	
三十六年 （自八月開始）	39 另外在學者 76 人	4	9		102
三十七年	341	49	46		348
三十八年	170	121	13	2	382
三十九年 （至八月止）	145	245	48	2	477
合計	695 另外在學者 76 人	419	116	4	
備考	一、在學是指創立當時在學的學生。 二、黑筆撰寫代表增加，紅筆撰寫代表減少。 〔徵集原件係黑白，無法辨識黑紅字〕				

振武學校沿革誌（三十九年九月調）

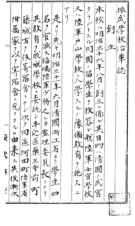

振武學校沿革誌

　創立

本校ハ明治三十六年八月ノ創立ニ係ル其目的ハ清國ノ武官タラントスルノ同國留學生ヲ收容シ成陸軍士官學校又ハ陸軍戸山學校ニ入學シ豫備教育ヲ施スニアリ是ヨリ先キ明治三十一年六月清國浙江省ヨリ學生四名ヲ官派シ福嶋陸軍少將之ヲ監理委員長トリ其教育ヲ成城學校ニ委託シ牛込區藥王寺前町藤城方ヲ假寄宿舍トナシ次テ同區河田町陸軍省附屬家ヲ以テ寄宿舍ニ充テタル由來ハ其後漸次

學生ノ數ヲ增加シ明治三十三年中三十九名同三十四年中二十二名同三十五年中七名同三十六年八十九名合計百五十七名ノ卒業生ヲ出スニ至レリ是ニ於テ成城學校ニ於ケル教育ノ委託ヲ解キ七月下旬訣校ヨリ引續キ教育ヲ受ケ同校ノ一切ノ準備ヲ整ヒ學生監ヲ設ケ陸軍歩兵中佐木村宣明ヲ以テ之ニ充テ後備隊ノ實ニ命名シ次テ東京府廳ニ設立手續ヲ爲シ振武學校ト命名シ授業ヲ開始レタルハ實ニ明治三十六年九月一日ナリキ

　學校規則及寄宿舍規則

學校規則ハ九章分ケ三十二個ヨリナル其要項ヲ摘載スレハ左ノ如シ

第一條　本校ハ清國留學生ノ将来陸軍軍人タラン
ヲ欲スル者ノ為メニ設クルモノトシ其他日陸軍士官學校若
ハ陸軍戸山學校入學ノ準備教育ヲ為スモノトス

第二條　修業年限ハ一年三ヶ月トシ一箇
月ヲ以テ一學期トシ毎期ヲ...五ト

第三條　修業年限ヲ分チ三學期トシ毎學
期...

第六條　試驗ハ分ヶ月末試驗學期試驗卒業試驗
ノ三種トシ各日ニ付シテ各自ノ反省次第ニ
... 且ハ其ノ年齢ト六歳次以上ニシ
テ本校所定ノ學科課程ヲ修ハル得べキ素力アル
者トス

第七條　入學志願者ハ規定ノ入學願書ニ左ノ書類
ヲ添ヘ清國政府ヨリ派遣セラレタル留學生總督
ヲ經テ留學生監理委員長ニ願出ヅベシ

一、履歴書
二、現ニ普通ノ撰ニ如キ責任アル清國官吏ノ
　保證書若ハ類似ノ書類ノ保證状

第十二條　留學生監理委員ハ
三、来朝前後ニ... 學ニ入學ノ二種トス
留學資ハ一名一年額参百圓トシ入學ノ際ニ
第十五條　學ハ六命ニ退學ヲ請参百圓トシ學生總督ニ依リ...
但四ヶ月分ヲ以上ハ學生總督ヲ經テ學生監理委
員長ニ前納ヲ要ス但毎月二十五日ニ当該月額貳拾五
圓ヲ前納スベキ後

関スル納入ヲルヘモノトス

第五十條　本校ニ左ノ職員ヲ置キ清國陸軍學生監理
委員長ノ下ニ屬セシム

學生監　　　若干
舍監　　　　若干
教員　　　　若干
醫員　　　　若干
同助手　　　若干
同助手　　　若干
同計　　　　若干
同助手　　　若干

書記　　　　若干
寄臨會規則ノ七章ニ分チ六十五條ヨリナルノモノタ
ル者入

會計規定

會計規定ハ六章ニ分ケ四十六條ヨリナルモ其要項ヲ舉
レバ

一、會計年度ハ毎年四月一日ヨリ
　翌年三月壹日ニ至ル
二、通信運搬費、備品費、雑品費、雑件費ノ四項及
　雜給補修費類料ハ三日ニ定額ニ頒ケ依リ其經理ヲ
　　校長ハ學生監理ス
　　本校ノ管理物

本校嘗テ連物ノ學、師團經理部ノ所管ニ屬シ大修理
ハ該部ニ請求シ小修理ハ本校自カラ之ヲ行フ入而シテ
創立當時ノ成城學校ヨリ引繼ヲ受ケタル建物ハ附高其
一ノ如シ

一 敎育課程

監理委員長ヨリ示サレタル淸國武學生敎育槪表中
本校ニ關スルモノ附表第一ノ如シ
本校ノ創立當時學術科課定表、附表第三ノ如シ
普通學敎科書八左ニ列記スルモノヲ用ユ

一 日文敎程　　　　　成城學校編纂
一 算術敎科書　　　　長澤龜之助編

一 中等敎育踐何學敎科書　　長澤龜之助編
一 中等代數學敎科書　　　　樺正董編
一 平面三角法敎科書　　　　遠藤又三編
　及ヒカヲス氏立附、對數表
一 新編中學地理
一 新式地史學　　　　　　　天沢昌永編
一 歷史　　　　　　　　　　岩崎重三編
　（納言東洋史）
　（吉岡福吉史明）
一 生理衛生學　　　　　　　泉篤雄編
一 近世化學敎科書　　　　　齋田功太郎編
一 新編中物理學敎科書　　　池田菊苗編
　　　　　　　　　　　　　木村駿吉編
一 中等敎育用圖畫敎科書　　山口大蔵編

一 中等臨畫

留學生監理委員及附屬

委員長　陸軍少將　　　　福嶋安正
委員　　陸軍步兵中佐　　由比光衛
同　　　少佐　　　　　　藤井幸遍
委員　　陸軍步兵中佐　　小山秋作
同　　　陸軍步兵大尉　　田中新助
同　　　陸軍砲兵大尉　　東乙彥
同　　　陸軍步兵大尉　　桐原集一
　委員附屬
同　　　陸軍訓導　　　　平岩道知
同　　　　　　　　　　　宋吉馬

職員及敎員

　職員

學生監　後備陸軍步兵少佐　木村宣明
同　　　　　　　　　　　　佐藤喜平名
同　　　　　　　　　　　　野村岩藏
會監　　　　　　　　　　　木下健太
同　　　　　　　　　　　　武井三平
計　　　　　　　　　　　　堤永顗
遉檢閣　　　　　　　　　　太田春秀
醫　　陸軍一等軍醫　　　　下瀬謙太郎
同　　　　　　　　　　　　高柳乙吉

教員

坂部林三郎
鈴水重義
高柳彌三郎
船岡献治
大塚幸平
田中十三三
愛甲平一郎
江口辰太郎
藤森溫和
高木次郎

游泳演習

學生
成城學校ヨリ本校ニ轉入ノモノ
卒業學生七拾五名
朱卒業ノモノ七拾二名

柳園榮

八月一日以後神奈川縣鎌倉郡川科浦津類ニ出張シ午前學
科午後游泳ヲ教授シ四月三十日歸校

出張人員

學生監　木村宣明
舍監　野村岩戴
教員　坂部林三郎
復　鈴水重義
同　高柳彌三郎
同　船岡献治
醫員助手　高柳ひ吉
水泳教師　北田正寅

殘留人員

學生六十七名
給仕一名
小使二名
炊夫二名
司計矮水類
舍監佐藤嘉平治
卒業學生七拾五名
休操學生四名
小使四名

紹仕　一名

九月十四日　舎監武井三平辞任
　　　　　　舎監大川鐵二郎右後任ヲ嘱セラル
九月十五日
九月十六日　敎員坂部林三郎辞任
九月廿日
　　　明　大塚幸平辞任

樹栽

十月十日　福島委員及校長學生ノ寄附ヲ受ケ正
門内ニ樹木ヲ栽培シ又成學校ノ管理島トシ當時校
内ニ一株ノ木ナク雜草叢生ニ貽シテ陵廻ノ如キ親ハリシ
夕爾来酒掃ヲ勉ムルト共ニ此樹木ヲ栽培ニ依リ景致
ヲ添ヘ好者ヲ呈スルニ至レリ

十月二十三日　三十年式歩兵銃及附属具共五十組ヲ受
　　　領ス
十月　日　練兵大臣鈴良一行来校入
廿日　日　次長蒞観兵式擧観ノ為メ青山練兵場
星ニ臨與三名　敎員五名　學生七拾六名
十月十五日　水道ノ敷設入
十月二十日　康操學生童常標曲得勝劉炳龍喩得
標ノ四名卒業、福嶋委員長ヨリ軍刀及附属品共一組
ヲ、賜與セラル
十一月三十日　陸軍士官學校卒業式拜観ノ為ノ午前八

時三十分出發同校ニ至ル職員三名敎員一名學生八十六名
十二月三日　是ヨリ先キ清國公使蔡釣辞任ニ付其後
任場挺着生披露トレテ本日来校セル
十月廿五日　敎員愛甲平一郎辞任
三十七年
二月一日　午前九時校員學生一同大講堂ニ会
集祝賀ノ式ヲ擧ヘ
観兵式拜観
十一月八日　午前八時學生百七名ヲ率ヒ青山練兵場ニ
至リ陸軍始観兵式ノ拜観セシム
學生卒業期ニ関シ意見具申

一月二十二日　學生卒業期ニ関シ大要左ノ如キ意見ヲ委
算長ニ具申ス
卒業後ニ在校月数少ナキハ一ヶ月多キモ九ヶ月長キニ
至ルモノアリ已ニ卒業證書ヲ與ヘタル學生ニ補修ノ名ノ
ナク貴重ノ身智利益ヲ勧誘シルモノナルヘシ　誠實ニ學
實ニ鈍學スルモ
ヲ取リ甚シキハ寄宿舎ヲ變シテ下宿屋ニ観タラシメ
其害實ニ鮮少ナラストス故ニ先ヅ入隊期ヲ確定セシ
之ヲ貴軍ニテ卒業セシメントシテ切ニ希望シ大々
二月九日　文學士川田鐵涸普通學敎授ヲ嘱セラル
二月六日
　　學生監木村宣明動員下令、命、㙯ジ午前

六時出發
二月七日
時ニ出發
二月二十七日　台灣總督府師範學校長從七位木下邦昌敎
頭ヲ囑託セラル
同日　學生監木村直明不在ノ中學生監代理ヲ命
セラル
三月一日　岐阜縣師範學校敎諭安東伊三次郎普通學
敎授ヲ囑託セラル
三月二日　敎員江口辰太郎淸國湖南省高等學堂ヘ
招聘ノ約ヲ以テ囑託ヲ解カル

委員附屬藏司針堤永類勤貨下令ノ
二接シ本日應召
三月八日
同日　退役陸軍一等主計矢鴨陸敎隶貨附屬蔑
司計ヲ囑託セラル
三月十一日　看護長高柳乙吉勤貨下令ノ二接シ本日
應召
三月十九日
三月二十五日　城那淸吉醫貨助手ヲ囑託セラル
三月二十五日　淸國皇族傳備員勤貨下來校
及學生一同門内ニ整列シ奉迎休憩所ニ於テ茶菓ヲ供ヘ
委員小山少佐欵職貨一同ヲ集メ殿下ヨリ挨拶ヲ傳
達セラル

一會話及文法ニ用書ハ（別ニ編纂ス
但話語ノ精選及排列ハ植木直
精選及採列ヲ川四鐵彌ニ定メ
五月八日　上原雄立郞囑託セラル
六月一日　安東伊三次郎囑託ヲ解カル
同日　右後任トシテ本多厚二囑託セラル
六月八日　會監佐藤喜平治勤貨下令ノ二接シ本日
午後六時出發ス
六月十日
七月一日　鍋田猛彥囑託セラル
委員陸軍砲兵大佐鑄方德藏委員長
代理ヲ囑託セラル

三月二十九日　第一期學生林學氏以下二十三名ニ卒業試驗
ヲ終了セシメ來タ聯隊ニ入營スルニ當リ之ニ卒業證
書ヲ與武ヲ施行セス續在校ノ者ハサルヲ以テ之ヲ補修シ
四月二日　植木直ニ郎普通學敎授ヲ囑託セラル
四月四日　器械休操棚跳馬、手摺ヲ新ニ設ケ
五月六日　器械用讀本編纂ノ方針ヲ左ノ如ク定メ
上事ス
一第一學期ハ全部話ト話トセリ
一第二學期ヨリ文話交ヘ第三學期ノ終ニハ話話
ト文話ヲ相半シカラシムルコト
一假名遣ハ文部省令ニ準據スルコト

七月三日　本日學一期第二期卒業生ノ卒業證書授
與式ヲ擧行セル第一期卒業生林筆武以下二十二名身
二期卒業生兵員符可守以下二十七名計四十九名
福鳴委員長堀內委員來校セラル
來賓左ノ如シ
楊公使、馬參贊官、彦恵、趙理泰、沈兆禕、
李寶巽、來勛
蒓田川英、水野村政憬、和田純、二十代吉
委員長ヨリ優等證及賞品ヲ授與セラレシモノ左
ノ如シ
學一期學生王凱成、方聲濤、右驛

第二期學生譚學虁、周永羨、李祖熹
七月七日　卒業學生歸隊入營ノ時期未定ナルヲ以
テ本人ノ志望ニ依リ留校又ハ休學ヲ命セラレシモノ左
ノ如シ
卒業學生四拾九名ノ内
留校　拾名、休學　三十六名、歸國一名、
七月十四日　司則太田者秀陸軍首雇員ヲ命セラレタル
今日　吉田正吉司計舍監度務ヲ囑託セラレタル
七月二十二日　司計吉田正吉舍監度務ヲ囑託セラレタル
七月二十三日　青山跌雄舍監ノ屬託セラレタル
八月二日　游泳演習ノ爲々神奈川縣鐮倉郡川口村

中旬ヨリ出張年前學科年後游泳ヲ教授シ四月二十四日
歸校ス
出張人員
職員
　　　學生監助理　木下邦昌
　　舍監度司計　野村岩藏
　舍監　大川淺三郎
　同　青山跌雄
　司計庶會監　吉田正吉
　醫員助手　磯許清吉
敎員

游泳教師
敎頭　木下邦昌
敎員　鈴木重義
同　舩岡献治
同　高木次郎
同　高柳彌三郎
北田正寅
山本純吉
榎原延吉
學生二百二名　咖小手

給仕　一名
小使　二名
炊夫　七名
二百二拾六人

普通學科教授ヲ囑託セル
十月二十七日
校友學生及出入商人ヲ
シバ次デ校ニ配植ニ更ニ一段ノ風致ヲ添フ
觀兵式拝觀　樹木ヲ寄贈アリ
十月三日　學生三百七名ヲ率ヰ青山鍊兵場ニ至リ天
長節觀兵式拝觀セシム
十一月六日　島根縣師範學校教員岸田蒋夫普通
學科授ヲ囑託セル
十一月十日　午前十時ヲ以テ第七八九班學生ニ種痘ヲ施
行ス
十一月廿八日
袖山恒太郎司計助手ニ囑託セル

九月五日
本武普通學科教授ヲ囑託セル
九月十五日
ドクトル川地三郎本校醫員
下瀬鍊太郎出張不在中臨時醫員ヲ囑託セル
川地三郎臨時醫員ヲ囑託シ解ケル
十月四日
台灣總督府師範學校教授正七位張橋多聞

始業式ヲ擧ケ
一月五六日　三十七年度本校一覧成ル　委員長ヨリ下學
校園像ナ者ニ贈與ス
一月二十七日　司計賣會吉田正吉ヲ囑託ヲ解ケル
一月二十八日　退役陸軍寺夾中尉長篠三郎學生監
ヲ囑託セル
二月四日　清曆一月元旦ノ甘寧作司計助手ニ囑託セル
二月廿日　整列新年祝賀式ヲ擧ケ
死廢軍曹重兵井出藤作司計助手ヲ囑託セル
二月十三日　委員長代理四步兵大佐朱校業及授
舍ヲ巡視セシル

十二月二日
國學院卒業生森下松衛普通學科教授
ヲ囑託セル
十二月廿日
醫員下瀬鍊太郎ヲ囑託ヲ解ケル
全
ドクトル川地三郎醫員ヲ囑託ヲ解ケル
十二月廿七日　散會田中十三頭張リ囑託セル
十二月末　徒歩德行セル第三表ノ内容ヲ改正し第四表ヲ送リ
明年一月ヨリ實施スルコトトナリ
三十八年
一月一日　午前七時三十分職員及學生一同校庭ニ整列
新年祝賀式ヲ擧ケ
一月六日　午前八時三十分職員及學生一同校庭ニ整列

二月十七日　各班主任ノ敎員ヲ定ハ

二月廿日　學ヒ班學生ノ同ニ種痘ヲ行フ

二月廿九日　女子高等師範學校敎員ノ渡邊政吉普通學
敎授ヲ囑託セリ

三月七日　學生三百拾名ヲ率ヰ陸軍糧秣厰ヲ參
觀

三月廿日　第三期學生劉揀茂以下四十三名ニ卒業證
書ヲ授與セラレ共次席左ノ如シ
委員長代理陳內中位ノ卒業證書及賞品ヲ授與
セラル
賞品ヲ受ケシ優等生左ノ如シ

江蘇崩松費生
　　　　　李祖植

江南貢生
　　　　　李祖宏

江南貢生
　　　　　曾繼桔

（江ニ委員長福鳴少將ノ満洲ヨリ寄セラレタル祝電ヲ朗
讀セラレ）

祝電

振武學校ヲ卒業ス共ニ諸君ニ一言ヲ呈
ス

諸君ノ前途ニ多望ニシテ遠ナリ益々勵精セラ
レンコトヲ望ム

來賓

清國公使楊樞、參贊官王克敬及隨員通譯官
各有監督等ナリ

三月三十日　學三四班學生七十八名ヲ率ヰ午前八時半
出發陸軍士官學校卒業證書授與式ヲ拜觀

四月七日　語文敎程出版及泰東同文局ト契約ノ件
認可

振武學校著語文敎程ヲ泰東同文局ヨリ出版發行
スルニツキ著作者振武學校ト發行者泰東
同文局ヲ以テ兩者ノ間ニ契約ヲ締結スルコト左ノ如シ

第一條　本書著作權ハ甲乙兩者共有トス

第二條　乙ハ本書ノ容ヲ改訂增補シ清國語ニ
翻シ題號ヲ改ムルコトヲ得此ノ場合ニ於テハ必ス甲ノ
泉結ヲ經ルヲ要ス

第三條　此出版發行ニ關スル一切ノ責任及費用ハ乙
ノ負擔トス

第四條　乙ハ發行每ニ各冊四ス甲ノ檢印ヲ受ク
ヘシ

第五條　本書ノ檢印料ハ定價ノ壹割トシ每年
二四　其賣上高ニ應シ乙ヨリ甲ニ支拂フヘシ

第六條　乙ガ廣告ノ為メ無代ニテ寄贈及ヒ
新刊見本トシテ代價ヲ特減シ特約販賣者ニ廉ク

（右上段）

入ル部数三百部以内ハ共ノ検印料ニ入

第七條　甲ガ乙ヨリ本書ヲ購入
　　價ノ半額ヲ以テ之ヲ應ズベシ
但シ此ノ部数ヲ超ユルノ前條及無検印料トス

第八條　本書製本ハ体裁及定價ヲ甲乙両者ノ協議
　　ニ定ムルモノトス

第九條　本契約ニ違背シタルモノハ他ノ当事者ハ要
　　求ニ應ジ損害賠償ノ責任ヲ有ス

第十條　本契約ハ本書著作權有効期限中効力
　　ヲ有ス

右契約ノ證トシテ本證書二通ヲ作成シ名壹通
ヲ各自保有ス

（右下段）

ヲ削除シ若クハ相當ノ訂正ヲ加フ合本トシテ一冊
トス

一名巻ノ中不穏當ノ課目ヲ削除シ若クハ訂正スル
　コト
一更ニ各巻ニ軍事的材料及韻文ヲ加フルコト
一讀ニ切リ方ヲ定ムルコト
一假名遣權字及文字ノ誤リヲ正スコト
一振リ假名ヲ正スコト
一外國ノ地名人名ノ定ムルコト
一假名遣ハ第一巻ニ準音通リトシ其他ハ給ヲ正當ノ
　假名遣ニ依ルコト
訂正擔任ハ敎員植木直一郎

（左上段）

ッ措置入

明治三十八年四月十七日

著作者　　　振武學校
　　　東京市牛之區市ヶ谷河田町五十三番地

古代表者　　長屋鑄三郎
　　　東京市京橋區京橋水谷町七番地

發行者　　　泰東同文局
　　　東京市京橋區京橋水谷町七番地

古代表者　　藤山雷太

四月二十五日
語文敎理訂正一件認可
古語文訂正要目
一巻二三ハ不穏當ノ課目少ナカラス故ニ右様ノ課目ハ

（左下段）

四月三十日　學生敎練用三十年式步兵銃百挺（附属品
共）ニ備附

五月二十四日　學三四班學生八十名ヲ率ヒ麻布聯倉天文
五月二十日　　臺ヲ參觀
ッ參觀　　　　第三四班學生八十名ヲ率ヒ中央氣象臺

六月四日　　　三年式步兵銃々架立個（木製普通式廃
及梓附票個二十挺械）備附

六月十日　　學生監及舍監・制帽（徽章撰ハ學
生ニ同ム）支給ノ件認可

六月廿日　　學生寄宿舍水遠平家折行四拾間梁間六

間平坪貳百四拾坪廊下四拾間中大尺平坪四拾坪ノ一
棟浴室洗面所新築成ル
右工事契約者ハ留守近衛師團經理部長笠原幸之
助、建築請負河合林三郎代人東京市赤坂區青山北
町四丁目八拾番地松本七郎左衛門
六月十日　游泳演習地現察ノ為ノ舍監野村岩藏叩
大川淺二郎神奈川、靜岡兩縣ヘ出張
學六八九距ノ新築舍ヘ移轉セシム
六月三十日　學四期學生李恂次門七拾八名卒業證書
授與式ヲ擧行セラル其次業及來廣筆、去ル三月、卒業
式ニ同シ賞品ヲ受ケン優等生左ノ如シ

江蘇私費生　翁之毅（湖南私費生）丁沈藻、江蘇私費生
沈同午（靜岡縣生）沈潛、江蘇私費生
七月二日　炊事場摸替（在來間仕切取拂中柱取
拂承石數天井鐵板張八佃据竈取換）工事成ル
前學科午後游泳演習ヲ行フ

出張人員

職員

　　　　學生監　長屋鑄三郎
四　　　　舍監　野村岩藏
四　　　　　　　大川淺二郎
四　　　　　　　鍋田猛彦

教員

四　青山政雄
司計助手井出藤作
醫員助手磯部清吉
頸　木下邦男
教　高木次郎
同　渡邉政吉
同　高柳彌三郎
同　植木直一郎
同　船岡獻治
四　藤森溫和

教員
同　張間多閣
教　橋本武
同　岸田蔣史
同　鈴木重義
同　森下松衛
醫　黄川地三郎
游泳教師
北田正寅
山本純吉
永井縣
永井誠二

（右）

学生　二百二十九名
剃八手　一名
給仕　二名
小使　十名
炊夫　十名
計　二百六拾名
舎監　一名充交代
教員　川田鐵弥
回　柳圓綮
四　水多厚二
残留人員
計

（左）

九月五日
左記教授用具備附
一アナロイト、バロメートル　室内用
一中等教科用地圖　上山高等師範學校用
一圖定教科用日本城圖
一地形摸型
一三球儀
一岩石標本
共他ノ教員ハ半数交代ニ残留ス
九月四日
崟梨野師範學校長徒六位安藤喜一郎普通學教授ヲ嘱託セル
九月八日
教授川田鐵弥同舩岡治從頼萬圷

（右下）

ヲ解カリ
九月十二日
司計助手升出ニ藤作司計ヲ嘱託セル
九月十六日
教授森下松衛頎ニ依リ嘱託ヲ解カリ
九月二十日
臺灣總督府學務課ニ杉山文悟ヲ普通學教授ヲ嘱託セル
九月廿六日
地理歴史教程編輯ノ件ヲ認可
九月廿日
銃槍及軍刀術道具二十組ヲ教師用四組替古着新調
十月六日
泰東同支局顧問伊沢修二ノ申靖ニ依リ語文教程ノ言文課本ト改題
十月十五日
器械体操用梁木、跳下臺ヲ新設

（左下）

九月二十八日
左記理化學用器械備附
一硝子時辰儀裝置
一双眼鏡
一幻燈器械
一冩真器械
一幻燈映画
一幻燈受光布
一羅針盤
一電話機
十月一日
日露開戰以來入學希望ノ學生ヲ逐日増
加シ先ニ寄宿舎一棟ヲ新築セラレ今又講堂ノ狭隘ヲ

十月十九日　陳兵霽學生百名
外五名入學ス本學生ヨリ在學
期十八ヶ月ニ改正セラレ此ニ依リ
附表蕭五ニ依リ教授ス

今日　學生監長屋鑄三郎學生監ヲ北ノ解ス
カレ訓育ヲ爲北セラル
十ヶ月十五日　陸軍中尉知年學校數員金澤卯一普通
學敎授ヲ嘱北セラル
十二月六日　新築講堂圖画用机腰掛及圖板五十八
分新調ノ儀認可
十二月二十日　委員長代理堀内中佐ヨリ左ノ件ヲ達セ
ラル
　疾病ノ爲ノ入院治療ヲ要スル學生ニシテ陸軍病院
　ニ入ルヲ欲セサルモノハ本人ノ願出ニ依リ地方病院
　若ハ轉地療養等許可スル事ニ清國公使ト恨

各クニ至リ遠ニ約五百名ノ學生ヲ教授シ得ヘキ講堂
ヲ新築スルノ議チ其北セ陸軍省ニ交渉シテ東西五
拾間間南北拾六間ノ地ニ擴張セラレ此ニ東西五拾五
間半南北五間半ノ二階家一棟四二拾五間二五間半
ノ平家一棟ヲ新築スルコトトナリ本日共チ事ヲ看手
セリ

十月十五日　留學近衛師團経理部長笠原章之助
建東愛良省　東京市芝區四ノ三番地　北川作藏
會計語文法並ニ化學敎程編輯ノ儀

詔可
十一月一日　學年監木村宣明本日ヨリ敎務

議濟ノ件
但費用ハ縮テ自弁
十二月二九日　新築講堂二階建壹棟　平家壹棟建築
工事成ル
舊講堂（今ハ弟五舎）ヲ學生舎二改築ス
講堂增築ノ結果本校ノ建物阿國帝八ハ如ク改マル
三十九年
一月一日　年前七時半敎職員一同校庭二參集年
賀式ヲ行フ
一月六日　新藥講堂二於テ授業ヲ開始ス

午後二時委員最稻嶋少將來校セラレ午後三時ヨリ職
員一同ヲ敎負室二集メ一場ノ訓話アリ後善械休操及
小隊敎練ヲ檢閱セラレ新藥講堂炊事場
食堂並二酒保倉庫等巡視セラル
一月十五日　化學金屬四十八佃、光學用器械ヘリ
オス夕ツト壹佃、理化學講壹暗室装置一切、理化學
實驗壹一佃
右購入装置等認可
今日　當校學生ノ被服及外套地質二樓常廿千
市中二在ルモノニシテ是レヨリ購入セシ價格ト略同價

八五百圓甲水遠氣車平家建貳百拾坪（里全參
四千五百圓乙今工建
壹萬貳仟圓全山㮶二階建　壹百卅貳坪又時合
右合計貳萬五千圓
傳保險率一ケ年壹萬圓ノ付金參拾五圓ノ割
此保險料金八拾七圓五拾錢
保險期間
二月廿二日　奉天大學生四拾名入校ス　此學生ヨリ在
校二ケ年ノ目的ヲ以テ授業ヲナシテ二欧习セラル约第六
三月一日　陸備陸軍步兵中尉從七位嶋田熊七後備

ヲシテ比較的堅實ナルモノ出ヲ撰ミ購入スルコヲ改メタ
ル
本年度ヨリ夏服八軍隊ト同質同色ヲナシノ二改メタル
一月六日　勞十理半費期三月ノ六月二改メタル
一月廿四日　日本語ヲ會話放程成ル
一月廿五日　本日清國皇族戴澤殿下來校セラル
當日委負長福嶋少將委負及小池中佐外殿下ヲ
負及清國公使館ヨリ數名來校セラル
今日　宏文學院敎師江口辰太郎普通ノ學教
敂ヲ嘱託セラル
肖五月日　東京火災保險株式會社ト保險契約訂

陸軍歩兵少尉正八位木下健太、豫備陸軍歩兵少尉正八位
蘇野英夫（舎監）ヲ屬託セラル
元陸軍邇隊（高等軍吏）過伊藤松雄ヲ屬託セラル
來日ヨリ飲食ノ日直二名ヲ置キ夕食後ノ人員ヲ檢査
マツ在校ノ學生ノ自習室ニ延シ其質問ニ應スル
事トセリ
三月十五日　北學科程編纂成ル
三月十九日　湖南省（雲南、陜西、四川、安徽、江蘇直隸）
首等派遣ノ學生二十五名入學ス
四月一日
一内務細則及會計規定細則ノ改正シ木ヨリ實施

一各雄川七區域ニ分チ各舎監ヲシテ之ヲ連隊長
タラシム
三秋服糧食、物品ヲ許ヲ書記ヲ為託セラル
四闘書主管ヲ置キ
闘書主管金櫃等各委員ヲ制定ス
会日　長屋鑄三郎ヲ教育ヲ属託ヲ主事ヲ
為托セラル
鍋田徒彦ヲ訓育ヲ属託シ解キ書記ヲ属託セラル
井武藤作ヲ司計ヲ解キ書記ヲ為託セラル
豫備陸軍歩兵中尉從七位中野菊太郎ヲ舎監ヲ属託セ
ラル
四月七日　第五期學生ヲ兎家ノ外貳百壹名ヘ卒

業證書ヲ授與セラル其次學左ノ如シ
敍賞、　二等械休操
講話、教育學家　長青、卒業説黄承恩
卒業證書及賞品授與
優等生
湖北官費生未經兇、
廣東官費生黄承恩、
山東官費生曾昭文、
河南官費生劉昭文、
古式擧行ノ為メ委員長福嶋少将委員三原少佐同
德田三等主計正等来校セラル
来賓

清國公使楊樞參賛官王克敬外隨員通譯官
各首縣督及爵田利英木野村政德等ヨリ
特別學生渠立巖外一名入學セリ
四月十四日
公　日　今回卒業ノ學生ハ徒來規定ニ拘ハス本人
ノ願出二依リ特ニ三ケ月以内ニ帰ヲ休暇ヲ差許サル
四月三十日
御擧行相成候ニ職後大觀兵式職員學
生百名ニ限リ參列ヲ許サレ學
参觀
五月一日　蒙古示廳特王怕勒塔外六十七名入校ス
五月三日　河南學生劉家敬外六十七名入校ス
五月十五日　泰東同文局出版ノ日本言支諜本成ル

回日　在学三年ヲ業課程表ヲ進達シ入附表第六

七月七日　孝六期学生劉祖武外平□名ノ卒業証
書ヲ授與セリ其次左ノ如シ

敲球　一青ハ城休操　二小隊敎練

講話　ナポレオン／紀傳圍英、レキノクス熱烈胡讀

卒業證書及賞品授與

平業證書　雲南官費生唐樞竟

便等生　雲南官費生唐樞竟

右式擧行為メ委員長代理小池中佐来校セラル

来賓　淸圖公使楊樞參贊官王克敏来校外隨員

通訳官各高監督及藤田利英、木野村政德等

ナリ

附表第九

創立當時ヨリ各年學生人員增減表

摘考	計	三十九年 八月月ヨリ	三十八年	正十七年 八月月ヨリ	年月日ノ令	
					入學	增
					卒業	
					退校	減
					現在員	

振武學校的經營（1904）

日本財團法人東洋文庫藏

振武學校的經營

一、營運經費

1. 外務省的補助金　每年度五千零四十圓

   上述補助金領取後，存入別項的出納簿裡，職員的薪資從其中來支付。然而職員的薪俸一個月約需八百圓，畢竟不足應付。因此，三十七年十月以後，從學費中來支付職員的薪資。

   別項出納簿九月的餘額為四百零九圓七十六分八厘，以管理委員之名存入三井銀行。

2. 學費　每人一個月二十五圓，即一年三百圓

   公費生及自費生皆由清國公使匯集先繳，但自費生拖欠者不少，故須常常催促清國公使。

   學費存入三菱、三井兩銀行，其細目及存入金額如下：

   八千三百八十七圓五十七分五厘　現今在學的學生資金

   一萬二千二百六十六圓七分二厘　退學者的餘額

   五百八十八圓六十七分　　　　　存款的利息

   合計二萬一千二百四十二圓三十一分七厘

   其中，

   一萬二千七百二十二圓八十四分　存入三菱銀行

   八千五百十九圓五十一分　　　　存入三井銀行

   （比存款簿的餘額多出三分三厘，是由於厘的關係）

上述的存款中，存入三菱銀行的是以堀內中佐的名義，以支票支付各項開銷；存入三井銀行者是以學生監理委員的名義，為小額活存。

以上資料記載於在學資金出納簿一冊中，其中並有退學者餘額利息等名目。

二、職員

教師的人數包括首席教師（體操教師除外）在內共十四人。體操課委由八位士官學校附屬下士擔任。職員的人數包括學生監在內共八人，目前尚缺少一名訓育及一名會計助手。

以上八位的薪俸及雇員的姓名、薪資等如別紙所載。教師的薪俸與戰前相比，有二三位加薪。相信此與戰役無關，而是授課之增加或因成績良好的緣故。

擔任訓育工作的原本是軍人，其中多半正在服後備役。因與教師情形不同，與戰前相比也都加薪了（戰前的薪資記載於別紙）。

此外，照例對擔任訓育工作者頒發年終獎金（教師則無此慣例）。三十七年終所頒年終獎金如下：

二十五圓　訓育兼會計　野村岩藏

二十圓　　會計　　　　矢島隆教

二十圓　　訓育　　　　大川次郎

十八圓　　訓育　　　　鍋田猛彥

十八圓　　訓育　　　　青山政雄

十圓　　　醫員助手　　磯部清吉

解僱者從略。

三十六年的年終獎金皆為二十五圓。

三、經營方法

依據會計章程，並比照軍隊，學校由委任經理經營。因學校設立的時日尚淺，其結果良否很難斷定，但因委員不能直接經營，除由委任經理繼續經營外別無他途。

委任金的數目依照會計章程，在此不贅述。十二月底的準備金如下：

一百八十七圓八十七分八厘　雜支準備金

七百二十六圓六十二分八厘　糧食準備金

五十八圓八十五分　　　　　通訊、搬運費準備金

一千二百二圓四十分　　　　雜物準備金

一百二十六圓二十二分一厘　備用品準備金

十圓二十五分五厘　　　　　雜件準備金

合計　二千三百十二圓二十三分二厘

其中，

二百三十四圓五十九分五厘　服裝修補費不足

　　　　　　　　　　　　　　部份

餘額為二千零七十七圓六十三分七厘

委任經理的金額於三十七年二月改正，然因服裝修補費以往多半不足，現今的定額（一個月一人四十五分）相信也不容易填補。

四、學費資金之不足

依在學六個月為計算基準，對於實際花費而言，學費資金沒有不足的情形。但是因為入學時服裝費花費不少，所以該費出現不足。此一困境只有與公使交涉來填補。振武學校學生一個月的實際花費為

十五、六圓（服裝費除外），其概略如下：

2.900　白米一斗八

5.400　菜錢一天十八分

0.45　修補費

0.030　搬運費

0.210　備用品

1.260　必需品

0.750　消耗品

0.500　爐火用薪炭費

3.000　津貼

1.000　患者用藥劑費、演習費、修補費等負擔

服裝費每人一年約需四十八圓。

基於以上的概數，以一年份來計算的話如下：

三百圓　一年的學費

其中，

一百九十二圓　學生一年之所需，平均一日約
　　　　　　　十六圓

四十八圓　　　學生一年的服裝費

餘額六十圓　　一年的餘額

上述為振武學校在校生的概算金。而就讀士官學校的每人一個月要二十二、三圓的經費，有時也會達到二十七圓以上。

由於以上的餘額及外務省補助，學校才得維持。

五、利息的用途

贈送振武學校優等畢業生手錶，以及士官學校優等畢業生仿古佩刀等禮品，皆是由利息來充用，或支

付語文課程編纂的報酬費。然而，也有人批評手錶
一個才二十五圓左右，比學生平時所用的還差。因
此獎品將再作研究。

六、退學者餘額的用途

職員的薪俸、床鋪、毛巾等其他修補所需的經費，
皆由此來支付。

七、雜件

發給士官學校畢業生軍裝一套（外套及眼鏡除外）
及必要的書籍、地圖等。其品目概略如下：

第一種帽子	第二種帽子	軍服	行李
軍刀	鍊	黑板	指南針
畫線紙（大、小）		亞洲地圖	內務要範
小隊戰術應用	新步兵實施	陸軍儀典	陸軍刑法
懲罰令	士兵典儀	新兵教育	要務令
救急概要			

此金額每人約七十五圓

士官學校畢業取得少尉資格，亦欲進入戶山學校修
業者，步兵科每人每月支給四十圓，工兵科五十圓。但
戰後尚無此例（三十七年初有步兵四名、工兵一名）。
現今測量部修技所欠缺測量學教授二名（振武學校畢
業），據說清國公使希望四月以後能增加。

每年一月，振武學校的職員按例都會舉行宴會，
邀請公使館館員及各省監督參加（每人預算約二圓，
事先要經委員長批准）。而此費用由學校的雜件預備
金中支出。

振武學校教職員人名表

三十七年二月的俸給	報酬月額五拾五圓	學生監	長屋鑄三郎
三十五圓	報酬月額參拾八圓	訓育兼會計	野村岩藏
十八圓	報酬月額參拾圓	訓育	大川淺次郎
	報酬月額參拾壹圓	訓育	鍋田猛彥
	報酬月額參拾壹圓	訓育	青山政雄
	報酬月額四拾圓	清國留學生管理委員附屬兼會計	矢嶋隆教
	報酬月額參拾圓	醫員	川地三郎
	報酬月額拾七圓	醫員助手	磯部清吉
小計二百七十五圓			
六十圓	報酬月額七拾圓	教頭	木下邦昌
四十圓	報酬月額四拾五圓	教員	鈴木重義
	報酬月額四拾五圓	教員	橋本武
四十圓	報酬月額四拾圓	教員	川田鐵彌
三十五圓	報酬月額四拾圓	教員	藤森溫和
	報酬月額四拾圓	教員	植本直八郎
	報酬月額參拾五圓	教員	高木次郎
三十圓	報酬月額參拾五圓	教員	高柳彌三郎
	報酬月額參拾五圓	教員	張間多聞
	報酬月額參拾五圓	教員	森下松衛
三十圓	報酬月額參拾圓	教員	御園繁
三十圓	報酬月額參拾圓	教員	船岡獻治
	報酬月額參拾圓	教員	岸田蔣夫
	報酬月額拾八圓	教員	本多厚二
	報酬月額拾圓？	體操教員	士官學校得曹長八名
小計六百八圓			

門衛、工友、雜工人名

月給拾參圓	門衛兼喇叭手	齋藤藤馬
月給拾貳圓	門衛兼喇叭手	恩田兵平
日給拾伍錢	工友	遠藤繁二
日給拾四錢	工友	若林信
日給拾錢	工友	行田存一
日給參拾錢	雜工監督	岡田榮三郎
日給貳拾伍錢	雜工	串瀏常吉
日給貳拾貳錢	雜工	中井梅藏
日給貳拾錢	雜工	川合啟次郎
日給貳拾錢	雜工	鈴木惣吉
日給拾六錢	雜工	金甲申之助
日給拾伍錢	雜工	伊藤善太郎
日給拾伍錢	雜工	赤門直吉
日給拾伍錢	雜工	平野岩次郎
日給拾伍錢	雜工	細屋岸郎

廚師人名

日給貳拾八錢	監督	平野貝藏
日給貳拾七錢		柴田浪三郎
日給貳拾貳錢		行中幸一
日給貳拾錢		萩原兼吉
日給拾七錢		平井常太郎
日給拾七錢		永田作吉
日給拾五錢		小壁常吉
日給拾五錢		大西春吉
日給拾五錢		猿山政之
日給拾五錢		荒井喜八
日給拾五錢		城所喜之助

振武学校経理上ノ件

一、維持資金
　イ、外務省ノ補助金
　　　一ヶ年度八五千四百円
　　　右ハ受領ノ上別金ニ出納簿、又ハ一ヶ月ノ割ヲ以テ約八百円ヲ要スルヲ以テ別紙此ノ出ノ文弁ニテ傳給ニ付三十七年一月以次

　ロ、学資金
　　　一名ニ付一ヶ月二五円即チ一年三百円

二、職員
　右ハ今ノ秋傳収率此ニ事ヲ起ニ立テ此ノ筆ニハ
　教員数ハ教頭以下十四名（傳補教員ノ内）ニテ傳補ノ
　職員数ハ学生数以下八名ニシテ月下 訓育一名計

三菱銀行預
三井銀行預

八四五百九十四円五十二残

野村基蔵

訓青予習計
二十五円

三菱銀行預

三、經理ノ方法
會計規程ニ依リ軍隊ト異ナシ學校ヲ委任經理ノ施行
シテ其結果ハ學校ニ設立上ノ高低ニ伴フ良否ノ新史
シ難シト雖モ委員、其ノ直接ノ經理ヲ行ハセ依ルヲ要

二十四　習計　　矢島隆教
二十四　訓育　　大川捨次郎
十四　　〃　　　紹田猛虎
十四　　〃　　　青山政桃
十八　　　　　　
十八　董助事　　磯利清吉

解場ニノ豫算　　平六年平ノ豫算ニ二五四元手如ナシ

四、學資金ノ過不足

二百三百四ノ五九元五厘　　補後備代費本金ハ

住ヲ等ハ建續スル外他ニ重カラントナス
委任金ノ類ハ會計規程、サコシテ必ヲ費
ヲ要ケ　樣食高左ノ如シ

合金二千三百四十三壹二十三壹二元

右板数ニ基キ一ケ年ニ付ノ計算左ノ如シ

三百円　内

　百廿二円
　四十八円

　蔣介　令辛丹

　　　　一ケ年ノ割当高

右ハ振武学校在学中ノ授業金ニシテ在学中ノ
経費ハ一名一ケ月二十二五円ヲ要シ時トシテ二十四以上ニ及
ビ以上ノ残金ハ中外務者ノ補助ヲ以テ学校ヲ支持シ得

五、利ノ使途

振武学校卒業ノ優等生、時計ノ御与ヲ又ハ優等学
技卒業ノ賞与

六、退学者ノ処置ノ使途

七、雑件

吉官学校卒業ノ者ハ電賞一揃（砲騎輜等ノ隊）ヲ必要

高級地商等ノ支給ヲ其一ケ月ノ根拠左ノ如シ

　吉官学校卒業時　少尉ノ資格ヲ得ルモノトシ歩兵料一名二月四十円ヲ工兵料口立

振武學校教職員俸給人名表

學生監　長屋鑄三郎
　　　　野村岩藏
副官　　大川沅次郎
教官　　福田種彦
　　　　青山政楯
　　　　夫嶋隆
　　　　川地三郎
　　　　磯部信吉

教頭　右ヶ邦昌

厨支人名

門衛・拾使小役人名

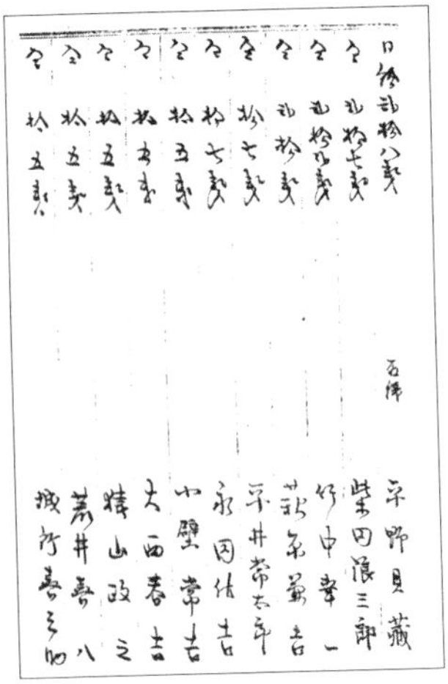

振武學校相關函件（1905）

日本財團法人東洋文庫藏

楊樞致堀內文次郎函

敬啟者：

前准貴委員長函開擬為振武學校增建學舍，所有建築之費商請設法襄助，附送清單一紙。嗣又接來函，以盛京將軍擬派陸軍學生三十名，未能錄入振武為歉，再請本大臣轉商各省督撫設法襄助各等因。當經轉商敝國北洋袁大臣，現准覆開適接福島中將函述此事，以襄助二萬元為請，已如數撥交坂西少佐轉寄振武學校查收等因，為此函達貴委員長請煩查照。順頌

時祉

　　　　清國留學生監理委員長署理堀內文次郎閣下

　　　　　　　　　　　　　　　　　　　　　楊樞

光緒三十一年七月十四日

福島委員長致陸軍大臣

以往自振武學校畢業的清國學生受完軍隊的教育後，皆進入士官學校就讀。這次因戰爭之故而暫停入學。待戰爭恢復和平後，應像從前一樣，准其等進入士官學校就讀，謹此奉聞。

此外，目前分配到各聯隊的清國學生約一百人，請准許於明年秋天進入士官學校就讀。

　　　　　　　　　　　　　明治三十八年九月二十七日

敬啟者前准

貴委員長函開設為振武學校增建學舍所有建
築之費商請設法裏助附送清單一紙嗣大接
來函以盛京將軍擬派陸軍學生三十名未能錄入
振武為歉再請本大臣轉商各省督撫設法裏助各
等因當經轉商敏國北洋大臣現准復開適接福
島中將函达此事以裏助二萬元為請已如數撥交
西少佐轉寄振武學校查收等因為此函達
貴委員長請煩查照順頌
時祉

清國留學生監理委員長兼考驗使陸軍少將閣下
光緒三十一年七月十四日
　　　　楊樞 [印]

福島委員長ヨリ陸軍ニ入ル
士官學校ニ入學セントヲ請フ留學生ノ軍隊、教育ヲ經タ後
桐成店候得共和克復致候儀ニ付
退ノ月下ノ聯隊ニ配属シ清國學生ヲ百名ニ來年
秋士官學校ヘ入學御許可相成度中添候

明治三八年九月二十七日

練兵處依學力分班（1905）

日本財團法人東洋文庫藏

本次入學的練兵處學生依學力來決定班別

將今年秋天入學的練兵處學生分成三班。即將第六期的學生分成第一班、第二班、第三班。

班別是按照身高、常態分班或依學力。

一個學期為六個月，分三學期在學。

明治三十八年十月中的概況

十月四日

下午三時召開職員會議

一、關於日語文法課程的編纂

二、關於會話課程的編纂

三、本月入學的學生分成三班，即第六期的學生分成第一班、第二班、第三班。

四、關於談話會

五、關於行軍之事

討論右列議題。

十月六日

一、關於更換語文課程的名稱

二、關於地理、歷史教科書印刷之事

通過右列二件。

十月九日

新大禮堂建築地的竹柵移轉工程結束。

十月十一日

本日上午七時由本校出發，到堀之內學習旅行。由東大久保村經中野村至堀之內，在妙法寺休息一小時後，正午再循原路回學校。

十月十三日

本日下午一時開始對新來之練兵處學生進行身體檢查。

十月十四日

本日也同樣進行身體檢查，下午四時結束。自昨日以來，共有一百十三人接受身體檢查。其中因病而需要再檢查者八人，此外，因病而未報到者七人。

十月十六日

本日上午八時開始進行分班考試，考語文、算術及代數。

十月十七日

因神嘗祭停課一天。

十月十八日

本日上午根據新生成績進行分班。首先，懂日文的是第一班，會數學的是第二班，日文和數學都不會的是第三班。下午二時分班完畢，並準備入宿。晚上九時後逐漸準備就緒。

十月十九日

本日上午十時將新生分成三班，唱名整頓後，由校長訓示，希望今後無論何時都要嚴格遵守校規，服從命令，然後入宿。

十月二十日

　　本日上午八時開始舉行開學典禮。

十月二十三日

　　本日因參觀軍艦，故臨時停課。

十月二十四日

　　本日新生開始上課。

　　下午下課後，發給新生制服，並進行服裝檢查。

十月二十七日

　　余欽烈因病已痊癒，再次進行身體檢查。但因體質孱弱，仍不合格。

十月三十日

　　宗子揚病已痊癒，再次進行身體檢查。結果合格。周際芸同樣再次進行檢查，結果為不合格（睪丸炎）。

一、關於學生勤惰的情形，因現在仍屬用功的好時節，所以缺席的很少。即使在寢室內自習，也都各自用功。

一、衛生情況自九月起就很健全，目前尚無人需入休養室休養。只有林鳳游一人因傷寒住院，不過已即將痊癒。

一、關於訓育情況，由士官學校派來前川、綿引、津志田、高月四位曹長。至於野外演習，五、六兩班由明田曹長授課，七班由久納曹長，八、九兩班由佐藤曹長，十班由青山舍監授課。新生第一班和第二班是由鹽田曹長以每小時分配兩次授課。第三班因為不懂日語，所以由大川舍監負責授課，現在已經有良好的進步。其他在課堂上的情形亦甚佳，沒有

　　人反抗舍監或犯規。

一、十月底在學學生的一覽表，現在正著手調查，等調
　查完畢再行呈送。

明治三十八年十月間各班學術科授課的進度

第五、六、七班

閱讀

第五班教語文課程卷五，第六、七班教卷四。

會話

自由會話及實物示範會話。

語文法

第五班教語法，第六、七班繼續教語法。

作文

練習翻譯。

歷史

教中古史的中、西歐混亂時代及政教大統一的理想時代。

地理

第五班繼續教地球科學，即氣候學、季節及曆法。第六
班教地球科學中的衛星、彗星、隕石及地平線。第七班
教地球科學中的太陽系。

算術

各班皆授課完畢，擬自十一月起開始教三角法。

代數

第五班教到因數結束，第六班教到因數分解法，第七班
教到最大公約數。

幾何

教圓的理論。

物理

教物性及力學部分。

化學

第五、六班教化學記號、原子值、構造式，第七班教化合物單體及元素、二氧化碳、一氧化碳及倍數比例定律、氯化氫等。

生理衛生

第五班教呼吸作用，第六班教循環的結構，第七班教肌肉保健及消化器官。

圖畫

教用具畫。

典令

第五班授步兵操典、三十年式步槍使用法、操作裝填彈藥到蹲、伏的姿勢；劍術示範則由總則及第一部開始，教持刀術。

第六班授步兵操典、三十年式步槍的操作，教授裝填彈藥到射擊。劍術示範則由總則及第一部開始，教持刀術。

第七班授劍術示範，從總則及第一部開始，教到斬擊。

體操

第五、六班進行小隊操練執槍及徒手、個別操練執槍及徒手、器械柔軟體操、野外演習、中隊操練執槍及徒手。第七班則複習前次之徒手執槍個別操練、小隊及中隊操練，至於徒手器械體操、軍刀術等，則完全複習上次課程。

第八、九、十班

閱讀

教語文課程卷四。

會話

教日常會話。

語文法

教語法。

作文

聽寫及造句。

歷史

第八班教羅馬的大統一時代，第九、十班教法蘭西的強盛時代。

地理

教完普通地理部分。

算術

第八、九班教完算術，第十班教到百分比的計算。

代數

第八班教多元聯立方程式，第九班教多元一次方程式，第十班教一元一次程式。

幾何

教圓的理論。

物理

第八、九班教物的性質及力學，第十班教物的性質。

化學

教水的性質、蒸餾水、水的分解、水的合成及氫等。

生理衛生

教肌肉的保健。

圖畫

教用具畫。

典令

第七、八、九班所授的步兵操典都是從基本訓練的第九課到第十七課。第八、九班的劍術示範是教總則及第一部。第十班所授的體操示範是從第九十五到第九十九課，步兵操典則從基本訓練的第一章第九課到第十課。

體操

第八、九班是複習前次徒手、執槍各種訓練，部隊訓練是進行小隊及中隊操練，複習徒手及器械體操。軍刀術是教徒手、準備姿勢、進退、突擊、執竹劍、敬禮、前進後退。

第十班與第八、第九班相同，但以複習為主。

今回入學スヘキ（ヘ練兵處學生ノ班別
「學力ニ依リ定ム」コト

振武學校

今秋入學ノ練兵處學生ヲ三班ニ合セテ第二期
學生第一班第二班第三班トスルコト
一班別ノ方法ハ身長順ニ依リ各班ノ學力ヲ
平等ナラシムルカ又ハ學力ニ依リ之ヲ分ツ
ヘキカ
一當學年ヨリ一學期ヲ六ヶ月トシテ在學期ヲ
三學期ニ分ツコト

明治三十八年十月中概況
十月四日午後一時ヨリ職員會ヲ開ク
一語文法敎程編輯ノ件
一會話敎程ヲ編輯スルノ件
一木月入學ノ學生ヲ三班トスノ件
一班第一班第二班第三班ニ合テ學六期學生身
一談話會ノ件
一行車ノ件
右ノ件々談議ス
十月六日
右ノ件々談議ス
一文敎程名稱變換ノ件

一地理歷史敎科書印刷ノ件
右ノ件認可セラル
十月九日
新講堂建築地竹橋移轉工事成ル
十月十日
本日午前七時當校出葬堀ノ内造修學旅行ノ為
又東大久保村ヨリ中野村ヲ經テ堀ノ内ニ至リ妙法
寺ニ赴ク一時間休憩正午前路ヲ經テ歸校ス
十月十二日
本日午後一時ヨリ新来練兵處學生身體檢查
ヲ始ム

十月十四日
本日モ同様身体検査ヲナシ午後四時終ル昨日来
身体検査ヲ受クル者百拾三名内病気ノ為メ再
検査ヲ要スル者八名其ノ外病気ヲ以テ出頭セザル者
ヲ七名

十月十六日
本日午前八時ヨリ班ヲ分ツ為メ語文及算術ニ代
數ノ試験ヲナス

十月十七日
神嘗祭ニ付休業

十月十八日

本日午前新入學生ノ成績ヲ調査シ班ニ分ツ先ヅ
日本語ノ能クスルモノヲ以テ第一班トシ第二班トシ
餘ハ英語モナク數學モ第二班トシ日本語ヲ數學トモ
出来ザルモノハ次ヲ第三班トナス
午後二時右班ヲ分ッテ一ッツヲ入舍準備ヲナシ
午後九時過漸ク準備整ヒ頻ス

十月十九日
本日午前十時新入學生ヲ三班ニ分ケ呼名整
頻後學生監ヨリ今般入學許可相成吏ハ
校則ヲ嚴守スルハ勿論時々會令訓論ニ
餘ヲ服行スベキヲ諭達シテ入舍セシム

十月二十日
本日午前八時ヨリ讀法式ヲ施行ス
十月二十二日
本日觀艦式拜観ノ為メ臨時休業ス
十月二十四日
本日ヨリ新入學生ノ學科授業ヲ始ム
午後歐課後新學生ニ制服ヲ渡シ服装検
查ヲ為ス
十月二十七日
余欽烈病気全快之趣ニ付身体再検查ヲ
為ス體質孱弱ナルヲ以テ不合格トス

十月三十日
宗子揚病気全快ニ付休格ニ再検查ヲ為ス
合格セリ

周際芸同様再検查ヲ為ス結果不合格ト
ナス(病気署処英)

一學生勤慈ノ情況ハ時ニ勉強ノ好時節ニ屬
スルヲ以テ欠席者少シ舍内ニ病ケル自習モ多
自畝強スルモノ方々アリ

一衡生情態ハ九月ヨリ健全ニシテ目下休養
室ニハ一人モナク只林團游一人腸空扰欲
病ミテ入院中ナリ之レ亦軽快ニ向ヘリ

一、訓育情況ハ士官學校ヨリ分遣ノ前川、錦川、
津志田、萬月ノ四曹長ハ野外演習ニ出張シ出中ニ在リ、且
六両班ニ明田曹長之ヲ教授シ七班ハ久納曹長
八、九両班ハ佐藤曹長、十班ハ青山舎監之ヲ教
授シ新學生第一班、第二班ハ塩田曹長第一時間
宛二時間ノ之ヲ教授シ第三班ハ日本語ニ鑑
セザル者ノミニナルヲ以テ大川舎監之ヲ教授
ス任當リ良好ニ進歩シツツアリ其他舎内
ニ於ケル情態モ甚ダ佳良ニシテ舎監ニ交
杭シ又ハ犯則者等一人モナカリキ
一、十月末現在學生一覧表ハ取調中ニ付後ヨリ

差シ出シ申スヘクニ

蔣介連樹

明治三十八年十月中各班學術科進歩ノ
程度、
第五、六、七班
讀方
第五班ハ讀文教程卷五ヲ授ケ第六、七班ハ全巻
話方
自由会話及實物教會話等ヲ授ク
第五班ハ語法ヲ授ケタリ第六、七班ハ語法ノ
續キヲ授ク

明治三十八年十月中各班學術科進歩ノ
程度、
第五、六、七班
讀方
第五班ハ讀文教程卷五ヲ授ケ第六、七班ハ全巻
話方
自由会話及實物教會話等ヲ授ク
第五班ハ語法ヲ授ケタリ第六、七班ハ語法ノ
續キヲ授ク

作文
譯文ヲナサシム
歷史
中古史ノ中西疎羅巴混乱時代及政教大統一理
想時代ヲ授ク
地理
第五班ハ地球星學ノ即チ氣候帶、季節星及
日月ヲ授ケ第六班ハ地球星學ノ中、衛異彗星及
隕星及地平線ヲ授ケ第七班ハ地球星學中
太陽系ヲ授ク
算術

各班トモ全部ヲ授ケタリシ付來ル十一月ヨリハ
三角法ニ移ル見込ナリ
代數
第五班ハ因數ノ終リマテ第六班ハ因數ノ解法
ヨリ第七班ハ、最大公約數マテヲ授ク
幾何
問題ヲ授ク
物理
物性及力學ノ一部ヲ授ク
化學
第五、六班ハ化學記號、原子價、構造式

第七班ハ化合物ノ單體及元素、炭水炭酸、酸
化炭素及倍數比例ノ定律、鹽化水素等ヲ授
ク
生理衛生
第五班ニ呼吸作用第六班ニ循環ノ攝理
七班ニ筋内衛生及消化器ノ初部ヲ授ク
圖畫
用器畫ヲ授ク
典令
第五班ニ步兵操典三十年式步兵銃使用法草桉
裝填ヨリ臨姿伏姿マテヲ劍術教範總則及

第一部ノ初リヨリ刀ノ保持迄ヲ授ク
第六班ニ步兵操典三十年式步兵銃使用法
草桉ノ行進間ノ射擊ヨリ全部ヲ終ヨ
リ劍術敎範總則及第一部ヨリ刀ノ保持迄ヲ授
ク
第七班ニ劍術敎範總則及第一部ノ初リヨリ
斬突終ルマテヲ授ク
体操
第五、六班ハ小隊敎練執銃及徒手各個敎練
執銃及徒手、器械体操、野外演習中隊
敎練執銃及徒手ヲ實施シ第七班ハ桂手

執銃各個教練前四ノ復習、小隊並ニ中隊教
練ノ復習、徒手並器械体操、軍刀術ヲ専ラ前
四ノ復習ヲ實施入

第八、九、十班
讀方
詰文教程卷四ヲ授ク
話方
日常ノ會話ヲ授ク
語文法
語法ヲ授ク
作文
書取及作話ヲナサシム
歷史
第八班ハ羅馬ノ大統一時代第九十班ハ佛關

西強大時代ヲ授ク
地理
普通地理ノ部ヲ授ケヲル
算術
第八、九班ハ算術ヲ授ケヲリ第十班ハ步合算
マデヲ授ク
代數
第八班ハ多元聯立方程式ヲ授ケ第九班ハ多元
一次方程式ヲ授ケ第十班ハ一元一次方程式ヲ
授ク
幾何

凹論ヲ授ク
物理
第八、九班ハ物性及ヒ力學ヲ授ケ第十班ハ物
化學
水ノ性状、蒸餾水、水ノ分解、水ノ合成及水素
等ヲ授ク
生理衞生
筋肉ノ衞生ヲ授ク
圖畫
用器畫ヲ授ク

典令

第七、八、九班ハ共ニ歩兵操典、基本教練、身ヲ

第十七班ニ教授ス（射射範第八九班時間ヲ其ノ授ク

第十一班ハ体操教範第九十五ヨリ第九十九迄

ヲ授ク、歩兵操典、基本教練第一章第九ヨリ

第十二班ヲ授ク

休操

第八、九班ハ徒手、執銃右同教練前四復習部

隊教練小隊並ニ中隊教練、徒手及署械休操

ノ復習、軍刀術ハ徒手、構備姿勢、進退、突

進、執竹刀、敬禮、前進退却ヲ授ク

第十班ハ第八、第九班ニ同ジ但シ専ラ復習

止ハ

成城學校教學課程表及成績表（1902）

日本防衛廳防衛研究所圖書館藏

明治三十五年七月畢業　七名清廷陸軍學生教學課程表

課程 科目	授課 次數	課本及參考書籍	授課內容摘要
日語	260		從日語的全面結構開始，進入實用會話。先求理解口語與文字的關連，進而講究日語語法的細部，以期正確表達口語及寫作。
日文	262	帝國新讀本 中學國語讀本 明治時代文選 新撰漢文課本 義大利獨立戰史	講解日文、教授文法大要及作文。以帝國新讀本為教材，課程中除留意發音、音調外，並要求學員常把文章譯成會話，會話譯成文章等練習，以求熟悉口語及文字間的關連和運用方法。此外亦根據漢文課本講解國學，並以此為作文素材。
算數	180	長澤龜之助編 中等教育算術教科書	由緒論、整數、小數到各種數的概要、數的性質大要、分數、循環小數大要、比及比例、百分率大要、平方、立方等，專以熟悉實際運算為目的。至於理論性較高的，則予省略。
代數	154	樺正董編 代數教科書	從代數緒論、整式、一次方程式、因數分解、倍數、約數、分數到二次方程式、其兩根係數的關係、高次方程式、指數論、不盡根論大要等。常練習解應用題，以明白各定律的運用。
幾何	120	長澤龜之助編 中等教育幾何學教科書 （平面部分） 菊池大麓編 幾何學小教科書 （立體部分）	首先以長澤所編的教科書為基軸，解析平面幾何緒論，然後介紹直線、多角形、圓的各論、比及比例大要、面積各論等課題，並以平易易解的問題為例，使學生明白其應用。接著再以菊池所編的教科書為教材，教授立體幾何緒論、直線與直線、直線與平面、平面與平面各論及體積各論等。
三角	52	菊池大麓等編 初級平面三角法教科書 高斯對數表	教授角的測量法、三角函數、直角三角形的解法、恆等式到任意角、餘角、補角等三角函數、二個角的三角函數、倍角的三角函數、對數的性質及用法、一般三角形的解法等。並以易解的問題為範例，使學生學以致用。

課程科目	授課次數	課本及參考書籍	授課內容摘要
地理地文	30	矢津昌榮等編 新編中學地理 岩崎重三編 新式地文學	地理是教授地理學上一般的知識，以收處世之益。先教地理學上的用語、水陸的分佈等，然後教授以中國為中心的亞洲、大洋洲、歐洲、美洲、非洲的地理。地文則從地球星學大要開始，依序教授大氣界、水界、陸界各論大要，使學生明白地文上的現象，並認識自然現象如何影響人文的發展。
歷史	28	桑原隲藏編 初等東洋史 吉岡藤吉編 西洋史	以有關世界大勢變遷的事蹟為主，使學生明瞭各國的盛衰興亡。分為東西兩方，東方首先說明中國一般的事蹟，並教授同時代的外國史。西洋史則講授上古西方各國的興亡以及近來的進步概況。總之，使學生瞭解到東方各國與西方各國相較下所處的地理位置及關係，促使彼等奮發向學。
物理	70	後藤牧太編 物理學教科書 足立震太郎編 物理新編	從理化學的概念開始，教授物質的三態和變化、力學、熱學、光學、電學及磁力、聲音等各論。總之，涵蓋物理學全般理論及其應用之方法。授課時以實驗來驗證，使學生能正確地認識理論外，並能加以演繹，足資應付實際的問題。
化學	53	安田又一編 化學講義 豬原吉次郎編 中學化學教科書	從物質的變化、物質不滅定律、元素、化合物、化學公式等到無機化學各論，並教授有機化學大要。授課內容以實驗為主，務求學生理解理論，並且能實際運用。
生理衛生	32	齋田功太郎編 中等教育生理衛生學	教授人體的生理及衛生。但生理方面只介紹其大要，衛生方面則更加仔細。另外還教授緊急救療法。授課時利用實物模型、掛圖等來解說，因此有時需要寫筆記。
圖畫	97	小山正太郎編 中等臨摹畫 山口大藏編 中等教育用器畫教科書	圖畫學是教授幾何畫法及投影畫法。幾何畫是從簡單的開始，再依序變得複雜，並且要畫應用圖。投影則是教授投影原理及定律後，從平面及立體的投影畫開始，再進展到立體的斷面、連貫體等投影畫。另外畫圖學方面是教鉛筆畫。從簡單的開始循序漸進，畫房子、景色、人物等。有時也讓學生素描在他們身邊的簡單器具。

課程 科目	授課 次數	課本及參考書籍	授課內容摘要
典令 教學	160	體操教學 步兵操典 射擊教學 步兵工作操練 野外要務令 劍術教學	野外要務令教到第二部第五篇，步兵操典教到第二部第二章，其他則全部教完。 授課時先朗讀，之後再講解其意義。
體操	278		體操是教授柔軟操、基本的器械體操。訓練方式有個別訓練、分隊訓練、小隊訓練。此外還要學習基本的刺劍術。

備考

一、本期學生的入學時間如下，各個不一，但為教學上
的考量，需學畢各課程。

學生數	入學時間	在學年月數 （明治三十五年七月止）
一	明治三十二年十月二十日	二年十個月
一	明治三十四年一月二十四日	一年七個月
二	明治三十四年九月二日	十一個月
三	明治三十四年十二月十七日	八個月

一、授課次數係依預定次數所公布者，但實際上有若干
增減。

明治三十五年七月　成城學校

明治三十五年七月　七名清廷陸軍學生畢業考成績表

成城學校

日語	85	80	90	82	75	70	85
日文文法	58	75	88	26	70	32	27
日文	81	76	92	75	78	80	75
作文	88	80	90	60	75	75	68
地理地文	85	70	65	82	70	75	80
歷史	85	88	80	78	75	78	75
算數	87	88	84	84	67	79	15
代數	97	92	90	84	70	90	22
平面幾何	100	98	60	100	40	83	45
平面三角	90	94	96	100	96	92	42
生理衛生	100	99	93	95	85	87	45
物理	96	90	84	70	72	55	64
化學	90	93	90	90	92	100	90
圖學	86	89	85	87	70	58	70
畫學	82	84	80	86	93	76	86
教學示範	81	81	78	76	77	69	53
合計	1397	1377	1345	1276	1205	1199	915
平均	87	86	84	80	75	75	57
名次	一	二	三	四	五	六	七
術科	66	75	88	78	38	78	85
病假缺課日數	一日	二日	二日	九日	五日	五日	六日
姓名	劉荃業	蔣方震	蔡鍔	許崇智	馬肇禋	蔣尊簋	盧定遠
派遣區別				福建	湖北		湖北

備考

一、本表的考試成績是以入學以來所舉行的數次考試，其平均分數再加上畢業考的分數，除以二而得。

二、全部的測驗每科都以一百分為滿分。

三、表中所謂的教學示範是指步兵操典及野外要務令。

四、名次是按學科的優劣而定。又名次中平均分數相同者，係以總分的多寡而定。

五、術科分數乃柔軟體操、器械體操、步兵訓練及號令聲量等的平均。

六、表中的病假缺課是入學以來的日數。

七、許崇智係於明治三十四年三月自本校的特定學科畢
　　業後，再依本人的志願繼續進修。

學生數　入學時期

	入學時期	學年月數
一	明治三十二年十月二十日	二年十個月
一	同三十四年一月二十四日	一年七個月
二	同三十四年九月二日	一年一個月
三	同三十四年十二月十七日	八個月

一、授業回數ハ豫定回數ヲ揭グルモノニシテ實際ノ數ハ若干ノ增減アリ

明治三十五年七月

成城學校

清國陸軍學生七名卒業試驗成績表　成城學校

姓名	盧定遠	馬學禮	許崇智	蔡方震	劉崇傑	蔣方震	韓葉	備考
85	80	90	82	75	70	88	
81	76	88	26	70	92	27	
81	76	82	75	80	80	75	
84	84	90	60	75	75	68	
86	65	65	80	15	15	80	
66	68	80	75	15	15	75	
88	88	84	84	67	79	75	
91	92	90	84	67	90	22	
100	94	96	100	60	60	46	
100	90	93	95	85	95	45	
96	90	90	70	72	55	64	
90	90	90	92	92	100	90	
86	85	85	81	70	58	70	
84	80	80	86	86	83	86	
61	61	76	76	11	63	63	
1347	1355	1345	1216	1295	1159	915	
87	90	80	75	80	77	57	
四	三	五	六	大			
内國	66	11	18	18	38	75	85	

一、本試驗ノ成績ハ入學以來數回ニ行ヒタル試驗科料ノ年得數ヲ卒業状態ニ評點シ合之ヲ二除ス之ヲ満點トセリ
一、職テ試驗科料ハ一百分以テ満點トス
一、試驗科料ハ主トシテ兵學科野外要務令圖上戰術等ニ係ル

備考

（本文は省略）

成城學校

民國史料 66

緣起日本：
蔣介石的青年時代（一）

Japanese Influence: The Young Chiang Kai-Shek
- Section I

主　　　編	黃自進、蘇聖雄
總 編 輯	陳新林、呂芳上
執行編輯	林育薇
助理編輯	曾譯緒、李承恩
封面設計	溫心忻
排　　　版	溫心忻

出　　版　　開源書局出版有限公司

香港金鐘夏愨道 18 號海富中心
1 座 26 樓 06 室
TEL：+852-35860995

民國歷史文化學社 有限公司

10646 台北市大安區羅斯福路三段
37 號 7 樓之 1
TEL：+886-2-2369-6912
FAX：+886-2-2369-6990

http://www.rchcs.com.tw

初版一刷	2022 年 5 月 31 日
定　　價	新台幣 400 元
	港　幣 110 元
	美　元 15 元
I S B N	978-626-7157-04-6
印　　刷	長達印刷有限公司

台北市西園路二段 50 巷 4 弄 21 號
TEL：+886-2-2304-0488

國家圖書館出版品預行編目 (CIP) 資料

緣 起 日 本：蔣 介 石 的 青 年 時 代 = Japanese
influence：the young Chiang Kai-Shek/ 黃自進，
蘇聖雄主編 . -- 初版 . -- 臺北市：民國歷史文化
學社有限公司, 2022.05

　　冊；　公分 . --（民國史料；66-68）

ISBN 978-626-7157-04-6　（第 1 冊：平裝). --
ISBN 978-626-7157-05-3　（第 2 冊：平裝). --
ISBN 978-626-7157-06-0　（第 3 冊：平裝)

1.CST: 蔣中正　2.CST: 傳記　3.CST: 史料

005.32　　　　　　　　　　　　　111007206